本书为研究阐释党的十九大精神国家社科基金专项课题“新时代我国区域协调发展战略的理论深化与实践创新研究”（18VSJ022）阶段性成果

区域协调发展视角下的城市增长极效应比较研究

A Comparative Study of the Polar Effects of Urban Growth from the Perspective of Regional Coordinated Development

中央党校（国家行政学院）经济学教研部
蔡之兵◎著

图书在版编目（CIP）数据

区域协调发展视角下的城市增长极效应比较研究/蔡之兵著．—北京：经济管理出版社，2018.8

ISBN 978-7-5096-5991-5

Ⅰ.①区… Ⅱ.①蔡… Ⅲ.①区域经济发展—协调发展—增长极理论—研究—中国 Ⅳ.①F127

中国版本图书馆 CIP 数据核字(2018)第 203803 号

组稿编辑：胡 茜
责任编辑：胡 茜
责任印制：黄章平
责任校对：张晓燕

出版发行：经济管理出版社
（北京市海淀区北蜂窝 8 号中雅大厦 A 座 11 层 100038）
网 址：www. E-mp. com. cn
电 话：(010) 51915602
印 刷：北京玺诚印务有限公司
经 销：新华书店
开 本：720mm×1000mm/16
印 张：15.75
字 数：308 千字
版 次：2018 年 8 月第 1 版 2018 年 8 月第 1 次印刷
书 号：ISBN 978-7-5096-5991-5
定 价：59.00 元

前　言

实现区域协调发展是党的十九大报告提出的重要目标，影响区域协调发展目标的两大主体分别是具备发展能力的发达地区以及暂时不具备发展能力的欠发达地区。因此，如何促进欠发达区域的发展是所有国家和政府都关注的重要问题，而依靠特大城市的增长极作用带动其周边区域的发展是一种促进欠发达区域发展的重要战略。然而，一方面，现实经济活动中，特大城市与周边区域关系既存在北京市周围被环首都贫困带包围的情形，又存在上海市与周边大批发展程度较高城市共存的情形，这说明特大城市与其周边区域的发展关系可能存在不同类型和受到多种不同因素的影响，需要从学术研究上进行深入探析；另一方面，中国2014 年出台了新的城市规模划分标准，城市划分出现新的变化，现有的研究 10 个特大城市与其周边区域的文献比较少。基于这两点，本书将构建特大城市与周边区域发展关系的研究框架，首先对中国 10 个特大城市与其周边区域的发展关系进行实证研究，并在此基础上利用本书构建的研究框架从特大城市层次、特大城市与周边区域联系层次、周边区域自身层次对影响这种关系的因素进行分析，最终得到三个层次、六个因素的发展关系影响因素对照表，并根据该表进行了结论分析及政策含义总结。

本书主要分为框架构建、现状分析、实证检验、因素分析、结论建议五部分。其中框架构建部分主要包括前两章内容，在对与研究相关的概念及文献进行梳理的基础上构建了一个特大城市与其周边区域发展关系的研究框架，随后对北京市、上海市、重庆市、天津市、武汉市、南京市、成都市、广州市、深圳市以及沈阳市 10 个特大城市及其周边区域的基本特征以及关系特征进行了分析。在这部分研究中，本书主要得到如下结论：一是特大城市在各自区域中的人口和经济首位度都较高，处于绝对的优势地位；二是特大城市的市场潜能占比与其经济规模占比存在一定的不协调的地方，表明 10 个特大城市与周边区域发展关系存在不同类型。本部分的研究清晰地展示和描述了特大城市自身发展历程以及特大城市与其周边区域发展关系的特征，为后文的实证研究奠定了基础。

本书实证研究部分按照数据可视化、计量模拟以及空间计量检验三个步骤展开。特大城市与其周边区域经济增长率间关系的可视化结果已经表明特大城市与其周边区域发展关系并不相同。进一步地，本书利用空间计量模型，在区县级数据层次上，选取经济距离权重矩阵对所选的10个特大城市与其周边区域发展关系进行实证检验和稳健性检验。最终的实证检验结果表明，10个特大城市与周边区域间的发展关系存在两种不同类型：第一种结果是北京市与其周边区域的发展关系，北京与其周边区域发展关系模型估计中系数为负，说明北京对周边区域发展存在负向的空吸效应；第二种结果是其他9个特大城市与其周边区域的发展关系，其估计系数为正，表明这9个城市都显著地带动了周边区域的发展，其中按照系数大小的排序为上海市、武汉市、成都市、天津市、沈阳市、深圳市、南京市、广州市以及重庆市。本章实证结论与中国区域发展过程中的经济事实是比较相符的，虽然大城市能够作为区域增长极在理论上是存在的，但是在实际发展过程中，北京没有显著带动周边区域的发展与其他特大城市显著带动周边区域发展这两种截然不同的结果共存的现象仍然表明特大城市带动周边区域的发展并不是放之四海而皆准的真理，因此继续研究影响特大城市与周边区域发展关系的不同层面因素对于完善我国区域与城市发展战略尤其是城市群发展战略具有重要作用。

在得到特大城市与周边区域存在不同类型的发展关系后，本书继续从特大城市层面、特大城市与周边区域的联系层面以及周边区域自身层面三个方面深入地探究了影响这种发展关系的因素，其中特大城市层次主要从脉冲响应模拟方法、主成分分析、变异系数、空间割裂指数、投入产出方法五个方面展开；特大城市与周边区域的联系层次主要从基于改进引力模型的经济联系度比较、基于可达性指数的交通联系度比较、基于投入产出技术的产业联系度比较以及基于价格方程的边界效应比较四个方面展开；周边区域自身层次主要从基于主成分分析方法的周边区域初始发展水平比较和基于指标体系的周边区域发展能力比较两个视角展开。本书主要从三个不同层面对这三个视角所得到的结论进行了深入分析：首先，基于单个特大城市与周边区域的发展关系分析，本书对10个特大城市的实证及因素分析结果进行了整体性分析，对各自实证结果与影响因素之间的排名情况进行了内在关联机理的阐述，如在6个影响特大城市与周边区域发展关系的因素当中，上海市几乎所有因素的排名情况都位于前四位，其对周边区域产生正向的带动作用是理所应当的，而北京市几乎有一半的因素排名都位于10个特大城市的最后一位，其对周边区域的负向作用也就不可避免。其次，基于对不同特大城市的比较分析，本书对包括北京与其他特大城市、北京与上海、北京与天津、广州、南京与成都、广州与上海等五组城市进行了比较分析，对包括综合实力、交通联系、经济联系、边界效应等因素的作用情况和影响力度进行了研究。最后，基于所有特大城市的整体分析，通过测算6项因素排名与影响系数排名的偏离度，基于所有特大城市对6项因素的作用与重要程度进行了简要分析。

根据前文的研究，本书提出如下政策建议：第一，从实现区域协同发展目标出发，10个特大城市应该根据测算比较结果，有针对性地对自身不足进行改善；第二，区域与城市发展具有密切联系，尤其是特大城市在区域发展过程中具有重要作用，应该发挥区域发展政策与地方发展政策的共同作用；第三，周边区域自身发展能力同样对周边区域发展具有重要作用，周边区域应该辩证地看待与特大城市的发展关系，不能完全依赖特大城市；第四，交通政策与产业政策在特大城市与周边区域发展过程中应该共同发挥作用。

本书的研究聚焦于特大城市与其周边区域的发展关系，所做的工作以及得到的结论具有如下三个创新点：第一，构建了一个包含城市主体、城市与周边区域联系、周边区域主体三个层次的城市—区域研究框架，具有一定的理论意义；第二，运用该框架对中国10个具有代表性的特大城市与其周边区域发展关系进行了全面研究，避免了由于样本过少导致的研究偏差；第三，得到了包含6个因素影响发展关系程度排名的因素对照表，不仅能够为10个特大城市的区域发展提供参考，同时也能够为其他城市发展提供一定建议。

在研究的过程中，本书同样存在一定程度的不足，未来应当继续从研究框架的实用化、实证模型的前沿化、相关数据的精准化等方面进行改进，最大程度地提高研究的可信度以及可行性。

目　录

第一章　引言

党的十九大报告明确提出，“经过长期努力，中国特色社会主义进入了新时代”，在这一新时代中，建设社会主义现代化强国已经成为21世纪中叶前我国经济社会发展的根本目标。在诸多支撑这一目标的战略举措中，区域协调发展战略的地位较为特殊，能否实现区域间协调发展的目标不仅直接关系到新时代社会主要矛盾的解决，也直接影响社会主义现代化强国目标的实现。

第一节　选题背景与意义

研究区域发展关系，探究影响区域发展关系的影响因素能够为区域发展战略的制定提供一定的参考。在所有不同类型的区域中，城市尤其是大城市作为工业革命和现代文明的重大成果，所附带的生活方式和发展含义对于整个区域发展和人类社会都是巨大福祉，让更多的欠发达区域和居民尽快享受到城市文明的福利不仅有助于整个社会的平稳和平等发展，同时也是中国特色社会主义实践的应有之义。考虑到我国目前区域间存在的较大差异，依靠大城市的增长极效应来实现区域协调发展具有重要意义，鉴于此，本书试图在区域协调发展目标下，从特大城市与其周边区域的发展关系切入，对我国特大城市的增长极效应进行研究。

一、选题背景

如何在错综复杂的国内外经济形势以及日益增大的经济下滑压力下保持经济的可持续发展已经成为社会各界关注的焦点，我国国内生产总值（GDP）已经超过日本①，继续寻求新的发展动力从而保持经济的可持续发展具有重要意义。利

① 2010年，日本名义GDP为54742亿美元，同年中国GDP为58786亿美元，超过日本，成为世界排名第二的国家。数据来自中国社会科学院出版的2011年《世界经济黄皮书》。

用城市尤其是特大城市带动周边区域的发展则为解决这一难题提供了思路。

我国城市化进程推进速度极快。1978～2013 年 30 余年间，我国的城镇化率由 1978 年的 18% 左右上升到 2013 年的 53.7%，年均增长率达到 1.02 个百分点，如图 1－1 所示。如此长时间和高速度的城镇化速度在世界历史上可能都是绝无仅有的。

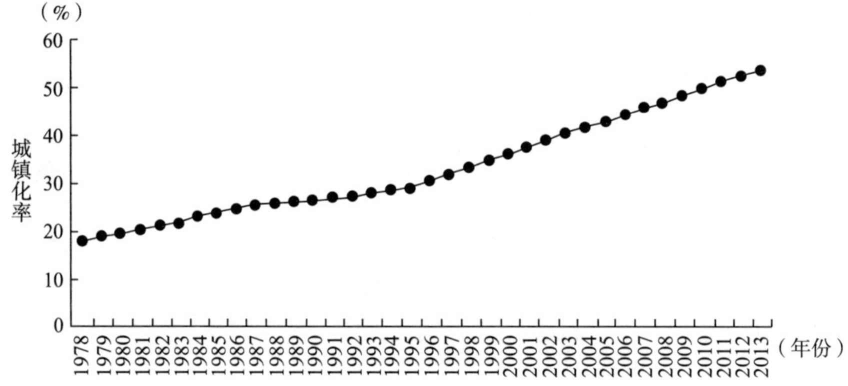

图 1－1 我国 1978～2013 年城镇化率

资料来源：《中国统计年鉴 2014》。

在城镇化进程快速推进的背景下，我国的城市规模迅速扩大，为了更好地说明这一变化趋势，本书基于第六次人口普查数据以及《中国城市统计年鉴》数据对我国城市规模 1980～2010 年的变化进行分析，所采取的城市分类标准是在 1989 年《城市规划法》划分城市标准的基础上扩展而来的：200 万人口以上的城市为超大城市、100 万～200 万人口的城市为特大城市、50 万～100 万人口的大城市、30 万～50 万人口的城市为中等城市、10 万～30 万人口的中小城市、10 万人口以下的城市为小城市。表 1－1 和图 1－2 是 1980～2013 年的城市规模变化情况。

表 1－1 我国 1980～2013 年城市规模变化情况 单位：个

年份	城市总数	小城市	中小城市	中等城市	大城市	特大城市	超大城市
1980	217	43	98	31	30	8	7
1990	446	116	218	54	28	21	9
2000	663	114	364	99	49	24	13
2010	655	109	327	118	53	30	18
2013	677	159	298	100	69	36	15

资料来源：《中国城市统计年鉴》。其中 2013 年数据根据最新城市规模划分标准调整，下面一段的比较基于可比性的要求，仍然以 2010 年和 1990 年的变化作为比较。

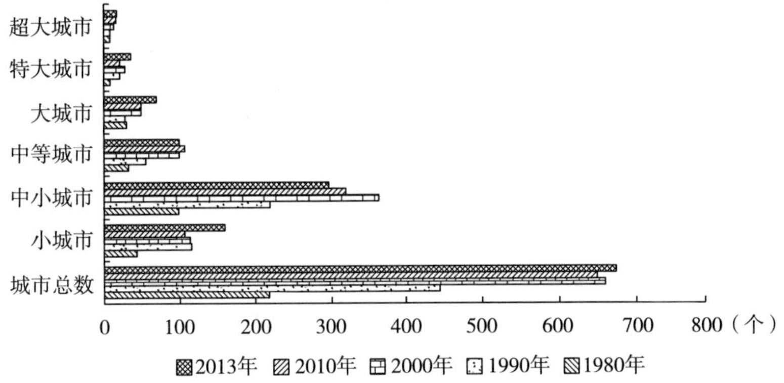

图 1－2　我国 1980～2013 年城市规模变化情况

从表 1－1 和图 1－2 中可以发现，我国城市的规模和数量在 1980～2013 年迅速增加，其中城市总数由 1980 年的 217 个增至 2013 年的 677 个，增长率为 212.0%；小城市数量由 1980 年的 43 个增至 2013 年的 159 个，增长率 269.8%；中小城市数量由 1980 年的 98 个增至 2013 年的 298 个，增长率为 204.1%；中等城市数量由 1980 年的 31 个增至 2013 年的 100 个，增长率为 222.6%；大城市数量由 1980 年的 30 个增至 2013 年的 69 个，增长率为 130.0%；特大城市和超大城市数量也呈现快速增长状态。

同时，在整个迅速扩张的城市规模体系中，大城市的发展速度极具代表性。与 1989 年《城市规划法》中的城市规模划分标准相比，2014 年出台的《国务院关于调整城市规模划分标准的通知》中城市规模划分标准进一步提高了大城市的规模界限，减少了我国大城市的数量。然而即使是在新的城市规模划分标准下，我国仍然存在北京、上海、广州、深圳、成都、武汉、天津、重庆、南京、沈阳 10 个城区常住人口超过 500 万的超大城市或特大城市，其中北京、上海、广州以及深圳 4 市为超大城市，其余 6 个城市为特大城市①。

作为区域增长极，大城市的发展对整个国家的城市经济和区域经济的发展具有重要作用。由于区域增长极作用周边区域的效果取决于“扩散效应”（Spread Effects）与“回流效应”（Backwash Effects）之差，在区域发展实践中，大城市带动周边区域发展并不是绝对结论。实际上，正是如下两方面原因促使本书对大

① 严格意义上，东莞人口也超过了 500 万人，但是考虑到东莞市属于中国四大“直筒子市”之一，其内部并没有设区的县，因此无法按照统一口径将东莞划分为特大城市，本书在展开具体研究前将对此进行详细说明。

城市尤其是特大城市与周边区域发展关系进行进一步的详细研究：

第一，理论上，城市尤其是特大城市对于区域经济的带动作用已经毋庸置疑，以城市发展带动区域发展已经成为区域发展重要指导思想。我国政府高度重视城市对周边区域的带动作用，十大城市群的提出就是最好的证明①。在这种背景下，研究大城市与周边区域的发展关系有助于更好地推动城市群战略和发挥大城市在城市群经济、区域经济中的带头作用。

第二，虽然理论上大城市能够带动周边区域发展，然而在中国区域发展实践中，大城市与周边区域的关系既存在北京与周边地区的“空吸”型关系，也存在上海与周边地区“反哺”型关系（刘崇献，2005；朱虹等，2012），这说明特大城市与周边区域经济关系在理论研究与现实实践中存在差异。北京和上海作为中国规模最大、发展水平最高的两个城市，在中国整个经济发展体系中具有无可替代的重要作用，然而目前两大城市周边截然不同的发展情况则暗示着两大城市对周边区域可能发挥不同的作用。为了能够探究出包括京沪在内的特大城市对周边区域的不同作用机理，更好地为中国城市发展战略提供决策建议，本书将对特大城市与其周边区域发展关系进行全面研究。

在这种背景下，本书选取了我国超大城市和特大城市作为研究对象②，采取包括逻辑分析、统计分析、计量检验在内的多种方法对我国超大城市和特大城市的作用周边区域的机理和渠道、发展历程和现状、发展关系进行了全面研究，试图构建一个特大城市与周边区域发展关系的研究框架，对特大城市与周边区域发展关系的异同进行分析总结，试图提炼出既符合实际发展情况，同时又具备一定理论意义的研究结论，为我国特大城市的发展提供一定参考借鉴，为我国实现区域均衡发展、城市科学发展和让更多的居民享受到现代城市文明的福祉贡献绵薄之力。

二、选题意义

研究特大城市与其周边区域的发展关系不仅对于特大城市自身的发展至关重要，同时对于区域经济均衡发展、城市可持续发展和城镇化战略顺利推进具有深远影响。具体可以从如下两方面分析本书研究的意义：

（一）实践意义

结合中国目前发展的实际情况，本书的研究可能存在如下两方面的实践

① 十大城市群一般指的是长三角城市群、珠三角城市群、京津冀城市群、中原城市群、山东半岛城市群、辽中南城市群、长江中游城市群、海峡西岸城市群、成渝城市群、关中城市群。资料来源于国家发改委国地所课题组，肖金成．我国城市群的发展阶段与十大城市群的功能定位［J］．改革，2009（09）：5－23.

② 超大城市也属于特大城市，为了简洁，本书统称为特大城市。

意义：

第一，利用特大城市与周边区域的作用机理促进区域经济协调发展。我国目前区域经济差异现象明显，不同区域在经济发展方面存在较大差距。关于如何促进区域均衡发展，学界从区域政策、转移支付力度、基础设施完善等多方面进行了探讨。在其中，特大城市作为区域经济的增长极，对周边区域的发展具有无可争议的带动作用，因此通过研究我国现有大城市与其周边区域的发展关系，找出目前制约特大城市作用周边区域的影响因素，能够为特大城市顺利带动其周边区域发展提供参考，最终将实现区域的均衡发展。

第二，本书研究结论有助于保持城市可持续发展和科学推动城镇化战略。如上文所述，我国过去30余年的城市发展和城镇化进程取得了巨大成就，与此同时，城市病现象的越发严重使我国政府和部分学者开始重新审视过去的城市发展战略，一时间关于城市发展战略的重点是应该以大城市为主还是以小城镇为主的争论连续不断。实际上，城市病的出现不仅与大城市自身管理能力相关，更与大城市与其周边区域间的要素和产业承接、转移渠道是否通畅相关，仅通过城市病表象判断大城市发展存在弊端是不科学的。因此，通过研究大城市与其周边区域发展的关系对于完善城市发展战略、提高城镇化进程效率和质量方面同样具有重要意义。

（二）理论意义

本书研究的理论意义在于为研究城市区域发展关系提供一个研究框架。在区域经济学研究中，区域关系和区域发展是最为重要的两大组成部分，关于这两部分各自的研究成果较为丰富。然而将这两部分结合起来并形成成熟框架的相关研究并不太多。鉴于此，本书选取特大城市这种特殊区域作为研究对象，试图为特大城市与其周边区域的发展关系提供一个逻辑自洽的理论框架。

第二节　概念、理论与文献综述

在展开本书的具体研究前，必须对本书所涉及的相关概念进行界定，在明确界定本书研究对象的具体含义后，本书从相关理论和文献两个角度对已有研究进行回顾。

一、与本书研究相关概念的界定

本书涉及的主要概念包括区域、城市、大城市及周边区域等，下面对区域、城市和大城市概念的内涵进行探讨。

（一）区域的概念

1. 国外学界对区域概念的定义

区域概念在多个学科内都被定义。《简明不列颠百科全书》把区域定义为：区域是指有内聚力的地区。根据一定标准，区域本身具有同质性，并以同样标准与相邻诸地区、诸区域相区别。19 世纪中叶，德国地理学家阿尔夫雷德·赫特纳（A. Hettena）就率先对“区域”做出如下界定：区域是形态上内部性质相对一致而外部差异性最大的地表连续的地段或状态，根据这一标准划分的区域是均质区域。1933 年，克里斯塔勒（W. Christaller）提出了“中心地理论”，从而奠定了结点区域论的基本内容，结点区域是城镇与其周围腹地在不对称的相互作用中形成的地域系统，它关注区域行为或功能，又称为功能区域。佩鲁（F. Perroux，1950）把经济空间定义为经济变量的结构关系，并分为三类：统计学上同一或均质的经济空间、作为势力场的空间、计划经济空间或政策运用的经济空间。法国经济学家布德维尔（Boudeville，1968）指出，佩鲁在经济研究中系统引进的空间方法，本质上只是一种数学空间，他吸收佩鲁空间方法的框架，吸收地理学的区域思想，将区域方法分为均质区域、极化区域以及计划区域三种。艾萨德开始就侧重于将区域作为一个抽象的空间概念，他指出一个有意义的区域的概念，取决于我们要研究的社会问题，而这一问题又取决于我们认为重要的社会和个人的面貌特征。胡尔曼（Ullman，1958）认为区域仅是空间分析的一种工具，区域内部具有相似性。西伯特（H. Siebert，1969）认为，一个区域概念是一个中间性范畴，它介于无空间维的总量经济与定义为一系列空间点的高度分散的经济体系之间，这一新概念是一个类似于部门的中间范畴，它使人们可对众多单个企业做某种程度的总量分析而无须对整个国民经济做全面的总量分析。胡佛（Hoover，1971）认为，区域是基于描述、分析、管理、计划或制定政策等目的而作为应用性整体加以考虑的一片地区。托马斯（M. D. Thomas，1975）认为区域概念巧妙地结合了空间的地理分布、自然环境以及社会环境等方面的内容。杨小凯（1999）从专业化经济和交易费用的思想出发，深化了艾萨德等的区域专业化分工认识，认为专业化与市场交换是产生区域差异的基础，提出区域是一种经济组织，它是随城市的形成而出现的，这种组织是市场选择的结果。贝伦斯（Behrens，2007）指出区域是内部具有相似性或内部联系如货物流和要素流动比较密切的空间范围。

2. 国内学者对区域概念的定义

国内学者对区域概念的定义如表 1－2 所示。

表 1-2　国内学者对区域概念的定义

学者	对区域概念的定义
陈传康（1986）	区域是由某个或某几个特定指标划分出来的一个连续而不分离的空间，这个空间是指地球表面的一定范围，它的界限由这些指标来确定。这种指标可以是均质共性如气候区、植被地带等，可以是辐射吸引力，如运输枢纽、流域、贸易区等，也可以是一定管理权如行政区、教区等，更可以是一定的土地类型结构分布范围，如一定土地类型组合在该区内经常重复出现构成一定的复域分布的自然区，还可以是起着一定职能作用如城市规划中的功能分区
程必定（1989）	区域应该是这样一种经济区域，即它是人的经济活动造成的、具有特定的低于构成要素的不可无限分割的经济社会综合体
陈栋生（1993）	区域一词在区域经济理论中既是一个实体概念，又是一个抽象的、观念上的空间概念，往往没有严格的范围和边界以及确切的方位，而这些属于实际应用中的规划技术范畴
张敦富（1999）	区域是指经济活动相对独立、内部联系较为密切、具有特点功能的地域空间
张可云（2001）	区域是指在经济上具有同质性和内聚性且构成空间单元的具有一定共同利益的彼此邻近的地区，是通过选择与特定经济问题相关的特性并排除不相关特征而有的地域界定
郝寿义等（2001）	区域是便于组织、计划、协调、控制经济活动而以整体加以考虑的，并考虑行政区划基础上的一定空间范围，它具有组织区内经济活动和区外经济联系的能力，常由一个以上高级循环占重要比重的中心城市、一定数量的中小城镇以及广大乡村地区所组成
吴殿廷（2003）	区域是地球表面上被某种特征（特别是具有社会经济学意义的特征）所固定的空间系统
安虎森（2004）	区域是具有较强自组织能力的城市及其影响范围，是指能够独立地生存和发展、具有比较完整的经济结构、能够独立地组织与其他区域的经济联系的空间组织
魏后凯（2006）	区域是指根据一定的目的和原则而划定的地球表面的一定范围的空间，是因自然、经济和社会等方面的内聚力而历史奠定，并具有相对独立的结构、能够独立发挥功能的整体
高进田（2007）	可以将经济区域定义为：由不同种类、不同等级的，具有较强自组织能力，相对独立却高度开放的经济功能区，彼此之间交互作用形成的一种具有网络特征的经济空间
吴传清（2008）	区域是指同一个范围内在经济上具有同质性和内聚性，具有一定的共同利益，经济结构比较完整且在全国专业化分工上分担一定职责的地域空间
高洪深（2010）	区位极为某一主体或事物所占据的场所，具体可标识为一定的空间坐标
孙久文（2014）	经济学的区域概念就是区域经济学的区域概念，它在政治学和地理学关于区域概念的基础上，考虑某个地区空间的人口、经济、环境、资源、公共设施和行政管理等特点，形成一个相对完整的特点，经济学的区域概念指的是居民高度认同、地域完整、功能明确、内聚力强大的地域单元

资料来源：蔡之兵、张可云（2014）。

从这些概念定义中可以发现，不同学者对于区域概念的定义并不相同，但是绝大部分学者考虑了区域概念的空间属性，鉴于此，本书试图将区域概念定义为按照一定标准划分的空间范围，在本书的研究当中，这种标准主要体现为行政划分标准。

（二）城市的概念

虽然目前有关城市发展的相关研究内容众多，然而城市概念的内涵迄今没有得到统一的界定。刘易斯·芒福德（Lewis Mumford，1961）指出在过去5000多年的时间里，人们刚刚对城市的本质和演变过程有一个局部和初步的认识，城市的那些潜在的特性可能需要人们花费更多的时间才能弄清楚，而这应成为我们城市研究的首要任务。有学者甚至认为在我国的学术研究中，城市的基本概念极为混乱，甚至已经难以为继（周一星，2006）。因此，明确界定城市概念的内涵对于城市相关研究而言都十分重要。从字面上理解，城市就是“城”和“市”结合，城是军事和戍卫中心，而市则是交易和商业中心，两者相辅相成，互为支撑。现代汉语词典对“城市”的解释为：“人口集中、工商业发达、居民以非农业人口为主的地区，通常是周围地区的政治、经济、文化中心。”由于城市概念的空间属性，不同的学科对城市概念的定义也有所不同，尤建新（2006）对不同学科的城市定义进行了总结，如表1－3所示。

表1－3　不同学科对城市概念的定义

学科	定义
经济学	城市是工业和服务业经济活动高度聚集的结果，是市场交换的中心
人口学	城市是人口高度聚集的地区，人口规模和密度是判断城市的标准
社会学	城市之所以为城市，主要是城市形成了一种特有的生活方式——城市性（Urbanism）
地理学	城市是建筑物和基础设施密集地区，是一种本质和空间都不同于农村的空间聚落
系统学	以人为主体，以空间和自然环境的合理利用为前提，以积聚经济效益和社会效益为目的，集约人口、经济、科技、文化的空间地域大系统

资料来源：根据相关资料整理。

陈敏之（1983）提出城市是经济、社会、物质实体集中的一种综合体。纪晓岚（2001）则以人类为出发点，认为城市产生于人类生存的需要，是一种人造环境。赵安顺（2005）则通过将城市与农村进行对比，指出城市是具有较高分工效率、经济效率的集聚地。张振鹏（2014）则认为城市是承担着人类社会中政治中心、经济中心和文化知识中心等职能的区域。

因此，城市的概念与区域概念一样，统一程度较低，但是通过比较上述概念

可以发现聚集性几乎是所有城市概念提到的属性，因此本书可以认为城市是一种按照经济活动密度和人口密度较高标准划分的区域类型。

（三）大城市的概念

城市规模级别划分具有多种标准，但是一般情况下以人口规模为主要标准。为了更好地明白我国大城市的变化情况，本书梳理了自 1949 年以来，我国城市规模划分标准经历的几次变化。

第一次城市规模的划分标准来自 1955 年国家建委发布的《关于当前城市建设工作的情况和几个问题的报告》。该报告首次提出划分城市规模的标准，其中城市分为大、中、小三级，大城市人口为 50 万以上，中等城市的人口为 50 万以下、20 万以上，小城市的人口为 20 万以下。

第二次城市规模的划分标准来自 1980 年国家建委修订的《城市规划定额指标暂行规定》，该《规定》在 1955 年的规定上多设了特大城市一级。其中特大城市为人口规模在 100 万人以上的城市，大城市的人口规模在 50 万～100 万，中等城市和小城市与 1955 年规定相同，值得注意的是这两次城市规模划分标准的人口口径并没有明确说明。

第三次城市规模的划分标准来自 1984 年国务院发布的《城市规划条例》。该《条例》撤掉特大城市一级，重新将城市规模分为三级。在《条例》第一章第二条明确指出：本条例所称城市，是指国家行政区域划分设立的直辖市、市、镇，以及未设镇的县城。该《条例》撤掉特大城市一级，重新将城市规模分为大、中、小三级，其中各级城市的人口界限等同于 1955 年规定。1984 年的城市规模划分标准明确指出城市规模的人口统计口径应该是非农业人口总数。

第四次城市规模的划分标准来自 1989 年 12 月 26 日颁布的《中华人民共和国城市规划法》，本次划分标准与 1984 年的《城市规划条例》所提出的划分标准相同，只是将条例确定为法律，划分标准权威性提高。

第五次城市规模划分标准来自 2014 年 11 月 20 日国务院颁布的《国务院关于调整城市规模划分标准的通知》，该《通知》对城市规模划分标准进行了大刀阔斧的改变，将城市划分为五类、七档。如表 1－4 所示。

表 1－4 2014 年《关于调整城市规模划分标准的通知》划分的城市规模标准

城市属性		定义
超大城市		城区常住人口 1000 万以上的城市
特大城市		城区常住人口 500 万以上 1000 万以下的城市
大城市	Ⅰ型	城区常住人口 300 万以上 500 万以下的城市
	Ⅱ型	城区常住人口 100 万以上 300 万以下的城市

续表

<table>
<tr><th colspan="2">城市属性</th><th>定义</th></tr>
<tr><td colspan="2">中等城市</td><td>城区常住人口 50 万以上 100 万以下的城市</td></tr>
<tr><td rowspan="2">小城市</td><td>Ⅰ型</td><td>城区常住人口 20 万以上 50 万以下的城市</td></tr>
<tr><td>Ⅱ型</td><td>城区常住人口 20 万以下的城市</td></tr>
</table>

注:“以上”包括本数,“以下”不包括本数。

根据表 1－4 可知,大城市指的是城区常住人口在 100 万以上 500 万人以下的城市,而本书的大城市则指的是超大城市和特大城市,即城区常住人口超过 500 万的城市①。

二、区域与城市发展相关理论

区域经济学是研究区域发展和区域关系的学科,区域和城市发展问题一直是区域经济学的研究重点,先后出现了很多研究区域发展的理论假说。本书对相关的区域发展理论进行简要回顾。

(一)区位理论

区位理论在诞生之初是解释经济活动在何处发生的理论,然而随着理论运用范围的扩展,区位理论同样可以对某些特定区域的发展问题进行研究。根据理论出现的时间先后顺序,区位理论主要包括农业区位、工业区位、中心地区位和空间竞争四种范式。农业区位理论是由杜能(J. H. von Thünen,1826)在研究德国农业布局时提出的理论。工业区位理论模式是韦伯(Alfred Weber,1909)在龙赫德(Wilhelm Launhardt,1885)提出的早期工业区位理论的基础上提出的用于分析最优工业区位(Optimal Industrial Location)的理论,韦伯提出的许多概念如原料指数、等差费用曲线、区位三角形等,迄今仍然被广泛运用。中心地理论模式是由克里斯塔勒(Walter Christaller,1933)和勒施(August Lösch,1939)在研究城镇等级及其空间分布时提出的。空间竞争分析模式是由霍特林(Harold Hotelling,1929)针对传统单主体区位分析而提出的多主体在市场博弈下所达到的双头垄断区位均衡(The Stability of Spatial Competition for the Spatial Duopoly)理论,扩展了传统区位理论的研究范围。

(二)不均衡发展理论

与区位理论的研究对象相比,不均衡发展理论则是直接研究区域发展的理论。该理论主要包括循环累积因果(Cumulative Causation)、增长极(Growth

---

① 实际上,关于城市空间和人口的概念和统计口径极多,本书后文将对此进行说明。

Pole)、空间一体化(Spatial Integration)。循环累积因果是缪尔达尔(Myrdal, 1957)提出的，他认为区域间发展存在马太效应，发展快的区域将持续超过发展慢的区域，不存在收敛效应，这就是所谓“循环累积因果原理”。他提出在区域间发展关系中存在回流效应(Backwash Effect)和扩散效应(Spread Effect)。赫尔希曼(A. O. Hirschan, 1968)则用“极化”(Polarizing)效应和“渗透”(Trickling Down)效应来表示发达区域与落后区域的空间相互作用。增长极理论是弗朗索瓦·佩鲁(Francqis Peroux, 1950)提出的理论，他认为一个区域内部的经济增长不可能在其所有次级区域同时发生，而只能发生在局部区域上，这种区域就是增长。布代维尔(J. R. Boudeville, 1966)将增长极概念扩展至地理空间范围，认为区域发展同产业发展类似，同样应该重视增长极的带动作用。空间一体化(Spatial Integration)是弗里德曼(J. R. Friedman, 1966)通过对区域结构与空间形态进行分析，指出区域空间结构常常呈现出经典的中心—外围结构。

(三) 区域经济增长理论

区域经济增长理论包括哈罗德—多马投资模型(Harro - Domar Investment Model)、输出基础模型(Export - basemodel)以及要素输出模型(Factor Export Model)。哈罗德—多马投资模型认为资本的不断形成是经济持续增长的决定因素，所以区域政府应该强调生产要素如资本、劳力和技术革新在空间上的移动，以满足特定区域的生产需求。出口基础模型则认为，区域经济增长受区域的外部需求效应的制约，外部需求反映在其出口工业上，区域收入水平是出口需求的直接效应和当地乘数效应(Multiplier)，因此应该高度重视区域内部出口部门的发展。要素输出模型则是哈罗德—多马投资模型和出口基础两个模型的结合。该模型认为由于区域系统间不存在要素流动的障碍，当一个区域的出口需求增加时，就会导致要素在区域间的流动最终形成非均衡发展格局。

(四) 新经济地理相关范式理论

新经济地理相关范式理论包括新经济地理(New Economic Geography, NEG)、新新经济地理理论(“New” New Economic Geography, NNEG)、新经济地理增长理论(New Economic Geography Growth, NEGG)以及演化经济地理学(Evolution Economic Geography, EEG)。新经济地理理论是克鲁格曼(Krugman, 1991, 2004)、藤田昌久(1990, 1999, 2004)等在传统区域发展理论上结合 DS 模型、演化思想、冰山成本、计算机技术创立的区域发展理论。在 NEG 理论的核心模型核心—外围(Core - Peripheral)中，本地市场效应、价格指数效应以及市场拥挤效应的作用之和将会决定经济活动在何处聚集从而影响区域发展。新新经济地理理论则是 R. E. Baldwin(2005)、Ottaviano(2011)通过在企业流动决策中考虑企业异质性演变而来的。新经济地理增长理论是在新经济地理理论的基础上，将新经济地理理论和新增长理论（Romer，1990；Grossman and Helpman，1991）进行结合而成的理论（Steven Bond－Smith and Philip McCann，2013）。在NEGG理论范畴下，人力资本要素的流动对于区域发展变化极为重要。演化经济地理学EEG的理论基础来自广义达尔文主义、路径依赖和复杂性理论。EEG在描述和解释动态区域发展如产业聚集区、城市形成等方面具备有效作用（Boschma and Lambooy，1999）。

三、区域与城市发展研究相关文献

区域和城市发展问题始终是学界关注和研究的重点问题，相关文献较多，本书从区域与城市发展的影响因素、发展关系的概念及作用机理以及发展关系实证三大方面对相关文献进行回顾。

（一）区域与城市发展的影响因素相关文献

影响区域发展的因素很多，本书将对其中比较重要的几种因素就区域和城市两种不同的研究对象分别进行回顾。

1. 区域发展影响因素的相关文献

影响区域发展的重要因素包括人力资本、交通基础设施、外商直接投资、制度变量、聚集程度等，下面对这些因素的主要文献进行回顾。

（1）人力资本要素与区域发展。人力资本对区域经济发展的重要作用已经被证实，舒尔茨（Schultz，1961）通过对美国的人力资本与经济发展情况进行实证研究后指出，受教育年限的增加有效地推动了美国经济增长。Romer（1986）、Lucas（1988）则进一步将人力资本引入经典经济增长理论，指出人力资本要素积累不仅会直接促进经济增长，同时还会通过提高其他要素的使用效率间接地推动经济增长。Nelson等（1966）、Romer（1990）、Grossman等（1991）、Aghion等（1992）在内生增长理论中提出，人力资本投资确实是促进经济增长的主要因素。Spiegel（1994）、Barro（1995）、Essen（2006）和Jonas L. Jungberg（2009）等学者通过实证研究发现，人力资本存量在区域经济增长中扮演着不可或缺的重要角色。Belton F. Leisher等（2009）使用CCEP（Common Correlated Effects Pooled）模型对中国区域经济增长率的人力资本贡献率进行了比较分析，发现人力资本的因素在发挥越来越重要的作用。我国的学者研究同样证明了人力资本对区域发展的重要作用，如邹薇等（2003）、颜鹏飞等（2004）、张一力（2005）、许和连（2006）、严善平（2007）、蔡洁（2009）、宋家乐等（2011）和邵琳（2014）。

（2）交通基础设施与区域发展。交通基础设施与区域发展同样是学界研究的热门领域，同时其研究方法的采取也是相关领域研究里较多的，通过整理文献

可以将其具体研究分为如下几种类型：第一种是研究区域内的交通基础设施的生产效应，将交通基础设施作为一种与劳动、资本相对的生产要素引入生产函数并估计其产出弹性（Munnell，1990；Meguire Porter，1992；张学良，2007）；第二种是将在全要素生产率测算中引入交通基础设施（Romer，1986；刘秉镰等，2010），这种思路是在区域经济增长模型中引入交通要素，测算交通要素对区域经济增长的溢出效应，结果发现有可能存在正溢出效应（Yilmaz，2002），也有可能存在负溢出效应（Boarnet，1998）。刘勇（2010）的研究证明中国的基础设施对经济增长的溢出效应为正。刘生龙等（2011）基于修正的引力模型，利用2008年省级货物运输周转量的数据对交通体系完善与中国区域经济一体化的作用进行了研究。刘育红等（2014）则以新丝绸之路经济带的17个城市为研究对象，发现17个城市间基础交通设施的完善有效地提高了区域间一体化程度。Bottasso（2014）对13个欧洲国家的621个区域的港口与区域发展关系进行了空间计量检验，在控制空间固定效应后发现港口对区域发展既存在直接的溢出效应，同时间接的溢出效应也显著存在。R. Vickerman（2014）对高铁所经区域的发展情况进行了实证检验，发现高铁的通车对于高铁周边区域的发展具有正向溢出作用。

（3）外商直接投资与区域发展。FDI被视为发展中国家经济增长的重要因素之一。Borenztein等（1998）对69个发展中国家进行实证研究，结果表明FDI对发展中国家的经济发展不仅有资本集聚效应，FDI对东道国技术提升同样具有重要意义。Globerman（1979）对加拿大的研究，Blomstrom和Persson（1983）、Blomstrom（1986）对墨西哥的研究等都证明了该结论。Demurger（2001）的研究发现，FDI对区域经济发展的影响主要表现为FDI的流入加强了东道国本土企业和国外企业的竞争，从而间接提高本土企业生产率。S. Ke（2010）运用空间计量方法研究了2000~2007年中国东西部经济发展与外资的关系，表明外国直接投资比国内资本更能有效地提高边际产量。此外，中心城市的外资对周边的农村和邻近的县级城市有积极的辐射作用。E. Bode（2012）的研究发现，FDI对美国经济同样存在正向溢出作用，因此FDI不仅是发展中国家发展的有利因素，对发达国家同样具有正向溢出作用。H. Hoang（2014）则发现FDI的空间分布具有较强的集聚性。

然而，并不是所有的研究都证明FDI对东道国经济具有正向的溢出作用，在增长的问题上持有相反意见。Kholdy（1995）利用Grange因果检验方法对东亚十几个国家的经济增长和FDI关系进行研究，并没有得到两者间显著的关系。Haddad和Harrison（1993）曾以摩洛哥制造业为研究对象，基于1985~1989年的企业面板数据对生产率与FDI间的关系进行实证研究，也没有发现正向的溢出效应。Aitken 和 Harrison（1999）对委内瑞拉制造业的企业进行研究，得到的结论是 FDI 对企业负向溢出效应明显。邱斌等（2008）运用 DEA 方法，对中国企业生产率与 FDI 间的关系进行研究，发现负向效应明显，且主要原因在于中国本土企业吸收能力不够。马立军（2013）的研究发现 FDI 有利于经济增长必须满足一定的前提条件。崔建军等（2014）发现 FDI 能够促进东部地区经济增长，在西部区域的作用不显著。

（4）制度变量与区域发展。传统增长理论在制度给定的前提下研究要素投入与经济增长间的关系，而新增长理论则开始考虑制度对经济增长的影响。Scully（1988，1992）对世界上超过 120 个国家和地区的经济增长和政治自由程度关系进行研究，结论发现政治相对自由的国家，其经济增长率也相对较高。Goldsmith（1995）得到了同样的研究结果。Leblang（1996）则对不同类型的制度与经济增长间的关系进行研究，发现产权制度与民主制度对经济增长的作用并不一样。Levine（2002）对影响经济增长的三大因素——制度、地理、政策进行了比较研究，认为制度对经济增长的作用要高于其他两个因素。张军等学者（2007）则对政府官员的构成和特征对区域经济增长的作用产生了影响。Acemoglu（2010）认为在人力资本、物质资本和技术要素基础上，不同经济体的经济差异可能出于四种假设：①运气假设；②地理假设（包括土壤、自然资源、气候、地形、疾病环境等）；③制度假设；④文化假设。其中，地理差异、运气差异、文化差异往往是人力无法改变逆转，或者需要相当长的时间才可能改变，但制度差异是可以通过研究使之更有效地提高人力资本、物质资本以及技术水平，最终实现经济的增长乃至发展。因此制度是比传统生产要素更为重要的经济增长因素。安德烈斯（Andrés Rodríguez - Pose，2013）认为制度对于区域发展十分重要，但是究竟什么是有效制度则值得探讨。他在明确指出有效制度的特征和内涵的基础上，构建了一个包含控制变量在内的区域发展战略框架。

（5）集聚程度与区域发展。马歇尔（Marshall，1890）是最早关注集聚现象的经济学家，并提出知识溢出、劳动力池以及投入品共享是导致聚集现象出现的三个根本原因。20 世纪末，随着克鲁格曼等建立起能够处理规模递增问题的新经济地理理论，集聚与区域经济增长的关系日渐被学者重视。Krugman（1991）构建的 CP 模型（核心—外围）对经济的集聚现象与区域经济发展的关系和作用演变机理进行了研究。Engelmann（1995）和 Walz（1995，1996，1997）在 CP 模型的基础上，在农业部门和工业部门的基础上添加了研发部门，这一模型侧重于从区域总量上分析集聚和经济增长的关系。Martin 和 Ottaviano（1999，2001）修改了 Walz 三部门模型，引入了同质产品和异质产品假设，最早研究指出异质产品的存在使交易成本存在，最终使公司集聚发展的可能性更大。Baldwin 和

Martin（2003，2004）从理论上进一步证明了集聚与经济增长之间的反馈机制。Greenaway等（2008）利用微观面板模型对制造业企业的生产率进行研究，发现集聚对制造业企业的生产效率具有重要影响。Baltzopoulos和Apostolos（2009）没有按照传统的研究思路对聚集与GDP增长、就业率及财政收入等指标间的关系进行研究，而是考察了集聚与区域创新产出之间的关系，并发现马歇尔外部性（Marshallian Externalities）对区域创新产出具有正向溢出作用，而雅各布外部性（Jacobian Externalities）则具有负向溢出作用。M. J. Burger等（2010）则利用MHCC（Mixed Hierarchical Cross – Classified）模型对新创企业的存活率与企业所位于区域的聚集程度的关系进行研究，在控制企业和行业个体效应后，发现企业位置变量能够解释新企业存活率方差的4%。Van Oort F. 等（2011）对由集聚导致的知识溢出的几种可能存在的具体渠道——人力资本、创新活动以及创业指标与企业间生产率进行了研究，在欧洲14个国家111个区域中发现这几条渠道间存在互补而非替代的关系。Witte P. 等（2014）试图检验欧洲交通走廊内部区域相比于远离交通走廊区域，由集聚效应带来的区域发展正向溢出作用更为明显。实证结果则显示并没有证据表明在交通走廊内部区域存在显著的生产率、就业率与走廊效应间的关系。

（6）其余影响区域发展的因素。除了上述变量外，还有很多变量能对区域发展产生影响，相关研究如表1 –5所示。

表1 –5　影响区域发展的其余因素相关研究

因素	相关文献
金融发展	朱新天等（1993）、李炜（1999，2000）、何嗣江（2005）、王纪全等（2007）、马蒂奇（Matic，2009）、克里斯蒂娜（Cristina，2013）、周天芸等（2014）
财政支出	王朝才等（1998）、彭月兰（2003）、肖文（2008）、李江（2012）、张锋（2014）
产业结构	彭清（1991）、冯之浚（1994）、张魁伟（2004）、金相郁（2008）、刘超等（2010）、王洪涛等（2014）
外生政策	萧政（2000）、郭腾云等（2006）、陈钊（2006）、王贤彬等（2010）、范恒山（2012）、余运江等（2014）
文化习俗	陈忠祥等（1995）、夏丽丽（2000）、博舍（Boesch，2006）、安庆杰等（2007）、郝大江（2010）、曹清峰等（2014）

资料来源：根据中国知网数据库整理而得。

2. 城市发展影响因素的相关文献

城市同样也是区域，影响区域发展的因素同样会对城市产生影响，但是与一般意义上的区域相比，影响城市发展与影响区域发展的影响因素及其作用机理并不完全一致，因此本书也对影响城市发展的主要因素进行了回顾。

（1）人力资本与城市发展。人力资本的外部性被认为是城市规模报酬递增和高生产率的原因（Lucas，2001）。Moretti（2004）通过研究城市人口结构变动对城市经济增长的作用，发现在城市人口结构中，大学毕业生的比例提高 1 个百分点会导致企业生产率提高 0.7 个百分点。Henderson（2006）则通过对美国城市 1960～2000 年数据的考察，发现城市人口受教育程度越高，城市扩张越快，同时这种作用程度由大城市到小城市逐渐降低。Stolarick K.，Mellander C.，Florida R.（2012）发现人力资本对城市经济增长的作用呈现空间分布，中心城区的人力资本作用程度低于郊区人力资本的经济增长作用程度。项本武等（2012）则对人力资本与城市规模的关系进行了研究，他利用人口普查数据发现人口结构的受教育年限越高，城市规模增长越快。张黎娜等（2014）对人力资本如何影响中国城市间的居民收入差距进行了研究。

（2）集聚、城市规模与城市发展。在马歇尔关于分析集聚现象的三个形成机制的基础上，Duranton 和 Puga（2004）将马歇尔提出的三个集聚原因——共享（sharing）、匹配（matching）和学习（learning）予以模型化。Sveikauskas（1975）对美国城市规模和生产率间的关系进行研究发现，城市人口规模每增加一倍，劳动生产率将会提升 5.98%。Segal（1976）、Moomaw（1985）、Tabuchi（1986）、Fogarty 和 Garofalo（1988）、Henderson（2003）、Braunerhjelm 和 Borgman（2006）的研究与该结论相符。其中，Ellison 等（2007）对集聚三成因的作用大小关系进行了实证检验，他利用在 1972～1997 年美国制造业数据进行研究发现投入产出联系是导致集聚的首要原因，劳动力共享仅发挥次要作用。Glaeser 和 Resseger（2009）的实证结果也证实了城市规模的扩大对劳动生产率具有较强的促进作用。P. Combes 和 G. Duranton（2012）则对大城市的企业生产率进行了检验并在证实这一结论的基础上提出企业筛选（Firm Selection）和规模经济是导致大城市企业生产率较高的两个原因，同时对两个原因的具体作用程度进行了实证检验。范剑勇（2006）认为规模经济、地方化经济和城市化经济是规模报酬递增的原因。王永培（2011）则在 Ciccone 模型基础上，对城市拥挤性与生产率的关系进行了实证研究，发现一定程度的就业密度对中国城市生产率具有正向积极作用。刘修岩（2009，2012）的研究表明，集聚程度的提高并不一定促进经济增长，只有当区域发展水平较低时，集聚才能促进经济增长。孙晓华等（2013）则以不同城市规模为变量，检验了不同规模下集聚程度对经济增长和城市生产率的影响，结果发现：专业化集聚对中小规模城市的生产率具有一定的促进作用，对较大规模的城市会在某种程度上阻碍城市生产率的提高。

（3）城市化与城市发展，城市化对城市发展的意义毋庸赘述，两者之间存在高度相关性。Lampard（1955）首次表明城市化进程与经济增长间存在高度一致性，Lucas（1988）、Henderson 和 Williamson（1988）提出了同样的观点，强调城市化对于经济增长的重要作用。Berry（1965）和 Richardson（1981）的实证检验证明了这一点。Henderson（2000）利用跨国数据，测算出不同国家的城市化率和经济增长间的相关系数。然而也由学者提出城市化对经济增长的作用并不始终是正向线性的。Bertinell（2004）发现了城市化与经济增长间存在的“U”形关系，说明城市化对经济增长的作用拐点是存在的，我国学者刘伟等（2008）的研究也证实了这一结论。Bosker 等（2012）在新经济地理学分析框架上对我国城市化进程进行动态模拟，发现如果继续放松特大城市，如北京、上海等城市的户口管制，那么大量的劳动力将会继续流向大城市而非小城市，形成典型的核心外围结构，该结论也得到邹一南等（2013）研究的支持。陈斌开等（2013）通过构建发展战略模型解释了我国城镇化进程滞后于工业化进程的原因。

（4）交通设施与城市发展。目前，国内外研究交通基础设施对城市经济影响的文献可以分为三类：一是交通基础设施建设本身对城市经济发展的拉动作用，主要是指基础设施投资对前后关联产业的影响，并通过“乘数效应”对经济产生影响；二是交通基础设施建成后对城市经济的直接效果，主要包括节约运输时间、提高可达性、降低运输成本等；三是交通基础设施建成后对城市经济的间接效果，主要包括人口流动加快、产业布局和土地利用格局的变化、城市化进程加速、交通经济带的形成等（李廷智等，2013）。处理交通基础设施变量通常也有三种做法——作为生产要素进入生产函数、作为影响投资和就业决策的变量、作为影响运输成本的变量（Piet Pietveld，1989），目前研究交通设施对于城市发展的影响主要集中于高速公路、铁路尤其是高速铁路对城市发展的影响。国外研究方面，Y. Murayama（1994）、D. Gabriel（1996）等先后对日本和欧盟高速公路建设对城市通达性的影响进行了研究。José M. Urena（2009）等从不同空间尺度上对高铁网络体系对城市的影响进行分析。周浩等（2013）将中国 1997～2007 年的铁路提速以及基础设施改善作为一次自然实验，对可达性是否促进沿线地区经济增长进行实证研究发现，铁路提速使其沿途提速站点人均 GDP 提高约 7.8 个百分点。王垚、年猛（2014）采用多期 Differences in Differences（DID）估计方法分析了 2007～2010 年中国高铁对城市规模扩张的影响。研究表明：高铁对城市规模扩张的影响由 2007～2009 年的负效应转变为 2010 年的正效应，并且具有明显的空间溢出效应。

（二）有关区域与城市发展关系的概念及作用机理文献研究

城市与区域的发展关系不仅在现实世界中被重视，在学术研究领域同样是重点研究对象，描述城市与所在区域空间组织形式和发展关系的“城市区域”（City Region）概念在20世纪初就已经被提出，迄今已经存在了近百年。本书首先对城市区域概念的演变进行回顾，随后对城市区域发展作用机理和模式进行文献回顾。

1. 城市与区域发展概念演变

城市区域概念最早可追溯到1898年E. Howard在*Tomorrow：A Peaceful Path to Real Reform*这一著名论作中对城市集群做出了说明和概念认定，他认为城市周边区域也应该被加入城市的规划当中去。城市区域概念最早由格迪斯（Geddes P.，1915）在工业化背景下英国快速城市化现象时提出的，所谓的城市区域，实质上就是城市快速发展进程当中，城市和本身相邻城市之间的共享区域。著名学者迪金森（Dickinson，1967）在1960年对“城市区域”进行了进一步的补充和提升，提出了城市功能经济区概念。随着时间的发展，1990年之后，“城市区域”的内容再次有了新的突破。2001年，美国地理学家斯科托（2001）和英国规划学家霍尔（Peter Hall，2001）发表了《全球城市区域》（*Global City Regions*）的著作，从多角度细致深入地分析探讨了“城市区域”现象。Scott认为目前世界城市的发展趋势是“世界城市”（World City）和“世界城市体系”（the World City System），全球经济增长不同于以往时代，在当前阶段的发展过程中，世界城市及其配套的功能区域扮演着同样重要的作用。Scott将这些区域统称为“全球城市区域”（Global City Regions）。学者Peter Hall与Scott的研究重点稍显不同，前者的研究重点在于城市区域的空间表现形式和内部功能关系，而后者的研究重点在于全球城市区域的经济状况。Peter认为，作为经济发展核心的城市和相邻区域之间存在的相互关系应该取代城市自身的发展。Scott对于“全球城市区域”概念的贡献不可忽略，其研究使20世纪针对城市区域的认知水平得到了较大幅度的提升，但是他们的研究目标具有一定的局限性，比较多地集中在了在全球经济活动中占据重要地位的西方发达国家中的世界级城市和相关区域。与此同时，有学者（Yeung H. W. and Olds K.，2001）对非世界级城市之外的发展中国家的城市进行了研究，提出更为广泛的“正在全球化城市”（Globalizing City）或“正在崛起的世界城市”（Emerging Globalizing City）等相关概念，这些概念更为注重这些城市的发展潜力而非目前发展水平，因此在发展中国家也获得不少关注。21世纪以来，以P. J. Taylor（2004）为首的学者在信息化和全球化的背景下提出了“世界城市网络”（World City Network）的理念，深入分析和探讨了不同城市之间存在的网络特征以及相互发展关系。在此基础上，Peter Hall（2006）又进一步提出了“多中心的城市区域”（Polycentric Urban Region）概念。

虽然国内学者对于城市区域发展现象在20世纪80年代就已经有所研究，但是对于城市区域的相关概念的研究则较晚。吴良镛（2000，2002，2003）在国外学者提出的诸多概念基础上，结合中国发展实际情况，提出京津冀地区、珠江三角洲以及长江三角洲这三个区域完全具备成为城市区域的潜力。对于城市区域的有关概念，学者余丹林等（2003）也给出了他们的看法和认知，他们认为城市区域理论探讨不能脱离发展中国家中的发展水平较快并逐渐与世界接轨的城市。刘艳军等（2006）借助于深入分析城市区域和其相关空间结构的实质得出结论，单核极化、双核整合以及更高级别形态的多核网络化发展可以有效地归纳出城市区域空间结构从低级到高级的发展路程。顾朝林（2009）系统地回顾了关于城市区域思想的演变历程，重点介绍了国际城市规划界的前沿动态，即巨型城市区及巨型区域的前沿进展。马学广（2011）认为21世纪的信息技术发展及全球日益紧密的联系将导致国家间竞争的中心下移至各国核心城市及其周边区域的竞争上，在结合中国城市发展实践和国际城市区域发展理论的基础上，从城市政治经济学视角出发，对城市区域增长的背景、方法、视角、内容等多个层面对中外城市区域增长的经验研究进行了详细梳理。丁志伟等（2012）认为中心城市是城市区域系统的核心，城市体系则是城市区域系统的组织架构，而城市群则是一种特殊的城市区域结构。殷洁等（2013）运用马克思主义地理学的研究方法，认为地域组织的变动实际上是资本为了克服危机而在尺度和地域上进行的去地域化和再地域化过程，所谓的地域重构和尺度重组，从其本质上来看，两者是一体两面的发展阶段。

2. 城市与区域发展表现模式

城市区域基于空间形态方面的角度出发来看，其可以拥有比较多的表现方式，如大都市带、城市群等，在这些不同表现形式中也存在差异和相似之处（Tassilo H.，and Peter N.，2002）。下面对几种比较重要的表现模式的出现历程及特征进行回顾。

著名学者霍华德（Howard E.，1898）在19世纪末首次发表了城市群模式，当时是用来描述在中心大城市周边存在若干独立、分散、自给自足的田园城市的规划图景。在学者前人的扎实研究基础之上，著名学者Unwin（1933）将“卫星城”的概念公布于世。在世界上不同的国家和地区，针对城市群也有不同的称呼，如美国、法国和德国分别称作“Urban Field”、“Urban Agglomeration”以及“Urban Ballunsraume”。区域规划的综合研究方法的创始者则是著名学者盖迪斯（Geddes P.，1915），除此之外，该学者的贡献还在于预见了当代世界城市的发展，当前阶段的城市将逐渐向群体形态发展，如集合城市（Conurbation）、城市地区（City Region）甚至世界城市（World City）。“二战”以后，随着工业化进程的加快，大量的现代技术不仅对经济生产活动产生巨大影响，而且深远影响着世界城市的发展，现代技术的进步也逐渐加重了城市及其区域之间的复杂关系，这也就意味着，对于城市和区域发展的研究必须从城镇群体角度出发才更加科学和合理。

发达国家美国首先提出了都市区这一理论概念，其颁布实施了后来被世界各地广泛采用的“标准大都市区”的城市地域单元统计标准，将区域分为中心区域与外围区域。著名学者邓肯（Duncan）的成果《大都市和区域》于20世纪中期问世，其中首次提出了“城镇化体系”（Urban System）这一名词，除此之外，邓肯还针对城镇体系研究的现实作用进行了深入的分析和说明。著名学者高特曼（Gottmann，1957）首次提出了大都市带这一概念，Gottmann指出，21世纪城市的发展方向毋庸置疑是大都市带，这也是人类社会居住形式以及城镇群体发展的最高阶段。大都市区概念的出现，给学术界和社会带来了轰动效应，较多专家在此基础上提出了新的概念，如城市化地带（Urban Region）、大都市地区（Megalopolis Region）等。

很多学者对于城市将在未来聚集发展持以赞同观点，但是部分学者认为世界各国的具体国情和发展阶段不同，适合美国发展的模式并不一定符合其余国家发展，因此这些学者并不认为大都市带（Megalopolis）就是未来城市与其周边区域发展的唯一形态。基于对东南亚国家的城市和周边区域之间存在的相互关系的深入研究分析，学者麦基（McGee T. G.，1991）首次说出了“Desakota”，该词语不是本来就存在的，而是由印尼语合成的新词语。“Desa”为“乡村”（Rural）之意，“Kota”为“城镇”（Urban）之意，新词语表达的意思则是“城乡一体化”，该词语主要用来对亚洲部分发展中国家和地区进行描述，该词语的意思和西方发达国家的大都市带比较类同，但是在空间结构和发展背景方面两者不同。部分财力充足的城市随着当前阶段经济全球化的发展，其对全球经济发展和进步的影响力也日益增大。在这种背景下，皮尔斯（Peirce，1933）认为以往的城市区域发展格局大都市带、城市群等只能揭示城市的规模和空间结构变化，但是对于这些城市的发展本质问题无法给予充分的反应，因此Peirce提出了创新性词语Citistate，他试图借助新词语来对全球比较完善的城市区域集合体的意义进行完善的反映。所谓的Citistate，其本质上是对外作为一个整体，而内部是由数量不等的中心城市，加上周边地区城镇共同开发形成的区域联盟，内部的城镇之间在经济等方面合作频繁和密切，关系较为紧密，而对外是该区域共同发挥作用，他指出Citistate揭示区域主义超越主权国家主义的新现象，除此之外，他认为在未来的21世纪，Citistate将发展成为主导政治、经济和社会组织的中心区域。

我国虽然从1980年前后开始探讨分析区域城市现象，并提出了很多类似

“城市区域”的概念，但是一方面受限于当时的信息交流条件，不同学者提出的概念无法交流；另一方面则由于国外较为先进的研究成果不能及时地传递到我们国家学者手中，使我国针对城市区域的研究难以形成体系。董黎明（1989）在20世纪80年代末就提出并且定义了“城市群”的概念，他认为城市群本质上是经济、社会生产力比较发达的集聚区域。姚士谋（1992）的研究指出，城镇密集区经过发展，逐渐形成了更高形态的体系，也就是城市群，两者是有区别的。胡序威（2000，2003）指出城市群和城镇密集区的区别是前者更关注城市间的关系，而后者更关注城乡之间的关系。侯启章（1993）在其分析报告中指出，城市带在发展阶段方面而言比城市群更高级。实际上，城市群概念的内涵在我国至今也没有得到明确的界定，江曼琦（2013）对我国学者关于城市群概念的20种定义进行了总结，认为城市群是指一种新型的城市区域空间组合形式，该形式是由城市密集区内多核心组团模式发展而来的。国内学者除了对国外已有概念进行过研究外，也有学者提出符合中国发展实践的区域城市发展模式，各种不同的区域发展模式定义如表1－6所示。

表1－6　我国学者提出的城市区域发展模式及其定义

模式	包含概念	定义	备注
城市带	巨大都市带	在政治经济活动中扮演着不可或缺的枢纽作用，与此同时还发挥着国际港口和超级城市的核心作用，其拥有全球最大规模的城市现象	于洪俊（1983）
	大都市连绵带	首先城市化率高于70%并且人口吸纳能力较强；其次各个城市位置不同，功能不同，在区域性基础网络设施方面相对比较发达，承担着世界和国家经济活动的中枢作用	诸大建（2003）
	城市经济带	范围划定在特定区域，其发展则是基于某交通网络干线带来的优势，核心则是至少一个的超大城市，辅助以相邻城市或城镇，在此基础上发展起来的区域内产业间和城市间的信息流、人流、资金流等的相互作用	杨凤（2007）
都市圈	都市圈	依托经济相对发达的城市为发展核心，借助经济吸引和辐射的高强度作用，使临近的农村和城市也能够共同进步和发展，从而发展成为在生产和流通方面一致性的经济网络空间	高汝熹（1990）
		核心组成部分是经济综合实力较高的核心区域，该核心区域与核心区域辐射范围内的区域共同组成的社会圈和经济圈	罗明义（1998）
		以数量不等的核心城镇为中心，配备一体化发展目标一致的、与其具有频繁经济往来的相邻城镇或地区发展形成的圈层式结构	张京祥（2001）

续表

模式	包含概念	定义	备注
都市圈	大都市圈	不受行政区域划分的限制，与其具有密切经济来往的邻区划或外围化的地区发展形成的一体化经济区	复旦大学（1993）
	城市经济区	基于结构形态的角度分析可以看出，城市经济区的核心为大中城市，在此基础上，辅助以与其具有紧密经济关系的广大地区发展形成的城市地域综合体，城市经济区的发展不能脱离中心城市和周围腹地的组成	顾朝林（1991）
	都会经济区	所谓的都会经济区，也就是EMR，其核心市则为国家的最大城市（首都和最大港口），主要由邻近省、县级行政单元等外圈组成	薛凤旋等（2005）
城市群	城市群	在某一固定的地域范围之间依托当前社会阶段比较发达的信息网络以及综合运输网、现代交通工具的辅助作用，使不同城市之间存在不可割舍的关系，从而发展成为比较完善的城市集合体	姚士谋（1998）
	大都市连绵区	其核心和基本组成单元分别是数量不等的大城市和都市区，在此基础上，配备以周围地区之间的相辅相成的密切合作，沿数量不等的交通走廊布局形成的巨型城乡一体化区域	周一星（1991）
	都市连绵区	随着当前阶段经济的快速发展，人口密度较大、经济较为发达的区域，城市化水平得到了较快的推动，因此使位置本来相对分离的都市区，能够因为经济活动的开展拥有更加紧密的联系，从而发展成为都市连绵区。该区实质上属于城镇密集地区城市化之后发展而来逐渐形成的当前阶段的高级别的空间结构形态	胡序威（2003）
	（大）都市区	所谓都市区，其经济来源不是以农业为主，并且该区跟中心城市的合作关系比较密切，属于县域单元的组合形式	周一星（1986）
		都市区建立的关键在于拥有1～3个中心城市作为核心，在此基础上，配备与中心城市关系比较密切的周围数量不等的小城市的地域空间，而都市区和都市圈在大多数时候是互通的	刘君德（2003）
		其必须依托人口数量达到一定程度的中心城市和与中心城市合作关系密不可分的县域区域共同组成大都市区，其核心区和边缘区分别是中心城市和周边县域	宁越敏（2003）
	城镇群体	其地域范围一般比较相邻，除此之外，城镇之间还存在比较密切的经济、社会、生态等方面的密切联系。不同于传统的区域之间的联系，城镇群体之间的内部空间要素方面关系更加复杂和紧密，从而推动产生了较多的都市区、城乡混合区等数量不等的城镇群体空间形态	张京祥（2000）

续表

模式	包含概念	定义	备注
城市群	城镇密集区	其核心则是至少拥有两个 30 万以上人口的中心城市，在此基础上，配备以和中心城市具有密切关系的连片城市化地区	孙一飞（1995）
		该区指标相对更高，长江三角洲计算在内的中国沿海的六个城镇密集区	胡序威等（2000）
	大都市地区	其发展核心则是大都市，大都市和周边地区之间的经济联系随着经济的不断发展而日益加深，从而逐渐发展形成一体化的大区域，所谓的大都市地区，其实质上也就是大都市连绵区	沈立人（1993）
	城市联盟	其建立的基础则是自愿自发原则，由政府协商负责成立，借助信息交流以及共同协作的方式来取得共赢。该联盟不止受政治决策的干扰和主导，也受到来自市场的影响，每一个决策的实施都不能忽略城市的投入成本和收益。不同城市的参与政府在针对成本和效益方面的差别应该较小，对于所有问题均可以进行探讨，联盟存在各种机制、方式以及过程来开展讨价还价	于力（2007）
		其发展目标和基础单元分别是区域经济一体化和相互之间存在紧密的自然、经济等关系的区域，依托城市沟通、协调、对话等的多层次平台的构建，使特定区域能够做到生产要素的合理搭配、资源优化配置、城乡规划统一实施等，进而真正推动区域和城乡的同步发展	王家祥（2008）

资料来源：本表是在陈美玲（2011）研究的基础上进行修改而得。

（三）有关城市与区域间发展关系的相关实证文献

本书从整体发展和相互发展关系两方面对有关城市与区域发展关系的实证研究文献进行回顾。

1. 有关城市与区域整体发展的实证研究文献

从整体视角研究城市与区域发展关系的文献主要包括经济发展、竞争力研究、功能分工、空间结构以及政府治理几个方面。

（1）经济增长方面。丁建军（2010）认为城市群是我国区域经济协调发展的关键，应该充分依靠城市群在产业转移中的载体作用，促进东、中、西各区域协调发展。魏守华等（2013）对影响城市群经济的重要因素进行了深入的分析和探讨，在城市群的发展过程中，具有重要影响作用的是城市间网络外部性和单个城市聚点外部性。李煜伟等（2013）基于新经济地理理论和网络分析工具的辅助作用，科学地修正了新古典区域经济增长模型。李煜伟认为在当前阶段，中心城市的发展较大程度上得益于运输网络的快速进步，要素的快速集聚能够加快城市的发展和进步。

（2）空间结构方面。杨青生等（2007）深入分析探讨了东莞市的城市扩张发展历程，通过探讨东莞市的发展过程总结出中心镇的空间作用规律。研究表明，以1993年为分界点，之前的时间中心镇城市化影响不大，但是之后影响力逐渐递增，逐渐发展成为“点—轴”的空间扩散格局。厉敏萍等（2012）认为城市空间结构在区域经济协调发展中的地位和作用日益凸显，并对现有关于城市区域空间结构的相关文献进行综述。秦志琴等（2012）用空间数据分析方法，对1990～2010年辽宁沿海城市带城市发展水平的时空差异进行分析，研究结果表明，在上述地区的发展中存在显著的阶段性特征。

（3）竞争力研究方面。倪鹏飞等（2006，2008）深入分析探讨了我们国家15个城市群的发展竞争力。童中贤等（2010）通过深入的分析研究发现，所谓的城市群竞争力，实质是城市群功能竞争力、结构竞争力和绩效竞争力三者的共同发展的结果，在此基础之上总结出适合研究中部城市群竞争力的指标体系。根据20世纪后两年以及21世纪最初七年的城市数据，宋丽思等（2009）通过量化城市区域研究，深入分析探讨了创新空间极化的发展方向和程度。分析结果表明，空间极化程度由低到高的顺序是长三角区域、珠三角区域、成渝区域以及京津冀区域。

（4）功能分工方面。学者张毓峰等（2007）通过分析研究指出，城市区域本质上属于一种特殊的空间组织形态，其发展是基于当前阶段城市区域化和经济全球化进程而来的，其形成不是某一种因素的影响导致的，而是在生产系统中，各种劳动空间综合演化带来的。通过对珠三角、长三角以及环渤海区域的深入探讨和研究可以看出，劳动空间分工问题直接制约着转轨期城市区域一体化的发展，而真正阻碍了城市一体化发展的根本原因在于政府、市场以及组织之间机制协调的不足。基于空间功能分工指数的辅助作用，赵勇等（2012）深入分析和比较了我们国家城市群的功能分工水平，研究结果显示，2003～2010年，分工水平相对不稳定，除此之外水平不高，并呈现出了下降的发展趋势；而且因区域不同，城市群功能分工差异性比较大，我们国家东部发达城市的水平明显高于西部欠发达地区，除此之外，差距也在增加。

（5）政府治理方面。著名学者买静等（2010）将研究目标定位在了“省管县”，首先对其概念进行了认定，然后依托长三角为研究对象，详细分析了“省管县”对于长三角城市区域中关系的正面和负面的作用。王春超等（2011）以“M—U”型组织理论为基础，对城市间政府组织结构进行研究，发现特定的假设条件下，如果信息传递不完全并且信息失真达到一定程度，那么实行城市群后的地区总收益将大于未实行城市群的各个地区的收益和，城市整体经济效益也会直接较大幅度地受益于城市群的发展。在珠三角的研究分析中也验证了上述结论。

2. 有关研究城市与区域间发展关系方法的文献

本书从区域收敛模型、区域城市辐射及区域城市其他联系三个视角对研究城市与区域间关系的相关方法的实证文献进行回顾。

（1）研究区域间趋同趋异的相关文献。区域发展趋同或趋异是决定区域间能否实现均衡发展的条件。根据收敛情况的不同可以将区域经济趋同模式分为五种：σ 趋同、绝对 β 趋同、条件 β 趋同、俱乐部趋同以及随机趋同。其各自含义和检验模型如表 1－7 所示。

表 1－7　五种趋同模式及其检验方程和含义

趋同类型	检验方程	参数含义	趋同含义
σ 趋同	$\sigma_t^2 = \frac{1}{n}\sum_{i=1}^{n}\left[\log y_{it} - \frac{1}{n}\sum_{i}^{n}\log y_{it}\right]^2$	σ 为区域间人均 GDP 标准差，y_{it} 为第 i 个区域第 t 期的人均 GDP	不同经济系统间人均收入的离差随着时间的推移而趋于下降
绝对 β 趋同	$\frac{1}{T-t}\log\frac{y_{iT}}{y_{it}} = \beta + \frac{1-e^{-\beta(T-1)}}{T-t}\log y_{it} + \mu_{it}$	y_{iT} 为第 T 期人均产出，y_{it} 为初期人均产出，β 为趋同速度，μ_{it} 为随机干扰项	经济增长率和初始经济发展水平之间存在负相关关系。并且随着时间的推移，所有国家或地区将收敛于相同的人均收入水平
条件 β 趋同	$\frac{1}{T-t}\log\frac{y_{iT}}{y_{it}} = \alpha_i + \beta\log y_{it} + \psi(x_{it}) + \mu_{it}$	x_{it} 为一组控制变量，α_i 为各地区不同的截距项，T 为期末，β 为趋同速度，μ_{it} 为随机干扰项	区域人均收入的增长不仅取决于期初的人均收入水平，而且也受到其他因素的影响，如资源禀赋、产业结构以及区域间要素流动等。如果选定合适的变量进行控制，也可以验证初始收入和经济增长率之间存在负相关关系
俱乐部趋同	$\frac{1}{T-t}\log\frac{y_{iT}}{y_{it}} = \beta_1 + \beta_2\log y_{it} + \beta_3 D + \varepsilon_{it}$	y_{it} 为末期第 t 年各区域的人均 GDP 增长率，β_1 为常数项，β_2、β_3 为待估参数，D 为地区虚拟变量	结构特征相似且初始收入水平也相同的国家或地区，它们的人均收入趋于收敛
随机趋同	$RY_t = RY^e + v_0 + \beta^* t + v_t$	RY_t 为区域在第 t 期的相对人均产出，RY^e 为不随时间变化的均衡差异，β 为趋同速度，v_0 是相对人均产出对均衡的初始偏离	检验是否具有单位根就相当于检验区域经济增长是否随机收敛，允许各个区域的收敛速度各不相同

资料来源：根据“沈坤荣．宏观经济学教程［M］．南京：南京大学出版社，2008”整理而得。

Baumol（1986）对OECD16个国家1870～1979年的经济增长率与初始人均收入的关系进行检验，发现增长率与初始产出水平之间有较高的负向相关性。Barro和Sala－i－Martin（1991）对美国48个州的人均收入、人均产出进行了检验，最终结果表明收敛性显著。Mankiw、Romer和Weil（1992）利用MRW框架，对98个非石油生产国、76个发展中国家和22个OECD国家的经济增长进行了实证检验，发现这些国家间都存在显著的条件收敛性。但是Mauro和Godrecca（1994）对意大利和亚洲新兴工业化国家的经济增长进行了实证检验，则发现了收敛性不存在。Bernard和Durlauf（1995）开创了经济增长的俱乐部收敛性分析。Rey（2001）对美国48个州1924～1994年的增长收敛性进行了研究，发现区域空间效应对经济增长收敛性具有重要作用。Giuseppe Arabia（2005）利用空间计量经济学方法，对意大利92个省在1951～2000年的人均GDP收敛性进行了检验，发现存在显著的收敛性，同时空间效应也具有重要作用。Konstantin A. Kholodilin等（2009）以俄罗斯的人均收入在1998～2006年的收敛情况进行了研究，发现俄罗斯人均收入收敛速度远远低于国际水平，当控制空间效应后，收敛速度进一步下降，另外还发现高收入地区的收敛速度要快于其余地区。Andrade C. 等（2010）对欧洲19个国家1991～2009年的经济收敛情况进行研究，证明欧洲不同国家的经济收敛是短暂的，俱乐部收敛特征比其余收敛模式更符合欧洲国家间的发展情况。Michal Bernard Pietrzak（2012）利用空间转换回归模型（Spatial Switching Regression Model）对波兰16个省的人均GDP收敛情况进行了分析，发现不存在明显的收敛而存在部分区域极化现象。Maria Jesus Herrerias和Javier Ordóñez（2014）则以中国31个省、自治区、直辖市1952～2007年的数据进行随机收敛性检验，发现在控制区域集群和非线性的情况下，有18个省份处于收敛状态，3个省份处于接近收敛状态，其余10个省份则处于趋异状态。

宋学明（1996）对中国1978～1992年的区域人均收入收敛性进行考察，发现整体上中国人均收入增长存在绝对β收敛。魏后凯（1997）在Barro模型的基础上，对我国区域间的人均GDP、人均居民收入、城乡居民收入三个指标进行了收敛研究。申海（1999）通过研究1978～1996年的人均收入和人均GDP收敛过程，发现两者都存在显著的β收敛，其中人均GDP收敛更为明显。胡鞍钢等（2000）利用1978～1994年的数据，发现我国省级单位人均GDP存在β收敛趋势，但是在20世纪90年代趋于发散。林毅夫等（2003）证明了中国区域经济存在β收敛，并进一步证明国家如何选择发展战略是影响经济收敛的重要前提条件。林光平等（2006）利用空间计量技术，发现我国各省级行政区在1978～2002年存在α收敛。张学良（2009）和刘生龙（2009）都利用空间计量技术分别对长三角和我国省级地区进行了实证检验，发现都存在绝对β收敛。潘文卿

(2010) 通过研究证明中国只存在东中两大俱乐部收敛，不存在全域性收敛。杜丽永等（2012）的研究同样得到该结论。黄安胜等（2014）则从产出是生产要素投入的结果这一逻辑出发，试图解释区域经济增长差异和收敛的根本原因。

（2）研究城市与区域间辐射的相关文献。“辐射”概念来自物理学，这个概念之所以能够被引用到经济学领域，主要是因为物理学中的辐射概念与经济学中的辐射概念具有三个共同点：辐射效果与区域或物体间的距离成反比，距离越远，辐射效果越差；辐射的最终结果是缩小物体或区域间差距而非扩大；一般情况下由指标高的物体或区域处于主导地位。厉以宁（2000）认为辐射包括点辐射、线辐射和面辐射三种情况，分别代表中心城市、大江大河等交通干线、经济发达地区等。国外学者很早就注意到了区域间存在的辐射现象。Pallin（1929）在预测城市间的交通流量时采用了引力模型，这是最早运用物理模型研究区域辐射关系的文献之一。W. J. Reilly（1930）提出了零售引力定理和断裂点观点，对城市的辐射范围进行探讨。在这些研究的基础上，卡罗尔（Carral，1954）利用引力模型和断裂点理论对中心城市与周边区域的辐射关系进行了研究。随后，艾萨德（Isard，1960）提出了“潜力”概念，用以测量区域中心对于周围区域的综合影响力。史密斯（Smith，1983）则根据物理学中的辐射影响随距离递减的规律提出“距离衰减曲线”。根据现有文献看，目前关于研究中心城市辐射的方法分为定性分析、统计分析、断裂点以及计量检验四种。

1）定性分析方法。孙秀英（2001）基于区域发展战略的目标，认为坚持以核心城市发展带动整个区域发展是比较合理的思路。李桂华（2004）以南京市作为实证研究对象，系统分析了中心城市对周边区域产生辐射的前提条件。刘崇献（2005）比较了京、沪两市的辐射能力，认为北京的辐射力远远低于上海市。吴玉蕊（2007）以港口城市宁波为研究对象，对宁波对于周边地区的辐射效应进行了研究。石琳娜等（2011）则对成渝都市圈的辐射效应进行了研究。

2）统计分析方法。韩建清等（1995）、贺晓波等（2008）分别运用因子分析方法对山西城市圈、环渤海区域 17 个城市的辐射力进行了定量比较。师谦友等（2012）则采取 AHP（层次分析法）对西安的城市辐射力进行研究。赵娴和林楠（2013）的区域间经济引力模型构建了九个指标来反映经济区域间的辐射关联。

3）断裂点相关方法。断裂点理论是研究辐射能力的一种经典方法。陶海洋（2001）、侯晓丽（2003）、冯德显等（2006）分别运用断裂点理论对上海、山东省边界中心城市、郑州市的辐射能力进行了研究，何龙斌（2012）则利用断裂点理论分别研究了重庆、成都、西安等陕南地区的辐射力，发现成渝对该地区的辐射能力较弱，而西安对该地区的辐射能力较强。江璐璐等（2013）以安徽省及周边区域为研究对象，在断裂点力量的基础上结合引力模型测算安徽省与外部区域的经济联系作用量，结果表明安徽省与长三角区域联系较为紧密，与中部区域联系较弱。

4）计量检验方法。朱虹等（2012）利用空间计量模型证明北京对周边区域存在空吸效应，而上海对周边区域则存在反哺效应，然而张先锋等（2013）的研究则表明京沪两市对周边区域的辐射能力并不存在显著区别。杜中明等（2012）试图构建中心城市与周边城市的产业结构相似指数，通过计量模型估计出中心城市对周边城市的辐射强度，并在此基础上分析了产业结构指数与中心城市辐射强度的关系。

（3）研究城市与区域间联系的相关文献。与区域趋同和城市辐射研究视角相比，通过区域联系来研究区域城市发展关系更为全面。McCarty（1956）对地区联系进行了详细阐述，并利用计量统计分析方法说明如何得到区域变量间的相互影响关系。Smith（1963）以夏威夷为案例，对不连续地区范围内的相互作用进行了研究。Boarnet（1995）首次利用空间计量模型证实地理上临近区域的经济增长具有较为密切的空间联系。Henry（1999）同样利用空间计量模型，对落后地区与发达地区间的联系进行测算，发现发达地区对落后地区的扩散效应较回流效应更为明显。Feser 和 Isserman（2009）则以美国主要城市为研究对象，对美国中心城市与其余区域的联系进行测度，发现中心城市对其余区域的溢出效应较为显著。柯善咨（2009a，2009b）利用空间计量联立方程分别对中部地区六省579 个市县 2000 ~2005 年的数据和全国除西藏以外的 2169 个市县 2000 ~2007 年的数据进行了实证检验，发现中国中心城市与其余城市区域间存在显著的空间联系。赵雪雁等（2011）以皖江城市带为研究样本，引入克鲁格曼指数、建成区面积、人口素质权重系数等指标修正了以往的引力模型，并利用城市间的日发车班次数据对修正模型进行了检验。在此基础上，利用修正模型确定了各城市的主要对外联系方向及联系强度。郭建科等（2012）认为城市间的联系程度是反映区域一体化进程的重要指标，在运用城市流模型和 SOM 神经网络模型的基础上，该文以我国 31 个省级行政区和所有地级城市作为研究对象，测算出 2008 年我国城市流强度，并分不同区域进行研究。马涛等（2014）通过构建联立方程模型对沿海、内陆间的要素流动情况进行实证检验，发现内陆沿海间的资本要素流动速度基本保持不变、劳动力要素流动程度逐渐提升。

除此之外，区域间投入产出模型目前正在成为研究区域间联系的重要模型。自 Isard（1951）首次利用投入产出模型对区域间的联系进行研究后，区域间投入产出模型迅速成为研究区域间联系的重要模型。根据区域间贸易系数假定的不同，区域间投入产出模型分为 IRIO（Interregional Input Output Model）和 MRMO（Multiregional Input Output Model）两种，随后在区域间投入产出模型的基础上结

合社会核算矩阵又形成了区域可计算一般均衡模型，即区域 CGE 模型[①]。Miller（1963）构建了一个完整意义上的两区域投入产出模型来测算区域间的经济反馈效应。潘文卿和李子奈（2007）利用我国 2000 年八区域投入产出表对我国内陆与沿海地区的联系进行研究，发现沿海地区对内陆地区的溢出效应并不明显，甚至低于内陆地区对沿海地区的溢出效应。潘文卿（2012）在 2007 年的研究基础上利用 1997 年和 2007 年的中国八区域投入产出表重新分析我国内陆地区和沿海地区的联系情况，仍然发现 2007 年的结论成立，不过在控制规模效应后，发现沿海地区对内陆地区的实际溢出效应要高于内陆地区对沿海地区的溢出效应。田艳平等（2012）通过构建湖北省、中部四省以及其余省份的三区域投入产出模型对湖北省与中部四省和其余省份的联系程度进行测算，发现湖北省与中部四省虽然具备一定的联系，但是程度较弱。

四、文献述评

本书对区域与城市发展及其关系所涉及的文献进行了全面考察，发现当前无论是对区域、城市自身发展以及两者发展关系的研究都已经取得了比较丰富的研究成果。然而通过梳理文献，本书发现当前的研究仍然存在一定的不足。首先，现有研究城市与区域发展的文献研究视角比较单一，绝大部分文献选择从一个视角对此进行研究，如部分文献选择大城市作为研究对象，也有很多文献选择大城市与周边区域的关系作为研究对象，缺少一个完整的研究框架，使研究的可借鉴性不足。其次，当前研究特大城市与周边区域发展关系的文献比较少，更多的文献集中讨论大城市的综合实力、辐射范围或分析从单一的交通要素或者产业要素进行研究，缺乏对相关影响特大城市与周边区域发展关系的因素进行全面分析的文献。最后，讨论中国特大城市与其周边区域发展关系的文献比较少，通过整理文献可以发现，现有文献研究对象主要包括三类：第一类文献将中国的八大区域、三大区域、长三角区域、珠三角区域以及京津冀区域等跨行政区域作为研究对象；第二类文献将北京和上海市作为研究对象；第三类文献将部分省会城市如武汉市、郑州市作为研究对象。这种多样化的研究对象有效地丰富了城市与区域发展关系的研究领域，但是随着中国城镇化进程的推进、中国城市规模的增大，研究特大城市与周边区域的发展关系无疑显得极为重要，当前这些研究对象的选择使相关研究的结论偶然性太大，也无法提供具有参考性的对策建议。鉴于此，本书将在构建一个特大城市与其周边区域发展关系研究框架的基础上，对中国 10 个特大城市与其周边区域的发展关系进行研究，试图得到一般意义上的结论。

---

① IRIO 和 MRMO 模型的主要区别在于对区域间的产业贸易比例假定不同。

第三节 研究内容、技术路线与研究方法

根据研究的逻辑顺序，本书主要的研究内容、技术路线以及研究方法如下：

一、研究内容

本书总共分为五个部分。第一章和第二章为本书的第一部分，该部分提出研究的背景与意义，对相关的文献进行回顾，并提出本书的研究框架和可能存在的难点；第二部分即第三章，是关于研究对象的现状和基本特征分析，主要根据研究对象属性界定10个特大城市的周边区域范围，通过六个方面的比较研究，对10个特大城市其中周边区域的发展情况进行特征分析；第三部分即第四章，是本书的实证部分，主要是对10个特大城市与其周边区域1998～2012年的地区生产总值增长率变化情况进行描述，并利用线性回归模型和空间计量模型进行分析；第四部分是对特大城市与周边区域发展关系的因素分析，包括第五章、第六章和第七章；第五部分是结论建议，包括第八章和第九章。

二、技术路线

本书的技术路线如图1－3所示。

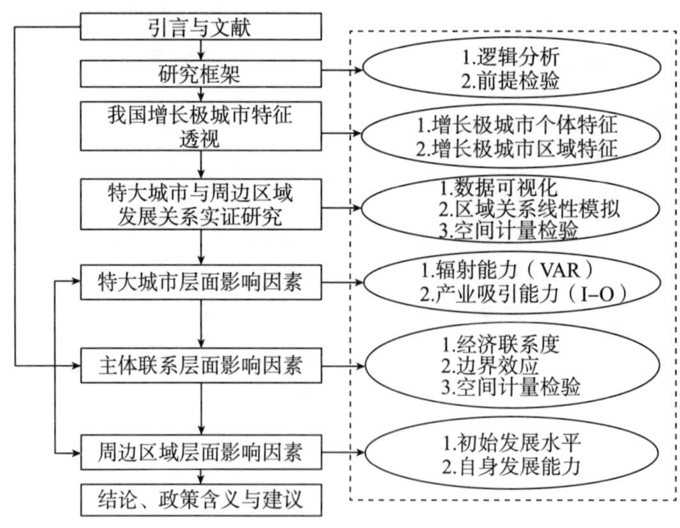

图1－3　本书的技术路线

三、研究方法

在本书的研究过程中，主要采取了三类分析方法：第一类是逻辑分析方法，通过对现实经济活动中大城市与区域发展关系的产生逻辑进行梳理，本书提出城市—区域的研究框架；第二类是统计学分析方法，在直观展示城市与区域发展关系以及分析相关发展特征时，本书采用了大量的线性拟合、脉冲响应、因子分析、指数测算、方差分析等统计学方法；第三类是计量经济学方法，本书在对大城市与区域发展关系进行实证检验时采取了空间计量经济学方法。

第四节 论文难点与可能存在的创新

一、本书可能存在的创新

本书可能在如下两个方面存在创新：首先针对目前研究区域发展关系框架缺失的不足，本书试图构建了一个能够用来分析特大城市与周边区域发展关系的全面性框架；其次利用该框架在新城市规模划分标准下对我国 10 个特大城市与周边区域的关系进行研究，得到特大城市与其周边区域发展关系影响因素的分布情况，并据此提出政策建议。

二、本书研究存在的难点

本书在研究过程中存在三个难点：第一，城市与区域发展是极为复杂的经济现象，影响两者发展关系的因素不仅数量众多，而且因果关系复杂，构建一个逻辑自洽的研究框架要求对现有理论和实际经济运行规律具有足够深的认识。第二，本书研究对象为 10 个特大城市及其周边区域，一方面研究个体数量较多，需要处理的数据规模庞大；另一方面部分研究涉及区县级区域，在当前中国统计数据体系中，这部分数据较难获得，将对本书的研究思路形成一定的制约。第三，本书为了全面研究特大城市与区域发展关系，将采取大量的统计学和计量经济学模型和不同类型的可视化图表进行研究，这对笔者掌握相关模型和软件操作的熟练程度提出一定挑战。

第二章　城市—区域发展关系研究框架

通过前文的文献梳理，可以发现目前研究区域发展关系的文献很多，存在多种不同的研究思路和研究方法。在如此之多的文献基础上想要对我国特大城市与其周边区域发展关系展开逻辑严密、前后一致的研究并不是一件容易的事情，必须通过构建一个外在形式结构合理、内在逻辑结构严密的研究框架对研究的思路和内容进行约束以保障研究的可靠性和全面性。鉴于此，本书试图构建一个符合上述要求的研究特大城市与周边区域发展关系的研究框架，并在此基础上展开相关研究。

第一节　框架构建的要求

在区域经济学领域当中，区域发展关系问题是一个极为重要的同时也是较为复杂的问题，而特大城市与其周边区域发展关系研究同样如此。在区域和城市经济发展理论中，特大城市凭借其较大的经济规模和较高的生产率通过不同的渠道对周边区域产生影响，特大城市和周边区域自身情况、联系渠道特征都会影响到大城市与其周边区域的发展关系。为了更全面和科学地对此进行研究，本书认为在构建研究框架时既要满足大城市与其周边区域在结构上的外在形式合理要求，同时也要满足大城市与其周边区域的内在逻辑要求。

一、外在形式

框架的外在形式合理要求指的是所构建的研究框架应该能够很好地反映现实经济活动的特征。具体而言，外在形式合理要求主要体现在框架主体设置、主体特征分析以及搭建主体间联系渠道三方面，在本书的研究过程中，框架主体包括特大城市与周边区域，而主体特征指的是特大城市和周边区域的经济、产业等多方面不同的发展情况，主体间的联系渠道则代表两大主体间的作用渠道，如产业联系、交通联系等。因此，外在形式合理要求指的是在所构建的研究框架中应该全面体现这三大内容。

二、内在逻辑

除了要求所构建的研究框架在外在形式上具备一定的合理性外，保障研究结论可靠性和全面性更需要整个研究框架内在逻辑的严密性。这种严密性一方面体现在与外在形式的契合上，另一方面则体现在框架的整体理论支撑和组成部分各自的理论支撑。因此，在构建大城市与其周边区域发展关系研究框架时，必须在外在形式的基础上对研究框架的整体和个体支撑基础理论进行分析，达到既满足外在形式的结构要求，也满足框架内在逻辑严密的要求。根据这种要求，本书试图从三个层次对所构建的特大城市与其周边区域发展关系研究框架的理论基础进行分析。

第二节　研究框架的理论支撑

本书所构建的研究特大城市影响周边区域的框架涉及两个层次的理论，第一个层次的理论基础是框架整体理论，第二个层次则是框架不同组成部分的理论基础，因此本书对理论基础的回顾将从如下两个层次展开。

一、整体层次的理论

任何一个区域都具有时间和空间两方面属性，其中时间属性指的是区域发展过程的兴衰变迁，而空间属性指的是区域在空间上呈现的不同发展水平部分，其中时间视角主要指区域发展周期理论，而空间视角则是指区域空间布局理论[①]。

（一）时间视角下的理论——区域生命周期理论

区域生命周期理论是美国经济地理学家汤普森（John H. Thompson）提出的，他认为区域一旦进入工业化进程，就会像一个生命体一样遵循生命规则发展，从年轻到成熟再到老年阶段，即处于不同发展阶段的区域会面临不同的发展问题，如果将经济学的发展阶段划分理论与区域生命周期理论结合就可以得到区域发展

① 蔡之兵，张可云．区域发展的逻辑［J］．教学与研究，2015（11）．

的基本时间轨迹，见图 2－1。

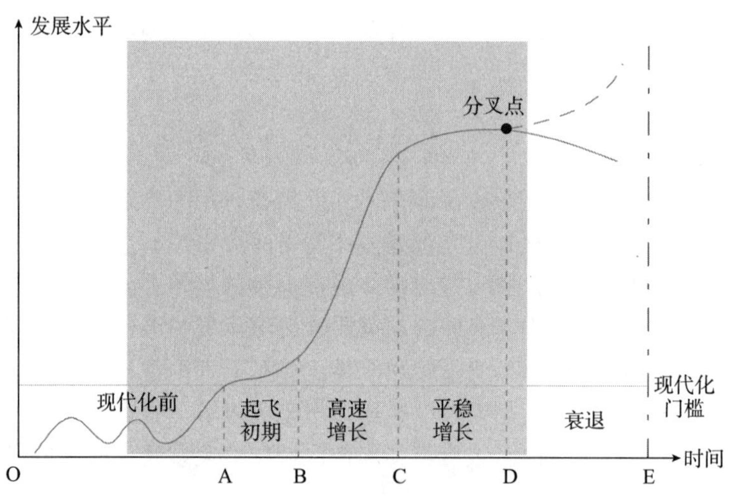

图 2－1　区域生命周期理论

（二）空间视角下的理论—区域空间布局理论

同一时期内，不同区域在经济发展水平和产业结构上不可能完全一致，按照发展水平的差异，可以将区域划分为多个层次：内部核心区域、过渡区域和外部区域。由于初始发展条件好，要素和经济活动大量集聚，因此，内部核心区域长期处于发展水平较高的状态。当各种要素和活动集聚达到一定程度后，在市场拥挤效应的作用下，内部核心区域的经济活动和产业就会逐渐转型升级，而原先产业就会向过渡区域转移，按照同样的逻辑，当内部过渡区域经济发展到一定程度后，外部区域会逐渐承担区域内部过渡区域的产业转移并经历核心区的发展阶段。内部核心区域作为整个区域发展水平最高的区域，当其经济发展到一定阶段，其内部的各种经济要素和产业就会在成本增加的压力下逐渐向外转移，最终带动过渡区域和外部周边区域的发展，形成一个辐射成长型的经济区域。

（三）辐射理论

辐射原本是物理学概念，指的是处于不同热量等级的两个物体间发生的能量传递过程。辐射理论与本书所构建的理论框架有如下六个方面的相似之处：第一，辐射是一个双向的过程，不同能量级的物体相互辐射；第二，物体间的辐射结果随能量传递而趋于平衡；第三，一个物体的能量级只有高于其他物体时，净辐射量才能为正；第四，辐射与物体间的距离有关，距离越近，辐射效应越大，反之越小；第五，两个物体的能量级差距越大，辐射效应越强烈；第六，辐射的

速度和程度还与辐射的媒介有关，辐射媒介越有效，辐射越充分。实际上，可以将辐射理论理解为具有高能量的物体传递能力给低能量物体，从而使低能量物体的能力上升，在区域发展过程中就是发展水平高的区域通过各种渠道带动区域发展水平较低区域的过程。

二、个体层次的理论

整个研究框架除了具有整体层次的理论支撑外，对于不同的框架主体也有其各自的支撑理论，下面分别从两大主体和主体间作用渠道等方面对这些支撑理论进行简要阐述。

（一）大城市主体的理论基础——增长极理论

佩鲁通过对现实经济活动进行抽象和归纳，提出在现实空间经济活动中存在着若干类似力场或极的中心，这些中心对周围区域会产生类似磁铁间的“磁极”作用，这些作用不仅包括积极的正向溢出作用，同样存在负向的消极作用。进一步地，佩鲁认为对于整体经济的发展而言，要求所有部门同步发展是不可能的，在他看来，整体经济的发展往往始于一个“推动型单位”，该单位所具备的经济发展实力和速度往往超过整体经济平均水平，该单位与其余部门的联系也极为密切，这种联系可能既表现为积极的推动作用，又表现为消极的制动效应。缪尔达尔等通过对区域间非均衡发展理论进行研究，进一步提出了回流效应和扩散效应等概念。其中扩散效应指的是区域经济中心由于聚集程度过高，企业运营成本和居民生活成本增高，要素流向周边区域的现象；而回流效应指区域经济中心的规模经济等优势，导致周边区域的要素向区域经济中心聚集的现象；扩散效应和回流效应分别与赫希曼提出的涓滴效应与极化效应类似。扩散效应与回流效应共同决定区域发展的路径演化。20 世纪 70 年代后，弗里德曼又从创新视角对增长极理论进行扩展，将其拓展为著名的中心—外围模型，与佩鲁增长极理论相似，弗里德曼认为区域的发展过程是一个非连续过程，区域的发展往往依靠区域内部的一个或几个“变革中心”，当创新活动在这些中心地区成功后，将会按照由中心向周边地区的路径进行扩散。从增长极理论的演变过程中可以发现，增长极理论强调在区域发展过程中通过培育区域经济中心来带动周边区域发展从而最终推动整体区域发展。在本书的研究中，大城市将作为区域发展过程中的增长极对周边区域产生影响。

（二）周边区域主体的理论基础——自我发展能力理论

在现有研究文献当中，研究区域发展能力的经典理论与方法并不多。在这其中，区域自我发展能力和吸收能力能够作为本书周边区域主体研究框架的支撑理论。实际上，区域自我发展能力并没有统一定义，一般认为其来源于林毅夫在研究企业发展时所提出的自生能力概念：所谓“自生能力”，其定义是“在一个开放、竞争的市场中，只要有着正常的管理，就可以预期这个企业可以在没有政府或其他外力的扶持或保护的情况下，获得市场上可以接受的正常利润率”。后来诸多学者将该概念引入区域发展当中，但是目前并无统一定义。蔡之兵（2014）在对诸多定义进行探讨的基础上对区域自我发展能力进行如下定义：区域自我发展能力内生于整个区域，但是短期内由区域政府所有，体现为区域政府能够合理选择区域发展路径的能力。但是这种定义仍然没有明确指出应该用何种指标来代替区域自我发展能力，在具体的研究中，目前学界多以政府能力来代表一个区域的发展能力，研究方法也多以指标体系评价为主。

三、主体间联系渠道理论基础

本书的研究框架涉及两大主体和主体间的联系渠道，区域间经济发展关系理论正是研究不同区域间如何发生关系并产生相互影响的理论。按照研究重点的不同，可以将区域间发展关系理论分为如下三种：第一种理论为极化与涓滴效应或扩散与回流学说，该理论关注的是发达区域或欠发达区域间的作用机理，文献回顾对此已经进行详细阐述，在此略过；第二种理论是空间相互作用理论，该理论关注的重点在于区域间相互产生作用的机理与渠道，该理论认为区域间产生相互影响的前提是区域间的商品、人口、资金、技术、信息等要素流动渠道畅通，同时该理论指出区域间的经济距离以及区域之间在决策规划、行政区划、文化习俗等方面的因素同样会对区域间的相互作用产生影响；第三种理论是空间相互依赖理论，该理论是布鲁克菲尔德（Brookfield，1975）在研究发达国家与欠发达国家间的关系时提出来的，他认为欠发达国家依赖发达国家的技术和转移产业，但是发达国家更依赖欠发达国家的市场和要素，两者之间的关系实际上应该是相互依赖的关系而非单一依附的关系。

第三节　研究框架的实践支撑

要想依靠增长极城市实现区域协调发展，首先需要对我国目前的区域协调发展格局进行分析，并对增长极城市在整个区域协调发展格局中的地位进行分析。

一、我国区域协调发展格局

根据中国目前空间经济格局的实际特征，本书认为，我国的区域协调发展格

局能够体现于“基点线面体”框架，其具体结构与内涵如表 2 – 1 所示。该框架由基、点、线、面、体五个层次不同而又紧密相连的空间形态组成。

表 2 – 1 区域协调发展格局研究框架——基、点、线、面、体

内容	具体内涵
基	区域发展管理制度基础
点	空间经济格局中的基本和初始发展单元，类似增长极，在实际经济发展过程中，一般指的是城市
线	一维空间形态包括交通线、经济带和商贸路等不同类型
面	二维空间形态包括城市群、城市圈等类型，也包括按照不同标准划分的区域经济，如四大区域、省级区域等
体	包含不同空间形态联系的空间经济格局整体视角

在该框架中，区域发展管理制度基础是整个空间经济格局框架的基础，这是因为区域发展管理制度会直接影响空间经济格局的形成效率。点、线、面则是不同类型而又紧密联系的空间形态，如点形空间形态代表城市、线形空间形态代表交通线和经济带等，它们是区域发展的主要组成部分。“体”则是从整体视角对空间经济格局进行描述，反映了不同空间形态的联系，将所有不同空间形态和区域发展思路有顺序地组合成一个有机整体。因此，该框架既符合空间形态多样性原则，同样也层次性地纳入了不同空间形态间的联系，将在中国实际区域发展过程中所出现的多种空间形态和特征进行整合，形成一个比较全面的研究框架。

二、区域协调发展格局的基本内容

基、点、线、面、体作为区域协调发展格局的五大组成部分，其各自内涵与发展现状如下：

（一）区域空间经济格局之基——区域发展管理制度基础

“基”指的是区域发展管理制度基础，主要包括管理主体、管理客体、管理程序与管理效果四大方面，概括而言，区域发展管理基础主要包括“谁管”“管谁”“咋管”“管效”四方面内容①。下面对区域发展管理基础的内涵及当前情况进行详细分析。

“谁管”主要是指区域发展管理的职能机构设置问题。在我国区域经济发展历程中，与区域发展战略和区域政策有关的部门多达数十个部门，部门之间的职

① 张可云．供给侧结构性改革与区域管理创新［J］．区域经济评论，2016（3）：24 – 28.

能交叉重叠，出台的各种如空间规划、区域规划、城市规划、产业规划相互重复甚至冲突，导致区域发展效率较低。

“管谁”涉及的是管理客体问题。从战略层面分析，中国的战略区域是比较明确的，即东北、东部、中部和西部四大区域，但从规划与政策层面分析，更为具体和有针对性的作用对象则是不明确的。例如，国务院出台了《东北地区老工业基地振兴规划》，但并没有明确东北地区哪些城市是老工业基地，东北地区全部是老工业基地是不可能的。又如，国务院出台了“十三五”规划促进中部地区崛起规划，但是同样没有明确区分中部地区的区域发展问题，实际上中部地区既有发达地区的膨胀病问题，也有欠发达区域的落后病问题，没有分类科学的管理客体，区域发展的效果是难以保障的。

“咋管”涉及两个问题，即管理工具与管理程序。工具就是落实规划的政策，一个有可操作性的规划需要政策的支持。无论是规划还是政策，还必须有一个合理的程序。2003 年召开的十六届三中全会的公报明确提出：“完善政府重大经济社会问题的科学化、民主化、规范化决策程序。”但落实起来并不容易。改革开放以来，中国出台了不少法律条文，但是程序不清楚，结果有法不依的现象相当严重。

“管效”就是通过监督和评价机制考察规划的效应与效益。迄今为止，我们制定了许多规划与政策，但没有确定合理的监督与评价机制。

因此，从当前区域发展实践看，中国区域空间格局形成基础较为薄弱，区域发展管理基础的四管机制几乎都是缺失的。

（二）区域空间经济格局之点——城市的增长极作用

增长极概念是由弗朗索瓦·佩鲁（1950）提出的，本义是指推动整体经济发展的产业部门。后来该概念被进一步延伸至区域经济学领域中，用以特指在整个区域经济中具有带动实力的地区。在现代区域发展过程中，多由城市作为区域经济增长极。因此，可以通过检验城市的带动能力来衡量我国当前城市是否足以能够发挥增长极作用。

在一个区域中，城市想要顺利发挥增长极的作用必须具备足够强的带动能力，本书试图从人口结构角度考察城市带动能力。城市的带动能力会直接反映在吸引能力即其人口规模上，考虑到中国目前仍在实施比较严格的户籍制度，可以从一个城市的户籍人口规模与常住人口规模的大小关系来衡量城市的带动能力，其基本思路如下：

城市带动能力指数 = RP/HRP

其中，RP 代表城市的常住人口规模，HRP 代表城市的户籍人口规模。如果某城市的常住人口规模大于该城市的户籍人口规模，即城市带动能力指数大于 1，则说明该城市吸引了较多的外来人口，其带动能力较强，指数越大，表明城市带动能力就越强，反之亦然。笔者手动搜集整理了中国 2014 年 300 个城市的户籍人口和常住人口数据，并测算出就业提供能力指数，测算结果见表 2-2。

表 2-2　2014 年中国 300 个城市的 IUPJ 指数测算结果

IUPJ	城市个数	IUPJ	城市个数
大于 1.3	15 个	0.9～1.0	109 个
1.15～1.3	17 个	0.8～0.9	59 个
1.0～1.15	96 个	小于 0.8	4 个
大于 1	128 个（42.7%）	小于 1	172（57.3%）

资料来源：根据各城市 2014 年统计公报数据整理而得。

在 300 个城市中，IUPJ 大于 1 的城市有 128 个，占全部 300 个城市的 42.7%；而 IUPJ 小于 1 的城市有 172 个，占全部 300 个城市的 57.3%。进一步观察发现，绝大部分高值 IUPJ 城市是大城市，以 IUPJ 值大于 1.15 的 32 个城市为例，市区常住人口在 100 万以上的大城市有 30 个，占比高达 93.8%，这表明中国的小城市缺乏足够的就业提供能力，大城市相比小城市具备更强的带动能力，因而也能在区域经济发展过程中更好地发挥增长极作用。

（三）区域空间经济格局之线——交通线、经济带和商贸路分析

在空间经济格局中，线形空间形态是极为重要的组成部分。一方面，线形空间形态的存在使城市增长极能够更有效地发挥其溢出效应，是点形空间形态发挥作用的必要条件；另一方面，线形空间形态是上层空间形态如面和体的重要形成基础，线能够将不同区域进行连接形成面和体的空间形态。因此，在整个空间经济格局中，线形空间形态将起到承上启下的作用。

根据中国区域发展实践，可以将线形空间形态归纳为交通线、经济带与商贸路三种形态。其中交通线是三种线形空间形态中最为重要的一种，经济带和商贸路在某种程度上都可以归为交通线或认为交通线是经济带和商贸路形成的充分条件。交通线既可沿着已有的经济带和商贸路开发，也可以"无中生有"，通过对现有空间经济格局进行改造而生成。因此，虽然可以将区域发展空间经济格局中的线形空间形态等同于交通线，但是考虑到研究问题的全面性，本书还是按照这三种线形空间形态对中国空间经济格局的线形形态进行分析。

交通线：交通对于区域经济发展具有的重要作用已经被相关文献所证实。铁路、公路、水路以及航路是目前最为常见的四种不同类型的交通线路。这四种交通线路在中国的空间分布情况如表 2-3 所示。

表 2－3 中国四种交通线路的空间分布情况

交通线类型	主要布局
铁路	铁路主通道的八纵八横：“八纵”指京哈、东部沿海铁路、京沪、京九、京广、大（同）湛（江）、包柳、兰昆，“八横”指京兰、煤运北通道、煤运南通道、陆桥铁路（陇海和兰新）、宁（南京）西（安）、沿江铁路、沪昆、西南出海通道 高速铁路的四横四纵：“四纵”为京沪高速铁路、京广深港高速铁路、京哈高速铁路、杭福深客运专线（东南沿海客运专线）；“四横”为徐兰客运专线、沪昆高速铁路、青太客运专线、沪汉蓉高速铁路
公路	国家干线公路网：采取放射与网络相结合的布局，共 70 条，总长达 10.9 万公里，可分为以下三种：以首都为中心通往全国辐射干线 12 条、南北纵向线 28 条、东西横贯线 30 条 国道主干线系统：国道主干线连接了首都北京与各省会和所有 100 万以上人口的特大城市及绝大部分 50 万以上人口的城市，国道主干线布局为“五纵七横”，共 12 条 国家高速公路网：国家高速公路网采用放射线与纵横网格相结合的布局方案，由 7 条首都放射线、11 条南北纵线和 18 条东西横线组成
水路	两横一纵两网十八线：在全国将形成长江干线、西江航运干线、京杭运河、长江三角洲高等级航道网、珠江三角洲高等级航道网、18 条主要干支流高等级航道
空路	北方机场群、华东机场群、中南机场群、西南机场群、西北机场群

资料来源：中国交通部网站，http：//www. moc. gov. cn/。

表 2－3 表明中国交通线空间布局比较均衡，不同类型的交通线交叉布局且发展水平较高，能够有效地将不同区域进行连接，为增长极有效发挥作用和形成更高一级空间形态——面和体奠定基础。

经济带：与交通线相比，经济带这种线形空间形态的形成机理有所不同。在不考虑政府决策能力的前提下，制约交通线这种线形形态形成的主要因素在于交通技术的成熟程度，只要技术水平足以克服在建造交通线过程中可能会遇到的自然界难题，交通线就能够顺利形成。然而经济带的形成则有所不同，经济带的形成不仅要求在位于经济带上不同位置的区域间构建畅通的交通线，还要求不同区域间能够进行合理分工并进行一定规模的要素和产业流动。相比于交通线的形成，一条成熟的经济带的形成是比较困难的，中国目前主要的经济带是长江经济带。[①] 长江经济带在不同的省份又被进一步地分为不同经济带，如四川的川江经

① 2015 年出台了关于长江经济带的发展规划《国务院关于依托黄金水道推动长江经济带发展的指导意见》。

济带、湖北的长江经济带、安徽的皖江经济带等，但是这些经济带才刚刚起步，绝大部分经济带处于规划阶段，取得实质性成果的不多。

商贸路：除了交通线和经济带这两种线形空间形态外，还存在一种线形空间形态即商贸路形态。这种线形空间形态是更为高级的形态，它不仅以交通线的形成为前提，同时也需要满足经济带上不同区域间形成合理分工体系的要求。实际上，商贸路还要求路上的不同区域在要素和商品贸易上曾经有密切的来往。实际上可以认为商贸路是历史上曾经成熟的经济带，只不过随着外部环境的变化逐渐陷入衰落。在进入新的时期后，政府可以相机决策，利用政策扶持等措施重新发展商贸路，中国提出新丝绸之路经济带和 21 世纪海上丝绸之路就是这种思路的体现。除此之外，著名的商贸路还包括万里茶道、茶马古道等，未来在条件成熟的情况下都可以进行重新开发。这些古道的具体特征如表 2 –4 所示。

表 2 –4　中国著名的商贸通道

商贸通道	经过区域
新丝绸之路	包括西北五省区（陕西、甘肃、青海、宁夏、新疆）和西南四省区市（重庆、四川、云南、广西）
海上丝绸之路	主要有泉州、广州、宁波三个主港和其他支线港组成
万里茶道	福建武夷山为起点，途经闽、赣、湘、鄂、豫、晋、冀、蒙八省区，贯通中、蒙、俄三国的商路，总长达 1. 3 万多公里
茶马古道	茶马古道分川藏、滇藏两路，连接川、滇、藏，延伸入不丹、尼泊尔、印度境内直到西亚、西非红海海岸

注：由于目前商贸通道的相关规划并没有完全出台，以上商贸通道范围可能并不是最终范围。

与经济带一样，中国的商贸通道也处于规划阶段，除了“一带一路”有所进展外，目前绝大部分商贸路并没有实质性进展。因此，就线形形态发展情况以及相关发展规划而言，处于基础地位的交通线形态发展水平较高，同时在空间分布上较为均衡，为未来中国空间经济格局进一步发展奠定了良好基础。然而，高级形态经济带和商贸路则处于初始发展阶段，成熟的经济带和商贸通道并不多，即使目前发展规划比较成熟的长江经济带，其发展模式也多表现为用交通线连接几个增长极，而非由增长极间、增长极与带上其余区域间通过高水平分工而形成的发展模式，这说明目前我国线形空间形态发展水平不高，线形形态并不通畅。

（四）区域空间经济格局之面——中国城市群发展分析

面形空间形态在现实发展过程中主要有两种表现形式。第一种为行政区划形成的行政区域型面形空间形态，如各省、市、县行政区域以及由它们组合而成的区域，如东、中、西以及东北四大区域。第二种为市场经济下要素自发流动形成的城市群、城市圈或大都市区等形态。在区域空间经济格局中，城市群这种面形形态是在强化的点形态和成熟畅通的线形态基础上，并由两者多层次组合而形成的高级空间经济格局形态。任何一个城市群的形成，其初始前提是存在一个或多个强大的中心城市即增长极，当中心城市发展到一定程度，会逐渐沿着交通线对四面八方的周边区域产生溢出效应从而带动周边城市发展，当中心城市和周边区域都发展到一定阶段即能够形成比较成熟的面形空间形态。考虑到第一种面形形态与下文的体形形态密切相关，本部分重点研究第二种面形形态。

（1）我国城市群发展现状与特征。《国务院关于印发〈全国主体功能区规划〉的通知》指出，中国目前存在23个城市群，对城市群结构进行分析会发现，目前，中国城市群发展水平较低且内部差距较大。以城市群单位面积产出（见图2－2）和人均产出指标（见图2－3）为例，在23个城市群中尚有3个城市群单位面积产出低于全国平均水平，而在人均产出方面则有多达9个城市群低于全国平均水平，这充分说明目前我国城市群发展水平不高。此外，城市群内部差距过大，以经济规模为例，在23个城市群中居首的长三角城市群，其经济规模是排在第二位的京津冀城市群的2倍以上，是宁夏沿黄城市群GDP规模的50倍以上，城市群间发展差异明显。

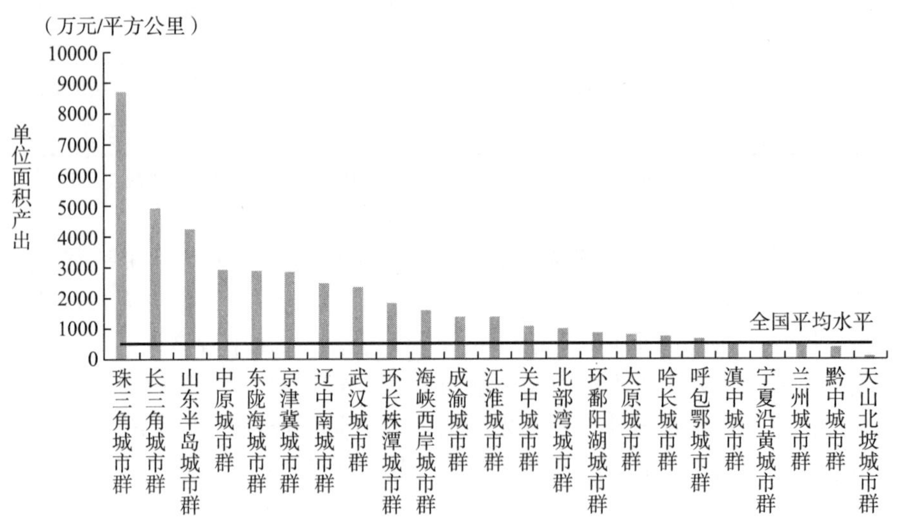

图2－2　中国23个城市群的单位面积产出情况

资料来源：根据2014年统计年鉴和人口数据计算而得，下同。

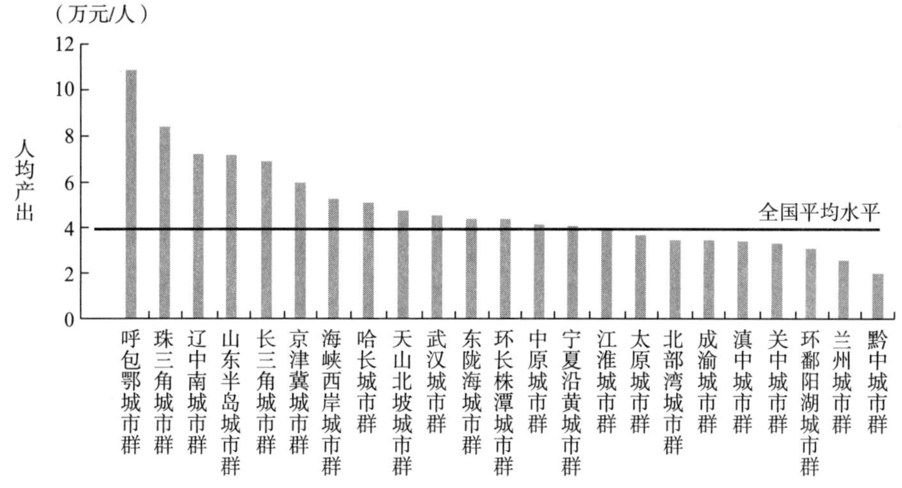

图 2-3 中国 23 个城市群的人均产出情况

（2）中国城市群发展存在的问题。在现有城市群中，除了长三角城市群在各方面都处于一个较成熟的发展阶段外，其余 22 个城市群或多或少存在不足。其主要问题表现为如下三方面：

第一，城市群内部缺乏足够多的大型城市。城市群发展前提是存在一个大规模的中心城市。然而仅从城市规模视角分析，在 23 个城市群中绝大部分都缺乏足够大的中心城市。以 2014 年国务院颁布的《关于调整城市规模划分标准的通知》中城市规模划分标准为基准，目前，中国城区常住人口在 500 万以上的特大城市和超大城市只有北京、上海、广州、深圳、南京、武汉、重庆、沈阳、成都、杭州 10 个城市。[①] 可以发现，这 10 个特大城市和超大城市仅分布在 6 个城市群中，换言之，目前，尚有 17 个城市群内部没有超大城市和特大城市。特大城市的存在并不是城市群发展的唯一条件，但是特大城市的存在和发展无疑能够加快城市群的形成速度和提高城市群的竞争能力。

第二，城市群内部发展并不协调。城市群作为一种高级空间形态，要求其内部成员间的协调发展程度应该发展到一定水平。然而，实际情况却并非如此。以

① 数据来源于 2011 年《中国城市建设统计年鉴》。有报道称，中国目前有 16 个特大城市和超大城市，这是在对新城市规模统计口径误解的基础上得出的错误结论。2014 年城市规模划分标准的统计口径是城区街道居民委员会管辖的城区常住人口，并不是市辖区常住人口，按照市辖区常住人口进行划分的确存在 16 个特大城市和超大城市。但是新标准里面的城区是指在“市辖区和不设区的市，区、市政府驻地的实际建设连接到的居民委员会所辖区域和其他区域”，也就是在市辖区范围内的村委会所辖居民并不能算作城区常住人口，在这个口径下，中国特大城市和超大城市只有上述 10 个。

经济规模仅次于长三角城市群的京津冀城市群为例，该城市群存在明显的发展不协调情况，在其中心城市北京和天津周边存在一条由 24 个县组成的环京津贫困带，城市群内部差异极大。武汉城市群同样如此，武汉作为中心城市，其经济规模竟然超过城市群中其余 8 个城市之和。① 可见，目前，中国城市群内部发展并不协调。

第三，城市群内部联系并不紧密。城市群内部成员间的联系程度高于与外部地区的联系程度是城市群发展形态的应有之义。衡量城市群内部成员间联系程度的指标非交通联系莫属，在交通联系中，对于城市区域发展影响最大的莫过于高速铁路，因此可以通过考察城市群内部是否被高速铁路连接来衡量城市群内部的联系程度。然而截至 2015 年，在 23 个城市群中，只有 8 个城市群内部具备比较完善的城际铁路或被高速铁路贯穿绝大部分区域。② 可见，城市群内部联系程度并不高。

通过上述分析可以发现，城市群这种面形形态存在中心城市规模不够、内部区域间联系不紧密、发展不协调等问题，同时中国过去长期坚持沿海地区优先发展的思路，导致中国四大区域和省级区域间同样存在巨大差距。因此，中国两种面形形态的发展都不成熟，存在诸多薄弱之处。

（五）空间经济格局之体——中国区域发展的整体协调性分析

空间经济格局之体指的是空间经济格局作为一个整体的发展协调情况。在国家这种政权体制下，区域的空间尺度差别被反映在区域行政级别的差距上，这些不同级别的区域其实就是第一种面形空间形态。同时，任何区域的空间经济格局都在区域发展思路的影响下，由点、线、面三种空间形态构成。正是由于空间形态结构构成的这种一致性，不同区域在发展过程中会产生竞争甚至冲突，因此研究不同区域在发展过程中作为一个整体所表现出的相互关系对保持区域整体发展的协同性具有重要意义。

1. 中国空间经济格局整体协调性薄弱的表现

中国区域间长期存在竞争和冲突，相关研究较多。中国空间经济格局作为一个整体，其内在的协调性是很薄弱的，其主要表现有三：

第一，我国长期实施的沿海优先发展战略导致内部区域间联系程度较低。1978 年实施改革开放战略后，东部地区依靠其地理优势以及良好的市场经济环

---

① 以 2013 年为例，2013 年武汉 GDP 为 9051 亿元，而其余 8 市在统计公报中公布的 GDP 之和为 6800 亿元左右，远远低于武汉市经济规模。

② 这 8 个城市群分别为长三角城市群、京津冀城市群、珠三角城市群、山东半岛城市群、辽中南城市群、武汉城市群、成渝城市群、中原城市群，除此之外还有部分城市群（如环长株潭城市群）正在建设城际铁路。

境迅速实现经济起飞并逐步提高中国的经济发展水平。但是在这个过程中，除了劳动力要素外，东部地区与外部区域的联系程度要高于与内部区域的联系程度，绝大部分区域间的联系在这种外向型经济发展战略下被割裂。直到 2008 年全球金融危机导致外部环境发生变化、中央政府提出扩大内需战略后，东部地区与其他区域的产业和经济联系才真正进入提速阶段。

第二，政府参与市场经济活动导致区域间出现激烈竞争甚至是冲突。由于处于由计划经济体制转向市场经济体制的过渡阶段，政府长期在中国经济发展过程中处于主导地位。一方面，中央政府按照“条条块块”模式对市场经济活动予以干预;[①] 另一方面，地方政府也会根据中央政府的规划或偏好通过参与经济活动获取更多的财政收入。由于官员有任期限制，同时考虑到绝大多数地方政府能力差距并不明显，地方政府在选择产业时多会出现雷同现象，不同区域间极易出现冲突。在中国区域发展历程中，曾先后发生数次区域大战，造成大量的资源浪费，降低了区域发展效率。

第三，官员晋升考核制度导致区域在发展过程中持有“以邻为壑”的思想。在很长一段时期内，中国官员的政绩考核以 GDP 为主要考核指标。地区官员为了获得晋升必须在经济发展方面取得较好的表现，尤其在与地理邻近区域相比时，更应如此。因此，一方面，地方政府在政治晋升的激励下会更加积极地参与市场经济活动，导致大量资源浪费和产业同构现象；另一方面，这种情形会加剧区域与邻近区域间的竞争甚至导致恶性竞争。

2. 中国空间经济格局系统特征不明显的原因

可以利用区域利益理论对空间经济格局整体薄弱的原因进行分析。区域利益视角认为导致目前中国空间经济格局整体薄弱的最大原因在于没有协调好不同区域间的区域利益，不同区域间没有形成合力。区域利益的具体定义为：在一定的社会生产方式下，由经济上具有同质性或内聚性且构成空间单元具有一定的共同利益的彼此邻接的地区所组成的经济区的主体预先设定，或通过区域经济活动实现的、能满足区域内主体或中央政府在特定区域内的需要的一定质与量的关系。可以发现，任何一个区域都有其利益主体，不同的区域拥有不同的区域利益主体，如果没有良好的协调制度，不同的区域利益主体在追逐区域利益过程中很容易出现冲突。如中央政府在区域发展过程中更多地关注区域发展的均衡和总财政收入的增加，而地方政府可能更关注自身政治晋升和自身的财政收入。因此，在政治集权和经济分权背景下，区域利益主体的多样性和协调多区域利益主体的难度使地方政府与中央政府间出现了激烈博弈、地方政府间出现高强度竞争甚至是

① 从组成结构看，国民经济是由条条和块块所组成的，条条是指各个产业，而块块则是指各个地区。

恶性竞争等行为，最终导致空间经济格局整体虚弱。

三、增长极城市在区域协调发展格局中的地位

我国的区域协调发展格局由基、点、线、面、体五大部分组成，在这五部分中，增长极城市处于核心地位。这是因为，一方面，除了增长极城市外，其他四部分内容都不是单个行政区域，如线形区域和面形区域实际上都是由多个独立行政区域组成的区域类型，只有增长极城市属于独立完成的行政区域，在区域协调发展过程中也能够比较独立地发挥作用。另一方面，增长极城市也是其他四部分的重要基础。首先增长极城市能够作为区域协调发展指导思想的作用对象，随着未来区域发展水平的提高，区域协调发展的难度会进一步加大，区域协调发展战略的作用对象会越来越具体，单个的城市无疑将是重要的战略作用对象；其次，增长极城市是其他区域类型如线形、面形区域的组成单元，任何区域合作的基础都是单个城市，只有单个城市发展得到保障，不同城市间的合作发展才有可能。因此，增长极城市在整个区域协调发展格局中处于核心地位，其对区域协调发展目标的最终实现具有重要的现实支撑。

第四节　研究框架中影响发展关系不同层次的因素

特大城市对其周边区域发展的影响过程极为复杂，虽然本书所构建的研究框架试图满足外在形式合理和内在逻辑严密的要求，但是由于这种影响过程涉及的渠道和因素过多，因此对大城市与其周边区域关系的研究，本书仍有必要对可能出现的因素和渠道进行简要梳理。

一、整体因素

整体因素指的是整个研究框架层次能够影响大城市与周边区域的发展关系的因素，这种整体因素主要包括城市体系和主体匹配两大因素。

（一）城市体系因素

城市体系是指在一个相对固定的空间范围内，由不同规模、不同等级的若干相互联系、密切分工的城市形成的具有一定结构和功能的城市有机群体。它是在社会生产力发展过程中尤其是劳动地域分工过程中逐渐形成的。城市体系对于特大城市与其周边区域发展关系的影响主要体现于城市体系结构的合理与否会直接

影响特大城市对其周边区域发展的影响效果。这是因为虽然大城市在经济发展和技术效率等方面较周边区域高，但是如果在区域内部城市体系并不完善，如特大城市与周边城市等级或发展水平差距过大的情况下，特大城市也是很难对周边区域产生足够影响的。因此区域内部城市体系结构是否合理是特大城市影响其周边区域发展的重要因素。

（二）主体匹配因素

主体匹配因素指的是特大城市和周边区域在产业结构、文化习俗、气候环境等多方面的相似程度。一般而言，现实活动中不可能存在两个完全一样的区域，也并不是两个区域相似度越高，两区域间就越容易协同发展。但是在本书所研究的问题中，匹配因素仍会发挥重要作用。在产业结构方面，特大城市和周边区域的产业结构匹配程度会对两者间的发展关系产生重要影响，高度相似的产业结构和优势互补的产业结构完全会出现不同的发展结果。同样地，在文化习俗、气候环境方面，特大城市与其周边区域在文化习俗、气候环境方面的相似度同样会对两者间的发展关系产生一定影响。

二、主体因素

主体因素指的是特大城市和周边区域自身特征对两者之间发展关系的影响。对于大城市而言，城市规模是其影响周边区域发展关系的最重要因素，在文献综述部分已经指出城市的经济规模越大，其经济发展效率和技术水平都较小规模城市要高，城市规模亦是本书研究的主要对象之一。此外，特大城市的产业结构也会对周边区域发展产生影响，这是因为不同产业的关联度并不相同，有些产业的溢出效应和带动能力更强，如相比服务业，制造业的产业链结构更为复杂，不同产业链间的联系也更为密切。与此同时，周边区域自身特征如政策环境、产业结构、基础设施、人才存量同样会影响大城市对其自身的作用。因此，在研究特大城市影响其周边区域发展关系过程中，对于两大主体各自的特征分析必不可少。

三、渠道因素

渠道因素指的是主体间的要素流动渠道，是特大城市对周边区域产生影响的媒介。根据现有研究，如下三种渠道可能会在两大主体间的相互影响过程中发挥作用：

（1）要素流动渠道。这里的要素主要是指有形的资本和人口这两种传统生产要素。一般而言，资本和劳动力存量越丰富的区域，其经济发展水平也会较高，两者之间存在明显的因果关系。一方面，大城市由于经济发展水平高，资本要素丰富，而其周边区域则缺乏足够的资本要素支撑其自身发展；另一方面，大城市现代化程度较高，对人口的吸引力较多，大城市往往会集聚大量的人口，尤其是受过高等教育的群体，而周边区域在这一方面可能就相形见绌，要素存量上的巨大差距必须通过畅通的流动渠道才能实现要素在两者间的均衡分布，从而实现要素生产力的最大化。

（2）技术扩散渠道。与资本和劳动力要素相比，无形的技术要素对经济增长的作用可能更为重要。技术要素的属性使新技术的产生需要一套完整的、能够承担风险的创新研发机制来保障，由于劳动力素质、资金要素等多方面的保障，新技术更容易在大城市出现。当新技术在大城市出现并成功运用后，就能通过人员流动、生产协作、技术引进等渠道扩散至周边区域，加速周边区域技术知识升级，实现后发优势从而能够实现自身科技进步和经济增长。

（3）交通运输渠道。无论是有形的资本和劳动力因素，还是无形的技术因素，它们实现其作用必须依靠交通运输渠道。对于大城市与其周边区域而言，交通运输渠道极为重要，一方面交通运输渠道是将大城市过剩或优势资源转移至周边区域的主要工具，也是大城市影响周边区域发展的现实载体；另一方面交通运输渠道的完善，如速度上的提高能够通过降低运输成本来间接提高经济效率，同时还能够扩大空间范围，挖掘新的市场促进生产活动的扩大。因此交通运输渠道的完善能够提高通达性，促进要素的流动，加快整体区域的经济增长。

四、研究框架具体形式

根据上文提出的外在形式合理和内在逻辑严密的两大要求以及相关影响因素，本书构建的大城市与其周边区域发展关系的研究框架思路如下：

（1）框架主体设置。框架主体指的是框架的研究对象，本书的研究对象有大城市与其周边区域，这与传统研究主要选取大城市这一主体进行研究的思路有所不同，本书认为大城市与周边区域在本书所构建的研究框架中同等重要，两者对大城市与周边区域发展关系的影响同样重要，因此本书所构建的框架主体必须包含大城市与其周边区域两大主体；

（2）主体特征分析。在本书的研究框架中，大城市与周边区域都会对两者间的发展关系产生重要影响，因此研究两者的发展关系应该分析两大主体各自可能影响两者发展关系的特征。一方面，大城市的经济规模、产业结构、交通政策会对其周边区域的发展产生重要影响；另一方面，周边区域的自身情况如人才资本存量、政府政策导向、产业结构等方面的特征同样会对两者间的发展关系产生影响。在目前研究大城市与其周边区域发展关系时，往往只单独考虑大城市在其中的作用，或者考虑了周边区域的特征，但是没有将大城市和周边区域的作用进行统一的框架整合，这几种思路可能在全面性上有所不足，基于这种情况，本书

将大城市和周边区域的自身特征都纳入研究框架之中，并分别展开研究。

（3）主体间联系渠道。大城市与其周边区域间存在多种联系渠道。两者间相互影响也是通过这些联系渠道产生。在现有文献中，这些联系渠道包括交通设施、劳动力和资本流动、技术转移、产业转移与承接等渠道。这些联系渠道对大城市与其周边区域的发展关系会产生重要影响，因此在构建研究框架时也应该将这些联系渠道纳入其中。

根据上述研究框架的外在形式合理要求，可以得到本书所构建研究框架的结构，如图2－4所示。

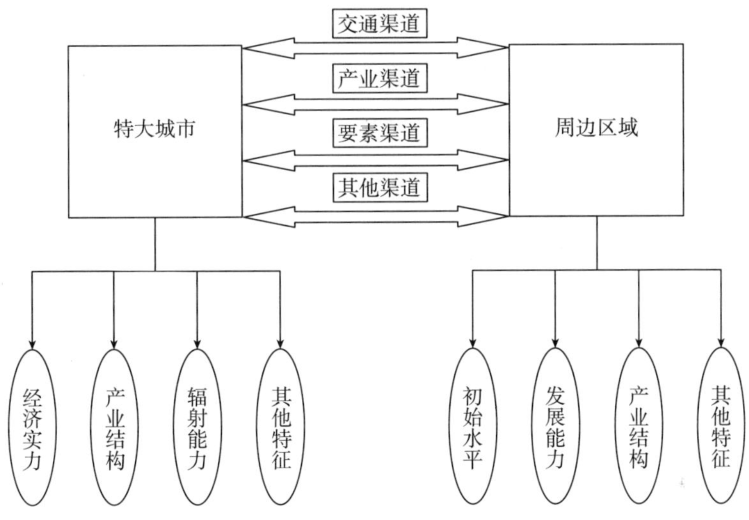

图2－4　区域—城市发展关系研究框架

第五节　研究框架存在的前提检验

要想依靠增长极城市实现区域协调，一个根本前提是增长极城市具备带动能力。考虑到本书所选的增长极城市都是大城市，我们首先需要检验城市规模对城市自身的发展具备证明的促进作用，为了验证城市规模与城市发展间的关系，我们利用中国280个地级市2001～2012年相关数据进行实证研究。

一、模型与数据

生产函数是用来描述一个区域投入和产出特定关系的生产函数，本书利用柯布—道格拉斯生产函数对城市投入产出关系进行描述，见式（2－1）。

$$Y_{it}=AK_{it}^{\alpha}L_{it}^{\beta}\varepsilon_{it} \tag{2-1}$$

其中，Y 表示产出指标，K 表示资本存量，L 表示劳动力，A 表示技术因素，ε 表示随机误差项，对式（2－1）取对数可得：

$$\ln Y_{it}=\ln A+\alpha\ln K_{it}+\beta\ln L_{it}+\varepsilon_{it} \tag{2-2}$$

对本书而言，由于本书试图验证城市规模与城市发展间的关系，故可以将式（2－2）扩展为带有城市规模及其余控制变量的模型，如式（2－3）所示：

$$citydevelopment=\beta_0+\beta_1\cdot human+\beta_2\cdot capital+\beta_3\cdot cityscaledummy+\beta_4\cdot controls+u_i+\eta_t+\varepsilon_{it} \tag{2-3}$$

其中，citydevelopment 表示城市发展的相关变量，本书选取 gdp、居民收入、生产率等指标，分别表示城市经济发展、居民生活以及生产效率等方面的发展情况。因此，式（2－3）可以扩展为式（2－4）、式（2－5）、式（2－6）。human 表示劳动力指标；capital 表示资本存量指标；cityscaledummy 是表示城市规模的虚拟变量，人口规模在 100 万以上的城市，该变量为 1，人口规模在 100 万以下的城市，该变量为 0；controls 是除解释变量外的控制变量。

$$citygdp=\beta_0+\beta_1\cdot human+\beta_2\cdot capital+\beta_3\cdot cityscaledummy+\beta_4\cdot controls+u_i+\eta_t+\varepsilon_{it} \tag{2-4}$$

$$cityincome=\beta_0+\beta_1\cdot human+\beta_2\cdot capital+\beta_3\cdot cityscaledummy+\beta_4\cdot controls+u_i+\eta_t+\varepsilon_{it} \tag{2-5}$$

$$cityproductivity=\beta_0+\beta_1\cdot human+\beta_2\cdot capital+\beta_3\cdot cityscaledummy+\beta_4\cdot controls+u_i+\eta_t+\varepsilon_{it} \tag{2-6}$$

同时，考虑到城市发展过程是一个不断变化的动态过程，以人口规模衡量的城市规模也随着城市的发展发生变化，我们还设计了动态面板模型对此进行检验。

$$citydevelopment=\beta_0+\beta_1\cdot citydevelopment(-1)+\beta_2\cdot human+\beta_3\cdot capital+\beta_4\cdot cityscaledummy+\beta_5\cdot controls+u_i+\eta_t+\varepsilon_{it} \tag{2-7}$$

$$citygdp=\beta_0+\beta_1\cdot citygdp(-1)+\beta_2\cdot human+\beta_3\cdot capital+\beta_4\cdot cityscaledummy+\beta_5\cdot controls+u_i+\eta_t+\varepsilon_{it} \tag{2-8}$$

$$cityincome=\beta_0+\beta_1\cdot cityincome(-1)+\beta_2\cdot human+\beta_3\cdot capital+\beta_4\cdot cityscaledummy+\beta_5\cdot controls+u_i+\eta_t+\varepsilon_{it} \tag{2-9}$$

$$cityproductivity=\beta_0+\beta_1\cdot cityproducitivity(-1)+\beta_2\cdot human+\beta_3\cdot capital+\beta_4\cdot cityscaledummy+\beta_5\cdot controls+u_i+\eta_t+\varepsilon_{it} \tag{2-10}$$

式（2－7）至式（2－10）是标准的动态面板模型，由于解释变量包括被解释变量的滞后项，在估计的过程中由于误差项序列相关的存在，用传统的 POLS

方法估计时会得到有偏的估计量（Hsiao，1986），如果采取固定效应模型进行估计时会出现降低滞后项系数的误差。为了避免这两种情形的存在，本书采取广义矩（GMM）估计方法，GMM 估计分为 Difference - GMM 和 System - GMM 两种类型，其中D - GMM 估计的思路是对原估计模型进行差分后，将变量的二阶或高阶滞后项作为工具变量进行回归，D - GMM 方法对工具变量的要求较高，在弱工具变量（Weak Instrument Variable）出现的情形下无法得到无偏的估计结果。与之相比，S - GMM 估计方法则能够避免这种情况的出现，S - GMM 方法在 A - B 估计方法的基础上假定工具变量的差分与固定效应不相关，由此能够在估计过程中采取更多的工具变量，使估计结果的有效性和可靠性大大提高，从而使采用更多的工具变量成为可能，估计有效性得到极大的提高。但是在截面个体较小的情况下，运用过多的工具变量会降低估计结果的有效性。为了便于比较，模型中同时列出 D - GMM 和 S - GMM 的估计结果。

我们使用的是 2001 ~2012 年全国地级市面板数据，在剔除掉存在异常值、行政区划调整导致非平衡个体出现后选取了 280 个地级市作为研究样本。所选取变量的数据主要来源 2002 ~2013 年《中国城市统计年鉴》。本书所关注的被解释变量是城市发展相关变量，本书分别用 GDP、城市居民收入、生产率等指标表示，解释变量包括资本存量、劳动力、外资、财政支出、科学事业费用等，表 2 -5 是计量模型涉及的变量的定义及描述性统计。

表 2 -5　各变量的含义及描述性统计

变量	含义	Obs.	Max.	Min.	Mean.	Std.
gdp	国内生产总值（万元）	3360	19. 119	12. 203	15. 761	6. 092
income	城市居民平均工资（元）	3360	11. 156	7. 783	9. 743	9. 693
productivity	生产率：二、三产业产值/二、三产业从业人数（万元/人）	3360	8. 905	4. 176	6. 007	3. 034
human	城市从业劳动力数（万人）	3360	7. 263	1. 526	4. 830	8. 307
capital	固定资本（万元）	3360	9. 116	2. 098	5. 914	4. 225
FDI	实际利用外资（万美元）	3360	14. 223	0	5. 114	9. 194
finincome	财政收入（万元）	3360	17. 440	7. 193	11. 895	5. 771
Tech - input	科学事业费用（万元）	3360	13. 098	5. 114	9. 072	11. 008
cityscaledummy	城市规模	3360	1	0	0. 422	0. 410

二、估计结果

F 检验表明应该采取个体效应模型，而 Hausman 检验的结果则表明应该采取个体固定效应模型。AR 检验、Wald 检验以及 Sargan 检验都表明动态面板的设定和工具变量是有效的。表 2－6 至表 2－8 分别是被解释变量为 gdp、income 和 productivity，即模型 3 与模型 8、模型 4 与模型 9、模型 6 与模型 10 的估计结果。

表 2－6 被解释变量为 gdp 静态和动态面板估计结果

	静态		动态	
参数	个体固定	时间固定	D－GMM	S－GMM
gdp（－1）			－0.017** （0.001）	－0.082** （0.013）
human	0.188*** （0.026）	0.144*** （0.023）	0.104*** （0.020）	0.144*** （0.011）
capital	0.227*** （0.010）	0.202*** （0.064）	0.127** （0.091）	0.157*** （0.011）
FDI	0.021* （0.031）	0.126** （0.025）	0.072*** （0.062）	0.007 （0.082）
finincome	0.073** （0.081）	0.087*** （0.009）	0.008 （0.023）	0.112** （0.062）
Tech－input	0.022* （0.019）	0.084** （0.033）	0.102** （0.072）	0.114** （0.028）
cityscaledummy	0.191*** （0.044）	0.213** （0.016）	0.187** （0.062）	0.128** （0.026）
Adjust－R^2	0.687	0.702	0.778	0.754

注：***、**、* 分别代表 1%、5%、10% 的显著性水平，括号内为各变量的标准差，下同。

表 2－7 被解释变量为 income 静态和动态面板估计结果

	静态		动态	
参数	个体固定	时间固定	D－GMM	S－GMM－1
income（－1）			－0.009* （0.021）	－0.012** （0.034）
human	0.232*** （0.007）	0.245*** （0.021）	0.104*** （0.020）	0.122*** （0.032）

续表

	静态		动态	
capital	0.334*** (0.088)	0.321*** (0.057)	0.289** (0.022)	0.271*** (0.015)
FDI	0.115* (0.058)	0.133*** (0.046)	0.002 (0.002)	0.011* (0.012)
finincome	0.138** (0.009)	0.155** (0.088)	0.112** (0.023)	0.145** (0.024)
Tech - input	0.072 (0.009)	0.004* (0.011)	-0.102* (0.023)	-0.142** (0.082)
cityscaledummy	0.081*** (0.093)	0.093** (0.002)	0.113** (0.088)	0.122** (0.069)
Adjust - R^2	0.771	0.732	0.720	0.778

表 2-8　被解释变量为 productivity 静态和动态面板估计结果

	静态		动态	
参数	个体固定	时间固定	D-GMM	S-GMM-1
productivity (-1)			0.073** (0.091)	0.088** (0.012)
human	0.562*** (0.017)	0.547*** (0.032)	0.445*** (0.011)	0.444*** (0.025)
capital	0.773*** (0.044)	0.802*** (0.064)	0.572** (0.051)	0.556*** (0.091)
FDI	0.281** (0.035)	0.255*** (0.065)	0.194*** (0.099)	0.217*** (0.029)
finincome	0.032* (0.089)	0.044** (0.009)	0.011** (0.013)	0.009* (0.022)
Tech - input	0.002 (0.009)	0.004* (0.031)	0.002 (0.007)	0.014* (0.081)
cityscaledummy	0.200*** (0.045)	0.202** (0.061)	0.199*** (0.090)	0.191*** (0.087)
Adjust - R^2	0.811	0.772	0.688	0.779

在各回归结果中，无论是静态面板还是动态面板，解释变量 human 和 capital

几乎都在1%的显著性水平下通过了检验，说明劳动力和资本存量要素对城市经济发展、生产效率和居民收入具有积极明显的正向溢出作用，这种估计结果符合经济增长理论的一般预期。另外，劳动力要素对于城市发展变量的作用效果低于资本要素的作用效果，以城市经济发展的个体固定面板估计为例，资本要素的产出弹性为0.227，要高于劳动力要素0.188的产出弹性，而在动态面板估计下，资本要素的产出弹性为0.127，也要高于劳动力要素0.104的产出弹性，这说明目前中国城市发展动力可能更多地来自投资驱动。

实际利用外资、财政收入和科学事业费用支出等控制变量在不同的估计方法下出现了不同的估计结果。其中，实际利用外资变量对城市经济发展、生产效率和居民收入都具有一定的正向溢出作用，但是其产出弹性要低于劳动力和资本要素，同时在部分估计结果中没有得到显著性结果；财政收入变量对城市经济发展、生产效率和居民收入具有一定的正向溢出作用；科学事业费用支出变量对城市经济发展、生产效率和居民收入基本具有正向溢出效果，但是该变量产出弹性不仅是所有控制变量中最低的，同时在不同的估计结果中，其显著性也较差。

对于城市规模虚拟变量而言，在所有的估计结果中，该变量对城市经济发展、生产效率和居民收入都具有正向的溢出作用，且显著性较高。在以经济发展为被解释变量的模型估计结果中，城市规模虚拟变量的产出弹性最低为0.128，最高为0.213；在以居民收入为被解释变量的模型估计结果中，城市规模虚拟变量的产出弹性最低为0.081，最高为0.122；在以生产效率为被解释变量的模型估计结果中，城市规模虚拟变量的产出弹性最低为0.191，最高为0.202。这说明城市规模对城市的经济发展、生产效率和居民收入具有重要影响，其中城市规模越大，其作用效果越明显。

三、稳健性检验

为了确保分析结论的可靠性，我们进行了如下稳健性检验：

（1）去掉直辖市样本。在本书选取的280个城市数据中，包括了北京、上海、天津以及重庆四个直辖市。考虑到行政级别在中国城市发展过程中的重要作用，本书去掉这四个直辖市后重新进行估计，发现重要变量都是显著的。

（2）改变虚拟变量界限。在上文的实证检验过程中，城市规模虚拟变量是以人口规模100万为界限的，考虑到中国城市规模的逐渐增大，100万人口规模的城市可能并不符合真正大城市的实际情况，针对这种现象，本书以400万人口规模为城市规模虚拟变量的界限重新进行了上述估计过程，发现结果同样是稳健的。

（3）改变样本区间。本书选取的样本是2001～2012年，考虑到2008年全球金融危机后，中国政府采取以城市化战略刺激内需的政策，2008 年后中国城市规模增速较快，可能会对数据的平稳性带来影响，为了避免这种影响，本书将 2001 ~2012 年样本区间分为 2001 ~2008 年和 2009 ~2012 年两个区间进行了估计，发现除了实际利用外资控制变量系数显著性降低外，其余变量都能够通过显著性检验。

因此，根据上述稳健性检验结果，可以认为本书得到的估计结果是稳健的，城市规模对城市发展具有正向促进作用，为本书下面选择特大城市作为增长极城市进行深入研究奠定基础。

第六节 小结

本章基于所研究的特大城市与区域发展问题，在研究框架构建原则基础上，提出了研究框架不同层面的理论支撑，并指出了不同层次的影响因素，最终据此构建了一个研究大城市影响其周边区域发展的简单框架。

第三章　中国增长极城市发展历程、现状及特征

在梳理相关文献基础上，本书构建了研究增长极城市影响其周边区域发展的研究框架，并检验了城市规模属性对城市发展的正面促进作用，由此我们将大城市作为研究对象，在展开具体的实证研究前对我国特大城市的发展历程和特征进行全面回顾和分析是后文研究的基础和前提。

第一节　研究对象的选择

城市化是在任何一个国家的经济发展过程中都会出现的现象，城市化进程快速推进的直接表现就是城市数量的增多和城市规模的扩大。这一点在中国表现得尤为明显。

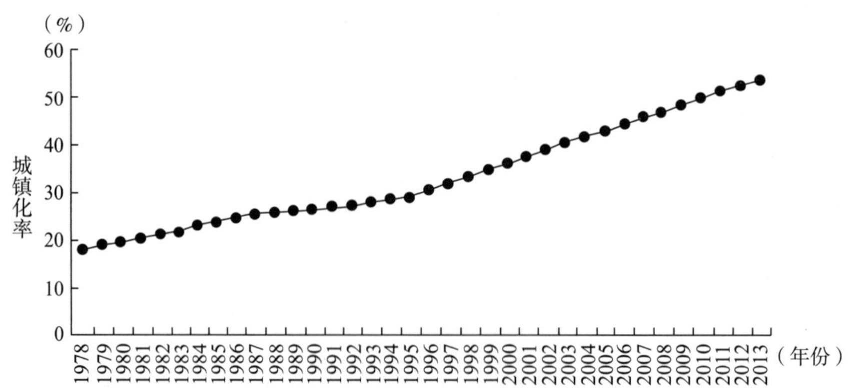

图 3-1　1978～2013 年中国城镇化率

资料来源：《中国统计年鉴 2014》。

正如图 3 - 1 所示，长时间和高速度的城镇化速率使中国城市规模迅速扩大，先后形成了多个以京、沪为代表的特大城市，本书的研究对象主要是指新城市规模划分标准下的特大城市。由于在划定城市规模等级过程中涉及多项人口统计口径，在对本书研究对象进行界定前，有必要对城市相关的空间概念与人口统计口径进行简要讨论。

一、几个容易混淆的空间概念

城市规模的划分多以人口指标为根据，而城市所具有的空间属性和区域范围对城市人口规模的变化具有重要影响，城市空间范围不同，其人口规模也必定不同。在现有文献中，存在包括市域、市辖区、城区、市区、郊区和郊县等多个不同且容易混淆的空间概念，下面对此进行简要区分。

市域指的是一个城市的行政区域面积，包含该市所有区县的范围，以北京市为例，北京市所有 16 个区及所有飞地都是北京的市域面积①；而市辖区指的是城市的次级行政区域，同样以北京为例，市辖区指的是除了密云和延庆两县外②，其余 14 个区就是北京的市辖区；城区与市区原本没有明确的定义和界定，一般认为广义的市区同市域概念一致，如《中国城市建设统计年鉴》中就将市域和市区概念等同，包括全市全部面积，狭义的市区则指的城市特征比较明显或经济发展水平比较高的城市区域，与郊区概念相对。2014 年国务院公布的《关于调整城市规模划分标准的通知》中对城区的概念进行了明确定义：城区指的是在市辖区和不设区的市，区、市政府驻地的实际建设连接到的居民委员会所辖区域和其他区域。换言之，城区指的是在城市中由街道居民委员会组织管理的区域，这种定义考虑了中国目前很多城市内部仍然存在较多农村基层组织的情况，新的城市规模划分标准的统计口径就是以这种城区常住人口口径为依据。郊区指的是位于城市经济核心区域外围的市辖区，可以这样认为，北京的城六区为北京的市区部分，而其余八区则为郊区部分。郊县则指的是位于城市区域边缘的县，如北京的密云、延庆两县就是北京的郊县。这几个概念的详细区别见表 3 - 1。

二、几个容易混淆的人口口径

在对几个容易混淆的空间概念进行明确界定的基础上，本书还试图对几个与此密切相关的人口口径进行界定。

---

① 北京市双河农场隶属北京市政府，距北京 1060 公里，在北京市和齐齐哈尔市分别设有办事处。境内有音河、阿伦河流过，总人口 1.1 万人，占地面积 380 平方公里，其中耕地 2 万公顷。

② 北京 2015 年 11 月经过行政区划调整，密云、延庆两县改为市辖区，自此北京市成为无县市，在本书研究中涉及北京县区之分的全为 2015 年 11 月之前的情况，在此申明。

表 3-1　与城市相关的空间概念

概念	内涵	实例
市域	城市的行政区域面积，包含该市所有区县的范围	北京市所有 16 个区县及所有飞地都是北京的市域面积
市辖区①	城市所辖的区型行政单位	北京 14 区
广义的市区	等同于市域	同市域
狭义的市区	与郊区相对应的概念	北京城六区
城区	市辖区和不设区的市，区、市政府驻地的实际建设连接到的居民委员会所辖区域和其他区域	北京 14 个区内街道所辖区域
郊区	位于城市经济核心区域外围的市辖区	北京城六区以外区域
郊县	指的是位于城市区域边缘的县	北京的密云、延庆两县

注：根据查阅相关文献而制。

首先，需要界定的两个重要人口概念为户籍人口和常住人口，户籍人口指的是公民依《中华人民共和国户口登记条例》在其经常居住地的公安户籍管理机关登记了常住户口的人。常住人口指的是常住在普查区内并登记了常住户口的人，而且还包括普查期间无户口或户口在外地而居住本地 1 年以上的人，但不包括在本地登记为常住户口而离开本地 1 年以上的人。一般而言，城市经济越发达，其常住人口数量超过户籍人口数量就越多，如 2013 年北京市户籍人口 1316 万人，而同年北京市常住人口数量则达到 2115 万人，北京市常住人口比户籍人口多出将近 800 万人②。

其次，除了城市常住人口和城市户籍人口两个指标外，城镇常住人口和城区常住人口也是两个与城市规模划分密切相关的人口指标。城区常住人口被定义为市辖区和不设区的市，区、市政府驻地的实际建设连接到的居民委员会所辖区域和其他区域的人口，一般情况下，由于城市的城镇化率难以达到 100%，城市内部除了城市居民外还包括部分农村居民，因此城区常住人口要低于市辖区人口，因为市辖区人口包括了城市内部具有农村户口的人口。城镇常住人口指的是城区常住人口与镇区常住人口之和。在本书的研究过程中，城市规模的统计口径是 2014 年最新城市规模划分标准中的城区常住人口口径。

三、城市规模划分标准的演变

中国城市规模划分屡经调整，在文献部分曾对中国城市规模划分标准的变化情况进行了回顾，如表 3-2 所示。

---

① 与城区概念具有一定的混淆性。

② 数据来自《北京市 2013 年国民经济和社会发展统计公报》。

表 3－2　中国城市规模划分标准变化

年份	文件来源	划分标准	统计口径
1955	国家建委《关于当前城市建设工作的情况和几个问题的报告》	城市分为大、中、小三级，其中大城市为 50 万人口以上，中等城市为 50 万人口以下、20 万人口以上，小城市为 20 万人口以下	没有明确说明
1980	国家建委修订的《城市规划定额指标暂行规定》	城市分为四级，增加特大城市一级。其中特大城市为人口规模在 100 万人以上的城市，大城市的人口规模在 50 万～100 万，中等城市的人口规模为 50 万人口以下、20 万以上，小城市人口规模为 20 万以下	没有明确说明
1984	国务院颁布的《城市规划条例》	城市分为大、中、小三级，其中大城市为 50 万人口以上，中等城市 50 万人口以下、20 万人口以上，小城市为 20 万人口以下	非农业人口总数
1989	国务院颁布的《中华人民共和国城市规划法》	城市分为大、中、小三级，其中大城市为 50 万人口以上，中等城市 50 万人口以下、20 万人口以上，小城市为 20 万人口以下	非农业人口总数
2014	国务院《关于调整城市规模划分标准的通知》	城市分为五类七档：城区常住人口 50 万人口以下的城市为小城市，其中 20 万人口以上 50 万以下人口的城市为Ⅰ型小城市，20 万以下人口的城市为Ⅱ型小城市；城区常住人口 50 万以上 100 万以下的城市为中等城市；城区常住人口 100 万以上 500 万以下的城市为大城市，其中 300 万以上 500 万以下的城市为Ⅰ型大城市，100 万以上 300 万以下的城市为Ⅱ型大城市；城区常住人口 500 万以上 1000 万以下的城市为特大城市；城区常住人口 1000 万以上的城市为超大城市（以上包括本数，以下不包括本数）	城区常住人口

注：以上划分标准根据相关部委文件整理而得。

由表 3－2 可知，中国城市规模划分标准有三个很明显的特点。

第一，城市规模划分标准会随着城市的发展尤其是城市规模发生变化而改变。一方面，从整体上看，大城市的标准是逐渐提高的，1955 年大城市的人口规模下限为 50 万人，而 2014 年大城市人口规模下限为 100 万人；另一方面，城市级别也逐渐增多，1955 年城市划分标准中城市只有大、中、小三级，而 2014 年最新城市规模划分标准则将城市划为五类七档，这说明城市规模划分标准并不是一成不变的，而是一个动态的、随着实际城市规模变化而变化的标准。

第二，统计口径不稳定。1984 年前城市规模划分标准并没有明确指定统计口径，而 1984 年和 1989 年的划分标准则以非农业人口总数为划分标准，2014 年最新城市规模划分标准则根据实际情况提出了城区常住人口的划分标准，城市规模划分标准在过去几十年的时间里经过几次变化，从没有明确口径到提出非农口径再到最后提出的城区常住人口口径反映了城市规模划分标准逐渐科学化。

第三，从这几个城市规模划分标准看，一方面，城市规模划分标准的上限一直在提高，而下限却没有增加。如这五次城市规模划分标准的规模下限都为20万人，而上限则由50万提升至100万，直到2014年提升至1000万，这表明中国城市规模体系逐渐增大，也从侧面反映了中国城市经济发展的迅速。另一方面，城市规模的种类也逐渐增多，1955年的城市规模划分标准只将中国城市划分为三个等级，1980年的城市规模划分标准则将中国城市划分为四个等级，而2014年最新公布的城市规模划分标准则将中国城市划分为五个等级和七种类型，这种划分方法不仅进一步反映了中国城市体系规模的发展速度，同时也表明中国不同规模层次城市的发展已经具有明显的不同特征。

另一个值得注意的地方在于这几次城市规模划分标准在实际上统计口径都不相同，由于人均口径众多，如果在划分城市种类过程中采取不同的统计口径将会导致不同的城市划分结果，为了明确本书的研究对象，本书首先对不同类型统计年鉴中的城市人口统计口径进行回顾与比较，见表3-3。最终根据比较结果选择出与2014年城市规模划分标准最为贴近的统计口径。

表3-3　中国现有统计年鉴中关于人口数据的统计形式

统计年鉴类型	统计单位	统计人口类型
《中国统计年鉴》	省级行政区域	地区常住人口
《中国人口和就业统计年鉴》	省级行政区域	地区常住人口
《中国城市统计年鉴》	直辖市和地级市等城市	全市和市辖区户籍人口
《中国区域统计年鉴》	跨省级区域、省级区域、地级行政区域	全市常住人口
《中国城市建设统计年鉴》	全市和城区	全市和城区常住人口、暂住人口①

资料来源：根据不同统计年鉴具体条目制作。

由表3-3可知，《中国统计年鉴》和《中国人口和就业统计年鉴》统计人口的口径是地区常住人口，统计单位为省级行政区域，没有公布地级市相关数据；《中国城市统计年鉴》的统计口径为全市户籍人口和市辖区户籍人口口径，统计单位包括省级和地级行政区；《中国区域统计年鉴》的统计口径为全市常住人口，统计单位包括跨省级区域、省级行政区域和地级行政区域；《中国城市建

① 实际上该标准定义比较模糊，城区指的是市辖区还是所有区，不设区的市究竟是指地级市还是指县级市，并没有完全确定，如果就“区、市政府驻地的实际建设连接到的居民委员会所辖区域和其他区域”来说，一个处于非主城区的区，如果有和成都主城区建设相连的部分，那么这部分的人口应该纳入城市人口，成都市的非主城区较多，根据这种标准进行了人口调整。

设统计年鉴》则分别以全市和城区为统计单位，对全市和城区常住人口进行统计。

根据最新城市规模划分标准中对人口标准的定义，在上述所有统计年鉴中，与最新城市规模划分标准最为接近的是《中国城市建设统计年鉴》统计口径。本书将以该统计年鉴所公布的数据为基准，结合各地统计公报来界定研究对象。

四、本书研究对象的选择

在相关概念和城市规模划分标准的基础上，本书将继续对特大城市与其周边区域这两大主要研究对象进行界定。

（一）特大城市的选取

特大城市早在1980年就已经被提出来了，2014年又重新定义了其内涵：城区常住人口在500万以上的城市。城区常住人口在1000万以上的超大城市也属于特大城市，因此本书的研究对象之一实际上是由2014年最新城市规模划分标准下的特大城市和超大城市组成的①。根据前文不同的统计口径，本书以2013年《中国城市建设统计年鉴》为依据，通过结合各市2012年统计公报进而调整得到中国城市规模排在前30位的城市，如表3－4和图3－2所示②。

表3－4　中国城市规模前30位城市

城市类型	排序	城市名	城区人口（万人）	所属省份
超大城市	1	上海市	2415.3	上海
	2	北京市	1825.1	北京
	3	广州市	1077.9	广东
	4	深圳市	1035.2	广东
特大城市	5	重庆市	885.1	重庆
	6	天津市	663.5	天津
	7	武汉市	628.5	湖北
	8	成都市③	605.3	四川
	9	南京市	589.6	江苏
	10	沈阳市	563.3	辽宁

① 这是因为超大城市天然地属于特大城市。

② 在这些城市中有一个例外即东莞市，按照常住人口排口径，2013年东莞市常住人口达到832万人，在所有城市中能够位居前十，但是由于东莞市属于直筒子市，不存在市辖区，基层行政单位为镇，不符合新城市规模划分标准下的城区常住人口统计口径，故没有将东莞市纳入本书研究中。

③ 《成都市年鉴》数据明显有误，2012年成都市常住人口规模超过1400万人，而年鉴统计其城区常住人口规模仅为605.3万人。

续表

城市类型	排序	城市名	城区人口（万人）	所属省份
Ⅰ型大城市	11	杭州市	437.9	浙江
	12	苏州市	437.5	江苏
	13	西安市	429.4	陕西
	14	哈尔滨市	412.0	黑龙江
	15	郑州市	403.3	河南
	16	青岛市	378.1	山东
	17	长春市	361.0	吉林
	18	昆明市	353.8	云南
	19	大连市	352.8	辽宁
	20	长沙市	348.5	湖南
	21	太原市	340.0	山西
	22	济南市	334.7	山东
	23	合肥市	330.7	安徽
	24	佛山市	326.6	广东
	25	乌鲁木齐市	304.5	新疆
Ⅱ型大城市	26	石家庄市	292.2	河北
	27	东莞市	291.4	广东
	28	厦门市	282.9	福建
	29	无锡市	272.2	江苏
	30	贵阳市	265.4	贵州

资料来源：根据2013年《中国城市建设统计年鉴》以及统计公报数据整理。

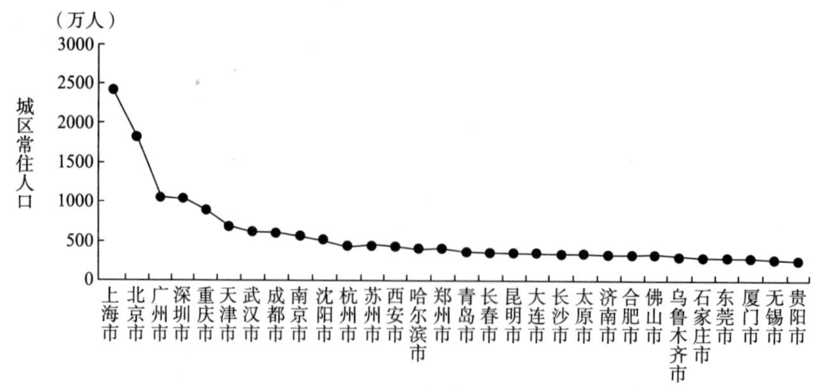

图3-2　2014年标准下中国城市规模前30位城市

资料来源：根据2013年《中国城市建设统计年鉴》以及统计公报数据整理。

根据表3－4可知，中国目前特大城市包括上海市、北京市、广州市、深圳市、重庆市、天津市、武汉市、成都市、南京市以及沈阳市10个城市。其中，从行政级别看，上海市、北京市、重庆市、天津市为直辖市，其余6城市都为副省级城市；从空间分布看，上海市、北京市、广州市、深圳市、天津市和南京市位于中国东部区域，而沈阳市属于东北区域，重庆市和成都市属于西部区域，而武汉则是中部区域唯一的特大城市。这10个特大城市基本情况如表3－5所示。

表3－5　中国十大特大城市基本情况

城市	所属省份	行政级别	行政区划代码	基本情况
北京市	北京市	省级	110000	简称京，中国首都，直辖市，位于北纬39度56分、东经116度20分，地处华北大平原的北部，面积16410.54平方公里，辖16区
上海市	上海市	省级	310000	简称沪，直辖市，位于北纬31度14分、东经121度29分，地处太平洋西岸，亚洲大陆东沿，面积为6340.5平方公里，辖16区、1县
天津市	天津市	省级	120000	简称津，直辖市，位于北纬38度34分、东经116度43分，地处华北平原的东北部，面积11920平方公里，辖13个区、3县
重庆市	重庆市	省级	500000	简称渝，直辖市，位于北纬28度10分、东经105度11分，地处中国内陆西南部，面积82400平方公里，辖21区，17县
深圳市	广东省	副省级	440300	别称鹏城，副省级城市和计划单列市，位于东经113度46分、北纬22度27分，地处广东省南部，面积1991.6平方公里，辖10区
广州市	广东省	副省级	440100	简称穗，别称羊城等，广东省省会，副省级城市，位于东经112度57分、北纬22度26分，地处广东省中南部，面积7434.4平方公里，辖11区
武汉市	湖北省	副省级	420100	别称江城，湖北省省会，副省级城市，位于东经113度41分、北纬29度58分，地处中国中部地区，面积8494.4平方公里，辖13区

续表

城市	所属省份	行政级别	行政区划代码	基本情况
成都市	四川省	副省级	510100	别称蓉城，四川省省会，副省级城市，位于东经 102 度 54 分、北纬 30 度 5 分，地处四川盆地西部，面积 12121 平方公里，辖 9 区、4 县级市、6 县
南京市	江苏省	副省级	320100	简称宁，江苏省省会，副省级城市，位于北纬 31 度 14 分、东经 118 度 22 分，地处长江下游沿岸，面积 6582.3 平方公里，辖 11 区
沈阳市	辽宁省	副省级	210100	简称沈，辽宁省省会，副省级城市，位于东经 118 度 53 分、北纬 38 度 43 分，地处中国东北地区南部，面积 12980 平方公里，辖 9 区、1 县级市、3 县

资料来源：以上资料来自各市的政府门户网站。

（二）周边区域的选取

在研究区域空间关系尤其是中心区域对周边区域的影响等类似问题时，周边区域的选取是一个重要问题，同时也是一个比较复杂的问题，因为周边区域的选择一方面是一个主观判断问题，如何选择周边区域与研究者的主观意愿密切相关；另一方面周边区域的概念会随着相关条件如交通条件的改变而发生变化（王德等，2006；文玉钊等，2013）①。当前几种主要选择周边区域的做法包括：空间距离方法，即以中心区域为圆心，一定距离为半径以内的圆形区域作为中心区域的周边区域（韩峰等，2013）②；利用断裂点理论测算出中心城市的影响半径（王杰玉，2010）③；地理临近的行政区域（朱虹等，2012）④。本书将根据如下三个原因选择地理临近的行政区域作为特大城市的周边区域：

第一，本书研究的是完整的行政区域个体间的相互影响，考虑到隶属于不同行政单位的区域可能存在的异质性，本书选择的特大城市与周边区域都是完整的行政区域；第二，空间距离选择标准所选择的区域天然地包含了叠加影响，距离

---

① 王德，项曰丙．中心城市影响腹地的动态变化研究［J］．同济大学学报（自然科学版），2006（9）：1175－1179；文玉钊，钟业喜，黄洁．交通网络演变对中心城市腹地范围的影响——以江西省为例［J］．经济地理，2013（6）：59－65.

② 韩峰，郑腾飞．空间供给外部性、经济集聚与城市劳动生产率——对中国城市面板数据的实证分析［J］．上海经济研究，2013（4）：59－73＋99.

③ 王杰玉．基于断裂点理论的中心城市空间影响范围变化研究［J］．河北省科学院学报，2010（1）：56－59.

④ 朱虹，徐琰超，尹恒．空吸抑或反哺：北京和上海的经济辐射模式比较［J］．世界经济，2012（3）：111－124.

选择标准很可能会选择某些与特大城市中间隔了一个完整行政区域的区域作为周边区域，如果选择大同市作为北京市的周边区域，北京市对大同市的影响就会包括河北省对大同市的影响，为了尽可能减轻这种影响，本书将选择直接与研究对象地理接壤的完整行政区域作为周边区域；第三，当前我国统计数据体系主要是按照我国行政区域体系中的省、市、县来进行的，因此如果按照距离或公式测算方法选择不完整的行政区域进行研究，数据处理无法进行。正是基于这三点理由，本书将选择与特大城市地理直接接壤的行政区域作为周边区域①。

另外，在选取特大城市周边区域时除了遵循地理临近标准外，行政级别标准和研究方法需要也是两个必须遵循的标准。行政级别标准指的是由于中国城市存在多种不同行政级别，同时行政级别对城市的发展会产生巨大影响，因此在选择区域作为研究对象时应该考虑区域间存在的行政级别差异。本书的 10 个特大城市可以分为两个不同行政级别，上海、北京、重庆、天津为直辖市，而其他 6 个则为副省级城市，为了保障研究的统一性，本书将选取地级市作为特大城市周边区域的选择标准。研究方法需要则指的是在研究过程中所采取的方法对研究样本的要求，如计量检验对样本数量的要求，实际上在本书进行的实证检验部分，为了得到更为可信的结果，本书将根据各特大城市周边区域的样本数将研究的周边区域细化至区县级，最终得到 10 个特大城市周边区域的情况，如表 3 – 6 所示。

表 3 – 6 特大城市的周边区域

城市	行政级别	周边区域（省级）	周边区域（地级市）
上海市②	省级	江苏省、浙江省	苏州市、南通市、嘉兴市
北京市	省级	天津市、河北省	张家口市、承德市、廊坊市、保定市、唐山市
广州市	副省级		清远市、惠州市、东莞市、中山市、韶关市、佛山市
深圳市	副省级		惠州市、东莞市

① 实际上，地理标准同样能够分为三种不同类型。第一种地理标准为地理临近标准。地理临近标准指的是所选择的临近区域应该与被研究区域接壤，如在研究北京市的周边区域时，按照地理临近要求，应该选择河北省和天津市，而不应该选择山西省。第二种地理临近标准为空间距离标准。这种标准指的是在选取研究区域时，可以将被选取区域与研究区域的距离作为选择标准，如在研究北京市以空间距离为 400 公里或 200 公里范围内的区域为研究对象。第三种地理临近标准为综合性选取区域标准。综合性选取区域标准是指既考虑地理临近因素，又包括空间距离标准，只不过所包括的空间距离并不唯一，而是根据实际情况选择区域。如在研究北京市，既可以根据地理临近标准选择河北省的张家口等市，也可以根据空间距离标准选择山西省的大同市，还可以根据另外的空间距离标准选取内蒙古的锡林郭勒盟或赤峰市。

② 江苏省南通市与上海市的崇明岛通过崇启大桥相连，该桥全长 51.8 公里，2011 年 12 月 24 日通车。

续表

城市	行政级别	周边区域（省级）	周边区域（地级市）
重庆市①	省级	湖北省、陕西省、四川省、贵州省、湖南省	十堰市、安康市、达州市、广安市、遂宁市、资阳市、内江市、泸州市、遵义市、铜仁市、湘西土家族苗族自治州、恩施土家族苗族自治州
天津市	省级	北京市、河北省	唐山市、沧州市、廊坊市、承德市
武汉市②	副省级		黄冈市、鄂州市、黄石市、咸宁市、荆州市、孝感市
成都市	副省级		德阳市、资阳市、眉山市、雅安市、阿坝藏族自治州
南京市	副省级		扬州市、常州市、镇江市、滁州市、马鞍山市、宣城市
沈阳市	副省级		抚顺市、铁岭市、本溪市、辽阳市、鞍山市、锦州市、阜新市、通辽市

注：根据中华人民共和国民政部《中华人民共和国行政区划简册 2014》制定。

本书利用 ARCGIS 软件对相关地图进行切割，最终得到 10 个特大城市与其周边区域的示意图，见图 3－3 至图 3－12。

图 3－3　上海市与其周边区域示意

资料来源：利用 ARCGIS 从中国地级市 shp 底图中裁剪而得，下同。

① 重庆市周边区域还应该包括湖北省神农架林区，考虑到神农架的特殊情况，文中不予研究。

② 实际上武汉市周边区域还包括仙桃等省直管市，由于与其余地区存在级别上的差距，故省略仙桃。

图 3－4　北京市与其周边区域示意

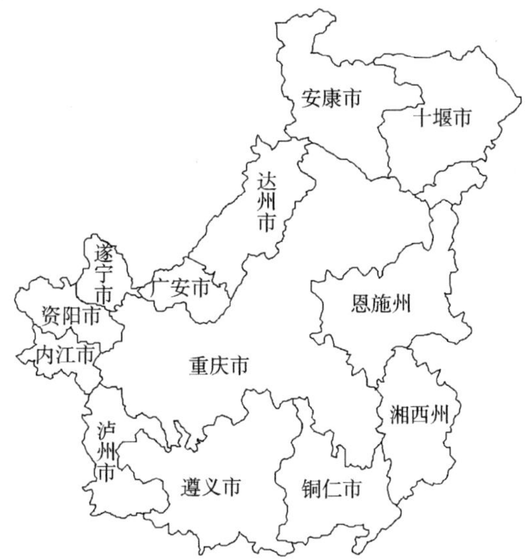

图 3－5　重庆市与其周边区域示意

图 3－6　天津市与其周边区域示意

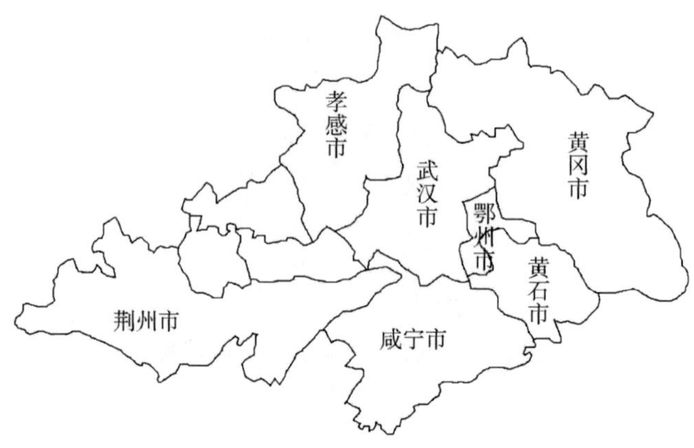

图 3-7 武汉市与其周边区域示意①

图 3-8 南京市与其周边区域示意②

① 武汉西南方空白处与天门、潜江、仙桃三个省管市相连，本书不予展示。

② 巢湖市 2011 年行政区划调整一分为三，地图空白部分为马鞍山管辖部分，由于没有找到最新地级市行政区划 shapefile 格式地图，故仍以简图表示，数据仅供调整，并不影响本书测算结果。

图 3-9 成都市与其周边区域示意

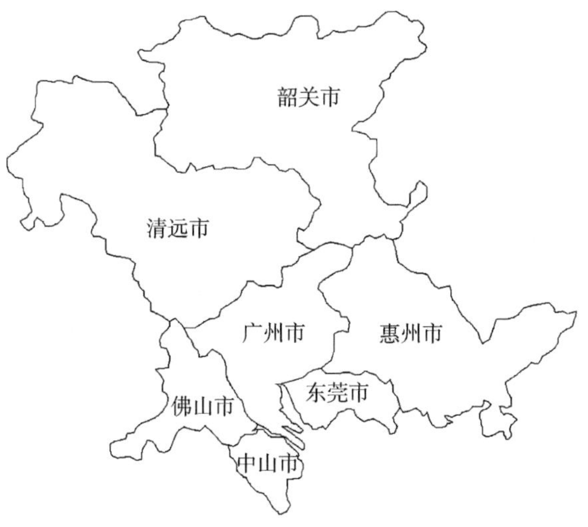

图 3-10 广州市与其周边区域示意

图 3-11　深圳市与其周边区域示意

图 3-12　沈阳市与其周边区域示意

第二节　特大城市的发展历程与现状

为了深入研究特大城市的发展情况及特征，本书将从人口变化、经济发展、产业结构、建成区面积和对外贸易等角度对这10个特大城市进行全面分析。

一、10个特大城市人口变化情况

人口规模指标是衡量城市发展速度与成就的最常用指标，也是最为直观的指标，本书以10个特大城市2000～2013年的常住人口规模变化情况进行分析，见表3－7。

表3－7　2000～2013年中国10个特大城市常住人口规模变化情况

单位：万人

年份	上海市	北京市	广州市	深圳市	重庆市	天津市	武汉市	成都市	南京市	沈阳市
2000	1609	1364	701	701	2849	1001	749	1013	613	685
2001	1668	1385	706	725	2829	1004	758	1134	553	689
2002	1713	1423	985	747	2815	1007	768	1157	563	689
2003	1766	1456	973	778	2803	1011	781	1173	572	689
2004	1835	1493	966	801	2793	1024	786	1194	584	694
2005	1778	1538	950	828	2798	1043	801	1222	690	699
2006	1964	1581	975	846	2808	1075	819	1249	719	704
2007	2064	1633	1005	862	2816	1115	828	1258	741	710
2008	2141	1695	1018	954	2839	1176	833	1271	759	714
2009	2210	1755	1187	995	2859	1228	910	1287	771	786
2010	2347	1962	1271	1037	2919	1299	979	1405	801	811
2011	2348	2019	1275	1047	2919	1355	1002	1407	811	818
2012	2380	2069	1284	1055	2945	1413	1012	1418	816	823
2013	2415	2114	1293	1062	2970	1472	1022	1430	819	826

资料来源：各市数据来源于各省市统计年鉴，其中2013年数据为统计公报数据。

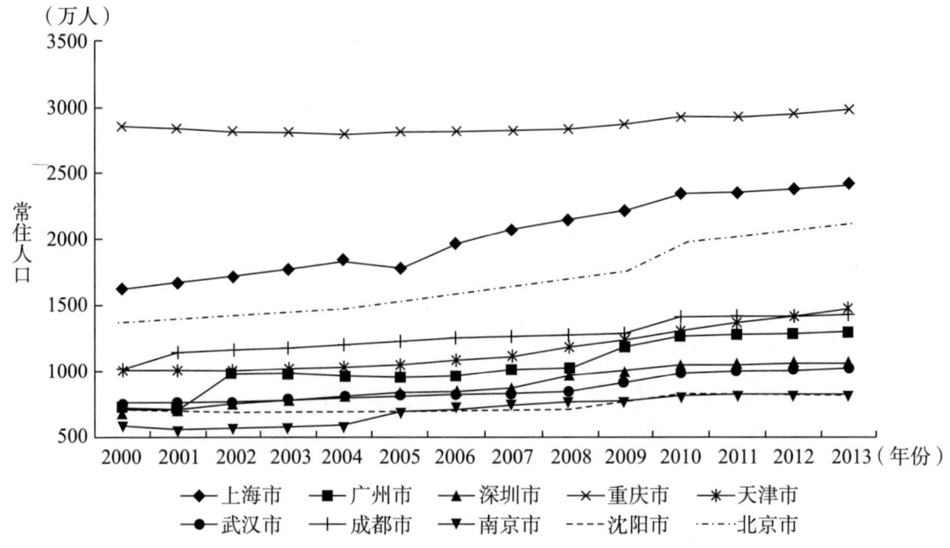

图 3－13　2000～2013 年中国 10 个特大城市常住人口规模变化情况

资料来源：各市数据来源于各省市统计年鉴，其中 2013 年数据为统计公报数据。

从表 3－7 和图 3－13 可以得到如下信息：

首先，人口规模数据表明：早在 2000 年，这 10 个城市的城区常住人口规模就已经超过 500 万，虽然这种统计口径并不一定是新城市规模划分的口径，但是这 10 个城市在中国整个城市体系中始终处于领头羊位置。其次，这 10 个特大城市实际上也可以分为三个档次：第一档包括常住人口规模在 2000 万以上的城市，包括重庆市、上海市和北京市；第二档包括常住人口规模在 1000 万～2000 万的城市，如天津市、成都市、广州市、深圳市以及武汉市；第三档包括沈阳市和南京市。最后，得出人口规模绝对值和相对值，见表 3－8。

表 3－8　2000～2013 年 10 个特大城市人口规模变化的绝对值和相对值

人口变化	上海市	北京市	广州市	深圳市	重庆市	天津市	武汉市	成都市	南京市	沈阳市
绝对值（万人）	806	750	592	361	121	471	273	417	206	141
相对值（增速%）	50.1	55.0	84.5	51.5	4.2	47.1	36.4	41.2	33.6	20.6

资料来源：根据表 3－7 测算。

表 3－8 表明，从人口规模变化的绝对值分析，上海市和北京市人口规模增

加量位居前两位，13 年间两市人口分别增加了 806 万人和 750 万人；增加最少的是重庆市和沈阳市，13 年间两市人口分别增加了 121 万人和 141 万人。从相对值分析，广州市和北京市人口规模增速最快，13 年间两市人口规模增速分别为 84.5% 和 55.0%；增速最慢的两市为重庆和沈阳市，13 年间两市人口规模增速为 4.2% 和 20.6%。

二、10 个特大城市经济发展水平

一般情况下，与小城市相比，特大城市的经济发展水平也处于较高水平，为了更好地分析相关城市发展水平，本书选取了 2000 ~ 2013 年的地区生产总值和人均生产总值指标进行研究，见表 3 – 9、表 3 – 11、图 3 – 14 和图 3 – 16。

表 3 – 9　2000 ~ 2013 年中国 10 个特大城市地区生产总值变化情况

单位：亿元

年份	上海市	北京市	广州市	深圳市	重庆市	天津市	武汉市	成都市	南京市	沈阳市
2000	4771	3162	2493	2187	1603	1702	1207	1157	1074	1119
2001	5210	3708	2842	1908	1766	1919	1348	1492	1219	1174
2002	5741	4315	3204	2257	1990	2151	1493	1489	1385	1326
2003	6694	5007	3759	2896	2273	2578	1662	1871	1691	1603
2004	7450	6033	4451	4282	2693	3111	1956	2186	2067	1773
2005	9248	6970	5154	4951	3468	3698	2238	2376	2452	2084
2006	10572	8118	6082	5814	3907	4463	2591	2772	2823	2520
2007	12494	9847	7140	6802	4676	5253	3142	3365	3340	3221
2008	14070	11115	8287	7807	5794	6719	3960	3945	3815	3781
2009	15046	12153	9138	8201	6530	7522	4621	4503	4230	4269
2010	17166	14114	10748	9582	7926	9224	5566	5551	5131	5018
2011	19196	16252	12423	11506	10011	11307	6762	6855	6146	5916
2012	20182	17879	13551	12950	11410	12894	8004	8139	7202	6603
2013	21602	19501	15420	14500	12657	14370	9051	9109	8011	7159

资料来源：各市数据来源于各省市统计年鉴，其中 2013 年数据为统计公报数据。

首先，根据地区生产总值规模仍然可以将 10 个特大城市划分为三个层次：第一层次为北京市与上海市，两市 2013 年地区生产总值都在 20000 亿元左右；第二层次为广州、深圳、天津、重庆市，其地区生产总值在 10000 亿 ~ 20000 亿元；第三层次为武汉、成都、南京以及沈阳四市，其地区生产总值都在 10000 亿元以下。其次，分析地区生产总值的增速，见表 3 – 10。

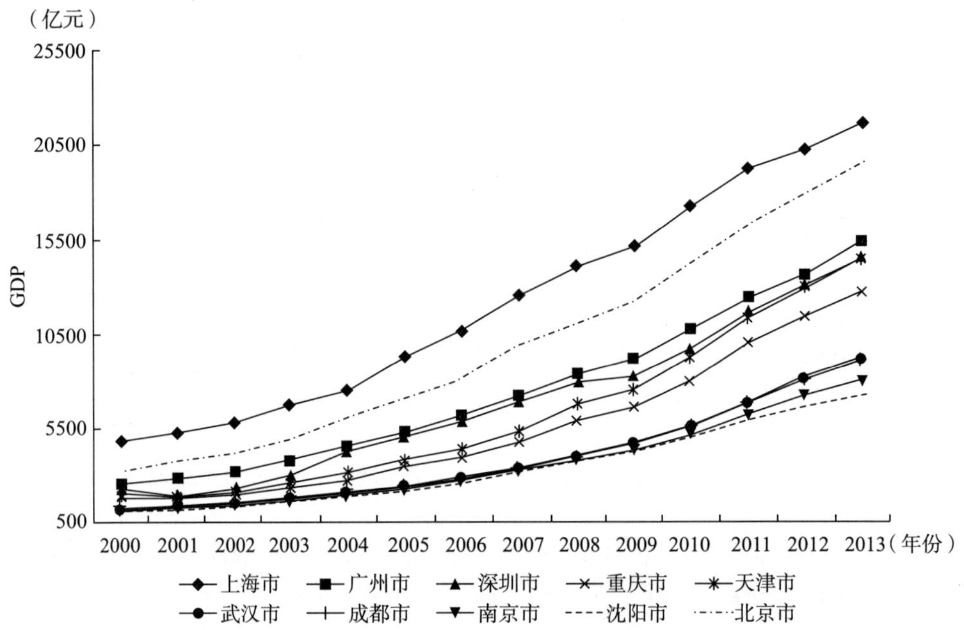

图3-14　2000~2013年中国10个特大城市地区生产总值变化情况

资料来源：各市数据来源于各省市统计年鉴，其中2013年数据为统计公报数据。

表3-10　2000~2013年中国10个特大城市地区生产总值增速情况

	2000~2013年增速（倍）	2000~2013年年均增速
上海市	3.53	10.2%
北京市	5.17	13.5%
广州市	5.19	13.5%
深圳市	5.63	14.2%
重庆市	6.90	16.0%
天津市	7.44	16.7%
武汉市	6.50	15.5%
成都市	6.87	16.0%
南京市	6.46	15.4%
沈阳市	5.40	13.8%

资料来源：根据表3-9测算。

10个特大城市地区生产总值的增速情况与规模情况恰好相反，地区生产总值最大的两个城市上海与北京，在2000~2013年的经济增速处于最后两位，其中上海13年间地区生产总值增加3.53倍，而北京增加5.17倍，年均增速分别为10.2%与13.5%；2000~2013年经济增速最快的为天津市和重庆市，其中天津市13年间地区生产总值增加了7.44倍，重庆增加了6.90倍，年均增速为

16.7%和16.0%。这种规模大、速度低、规模小、速度快的趋势实际上一方面证明了中国特大城市间的发展差距在缩小；另一方面也从侧面表明了中国城市经济的空间发展趋势较好，呈收敛趋势，经济规模大的城市增速低，而经济规模小的城市增速高。

表3-11 2000~2013年中国10个特大城市人均地区生产总值变化情况

单位：元

年份	上海市	北京市	广州市	深圳市	重庆市	天津市	武汉市	成都市	南京市	沈阳市
2000	30047	24127	25626	32800	6274	17353	15082	11471	19838	15666
2001	31799	26980	28537	34822	6963	19141	17882	14676	22197	17084
2002	35445	30730	32339	46388	7912	21387	19792	16277	24816	20316
2003	38486	34777	38398	54545	8091	25544	21460	18052	29780	23271
2004	46338	40916	45906	59271	8584	30575	24963	18856	35770	27487
2005	52535	45993	53809	60801	12404	35783	26279	19670	36112	29935
2006	58837	50467	63184	69450	12457	41163	29899	22445	40072	35940
2007	62041	60096	72123	79645	16629	47970	35582	26849	45743	45582
2008	66932	64491	76440	89814	20490	58656	44290	31203	50855	54248
2009	69164	66940	79383	84147	22920	62574	51144	35215	55290	54654
2010	76074	73856	87458	94297	27596	72994	58961	41253	65273	62357
2011	82560	81658	97588	110421	34500	85213	68315	49438	76263	72648
2012	85373	87475	105909	123247	38914	93173	79482	57624	88525	80480
2013	90100	93213	120104	136947	42795	97622	88562	63977	98011	86850

资料来源：各市数据来源于各省市统计年鉴，其中2013年数据为统计公报数据。

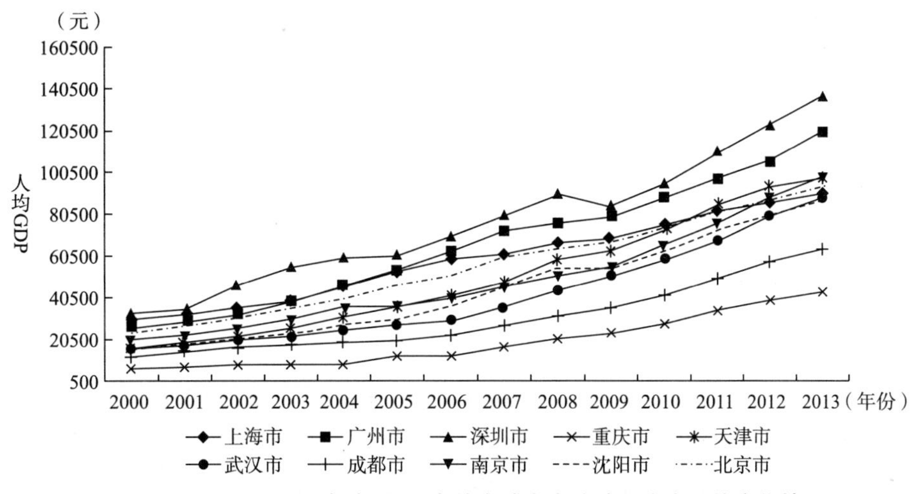

图3-15 2000~2013年中国10个特大城市人均地区生产总值变化情况

资料来源：各市数据来源于各省市统计年鉴，其中2013年数据为统计公报数据。

从人均地区生产总值的变化趋势看，10 个特大城市的人均地区生产总值都呈现增加态势，但是不同城市间仍然存在较大差距，2013 年人均地区生产总值最高的城市为深圳市，其人均地区生产总值为 136947 元，最低的为重庆市，其 2013 年人均地区生产总值为 42795 元，只相当于深圳市人均地区生产总值的1/3。表 3－12 是 10 个特大城市人均 GDP 增加速度。

表 3－12　2000～2013 年中国 10 个特大城市人均地区生产总值增速情况

	2000～2013 年增速（倍）	2000～2013 年年均增速（%）
上海市	2.00	5.5
北京市	2.86	8.4
广州市	3.69	10.6
深圳市	3.18	9.3
重庆市	5.82	14.5
天津市	4.63	12.5
武汉市	4.87	13.0
成都市	4.58	12.4
南京市	3.94	11.1
沈阳市	4.54	12.3

资料来源：根据表 3－11 测算而得。

从 10 个特大城市人均地区生产总值的增速情况分析，上海和北京 2000～2013 年的人均地区生产总值增速最低，13 年间两市的人均地区生产总值分别增加 2 倍和 2.86 倍，年均增速分别为 5.5% 和 8.4%，重庆市和武汉市最高，13 年间两市的人均地区生产总值分别增加 5.82 倍和 4.87 倍，年均增速分别为 14.5% 和 13.0%。

三、10 个特大城市职工工资水平

职工工资水平能够在很大程度上反映一个城市的发展水平和居民生活水平，本书选取 2000～2012 年 10 个特大城市的职工年平均工资水平对此进行研究，如表 3－13 和图 3－16 所示。

表 3－13　2000～2012 年中国 10 个特大城市职工年平均工资变化情况

单位：元

年份	上海市	北京市	广州市	深圳市	重庆市	天津市	武汉市	成都市	南京市	沈阳市
2000	16530	12721	18865	8020	9484	20237	11009	23039	9727	14775

续表

年份	上海市	北京市	广州市	深圳市	重庆市	天津市	武汉市	成都市	南京市	沈阳市
2001	19509	14454	21781	9523	11615	23533	13490	25940	11314	16575
2002	22109	16526	24079	10960	13166	27134	14984	28218	12971	19464
2003	25698	19012	27394	12440	14965	29779	16448	31053	13730	22566
2004	29674	21754	30085	14357	17342	31593	17556	31928	15971	26063
2005	34191	25271	31940	16630	19914	34328	19962	32476	18505	29342
2006	40117	28683	41189	19215	23391	36770	22563	35108	20633	32459
2007	46508	34938	49311	23098	27372	40562	26607	38798	25136	35908
2008	56328	41748	56565	26985	33546	45702	30810	43731	28431	39878
2009	58140	44992	63549	30965	37937	49519	26877	46723	30252	43622
2010	65683	52964	71875	35367	41900	54807	38603	50456	39302	48782
2011	75835	55636	77031	40042	45756	57474	42363	55142	45644	54712
2012	85306	65398	80191	45392	49898	67515	48302	59010	48942	63152

注：各市数据来源于各省市统计年鉴。

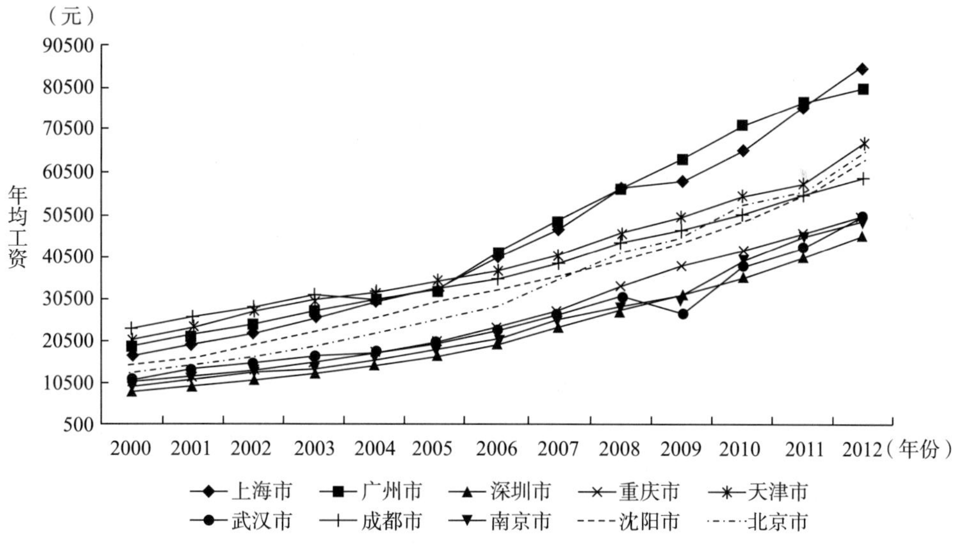

图 3-16　2000~2012 年中国 10 个特大城市职工年平均工资变化情况

资料来源：各市数据来源于各省市统计年鉴，其中 2012 年数据为统计公报数据。

2012 年在职工年均工资指标上，上海位居首位，其职工年均工资为 85306 元，广州次之，为 80191 元，深圳市最低，为 45392 元。职工年均工资的增速分析见表 3-14。

表 3-14　2000~2012 年中国 10 个特大城市职工年均工资增速情况

	2000~2012 年增速（倍）	2000~2012 年年均增速
上海市	4.16	11.6%
北京市	4.14	11.5%
广州市	3.25	9.5%
深圳市	4.66	12.6%
重庆市	4.26	11.8%
天津市	2.34	6.7%
武汉市	3.39	9.8%
成都市	1.56	3.5%
南京市	4.03	11.3%
沈阳市	3.27	9.6%

资料来源：根据表 3-13 测算而得。

10 个特大城市中，职工年均工资增加最多的是深圳市，13 年间职工人均工资增加了 4.66 倍，其次是重庆，13 年间增加了 4.26 倍，两市的年均增长率分别为 12.6% 和 11.8%；职工年均工资增加最少的是成都市和天津市，13 年间两市人均职工工资增加了 1.56 倍和 2.34 倍，年均增长率只有 3.5% 和 6.7%。实际上，将经济发展指标与职工工资指标结合起来分析可以发现，10 个特大城市的发展模式也有所不同：天津市的经济发展指标表现很好，然而职工工资指标表现比较差，重庆经济指标相对较差，但是职工工资指标表现较好。

四、10 个特大城市建成区的面积

建成区作为一个城市发展水平最高的区域，能够很好地反映该城市的发展水平，同时建成区面积占城市总面积的比例也能够在一定程度上说明该城市未来的发展潜力，因此，本书选取了 2013 年 10 个特大城市的建成区面积和全市面积进行研究，见表 3-15 和图 3-17。

表 3-15　2013 年 10 个特大城市建成区面积、行政区域面积以及建成区面积占比

	建成区面积（平方公里）	行政区域土地面积（平方公里）	建成区占总面积比例
北京市	1261	16411	7.68%
重庆市	1052	82374	1.28%
广州市	1010	7434	13.59%

续表

指标	建成区面积（平方公里）	行政区域土地面积（平方公里）	建成区占总面积比例
上海市	886	6340	13.97%
深圳市	863	1997	43.21%
天津市	722	11760	6.14%
南京市	653	6587	9.91%
武汉市	520	8494	6.12%
成都市	516	12121	4.26%
沈阳市	455	12980	3.51%

资料来源：数据来源于2013年《中国城市统计年鉴》。

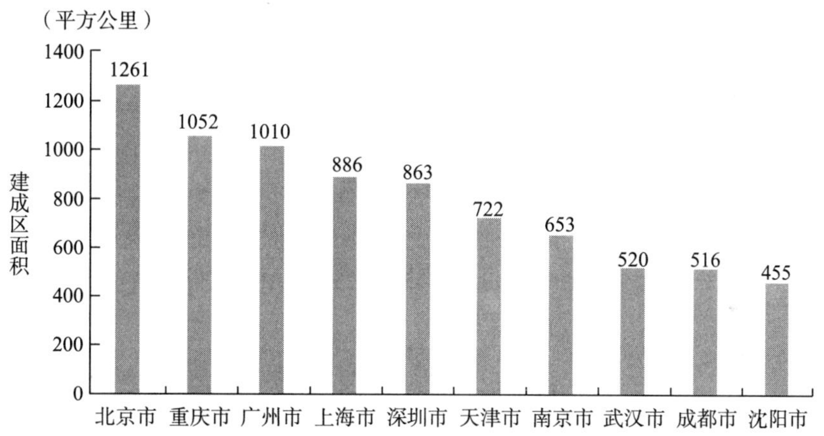

图3－17　2013年10个特大城市建成区面积

资料来源：数据来源于各市统计公报。

从建成区面积分析，北京市拥有所有特大城市当中最大的建成区面积，其2013年建成区面积达到1261平方公里，是沈阳市同年455平方公里建成区面积的2.77倍。排在第二、第三位的分别是重庆市和广州市，其建成区面积分别为1052平方公里和1010平方公里，排在后三位的城市为武汉市、成都市和沈阳市，其建成区面积分别为520平方公里、516平方公里和455平方公里。从建成区面积与行政区域面积比例分析，占比前两位的城市分别为深圳市和上海市，其比例分别高达43.21%和13.97%，深圳市城市发展水平可见一斑，比例最低的是重庆市和沈阳市，其比例分别为1.28%与3.51%，虽然不能根据建成区面积与行政区域面积比例断定一个城市的发展潜力，但是拥有较多未开发面积的城市，其发展潜力相对较大。

五、10 个特大城市对外贸易情况

10 个特大城市中，武汉市、重庆市、成都市都属于中西部城市，其他 6 个城市则属于东部城市，东部沿海地区外向型经济特征极为明显无须赘述，然而这 3 个中西部城市由于沿江贸易较为发达，其外向型经济特征也比较明显①。因此，为了更好地对这 10 个特大城市的外向型特征进行比较，本书同样对 10 个特大城市的进出口贸易额进行比较研究，见表 3 – 16 和图 3 – 18。

表 3 – 16　2000 ~ 2013 年中国 10 个特大城市进出口贸易总额变化情况

单位：亿美元

年份	上海市	北京市	广州市	深圳市	重庆市	天津市	武汉市	成都市	南京市	沈阳市
2000	547	496	234	639	18	172	20	15	91	27
2001	609	515	230	686	18	183	22	19	96	28
2002	727	525	279	872	18	229	22	21	101	29
2003	1124	685	349	1174	26	294	31	25	147	43
2004	1600	947	448	1473	39	420	43	34	206	53
2005	1864	1256	535	1829	43	534	62	31	271	46
2006	2275	1582	638	2374	55	646	80	70	315	53
2007	2830	1930	735	2876	75	716	100	95	362	61
2008	3221	2718	820	3000	95	805	140	155	406	71
2009	2778	2149	767	2702	77	639	115	179	337	66
2010	3690	3017	882	3468	124	822	181	247	456	79
2011	4376	3896	1162	4141	292	1034	228	379	573	106
2012	4368	4081	1171	4668	918	1156	204	475	552	127
2013	4412	4291	1189	5374	687	1285	218	504	558	143

资料来源：数据来源于各市历年统计年鉴，其中 2013 年数据来源于统计公报。

① 实际上，随着“一带一路”倡议的实施，中西部地区从陆地上与周边国家建立起密切的经济联系将是一种趋势，而重庆的渝新欧铁路实际上已经开启了中西部地区参与“一带一路”的战略布局。

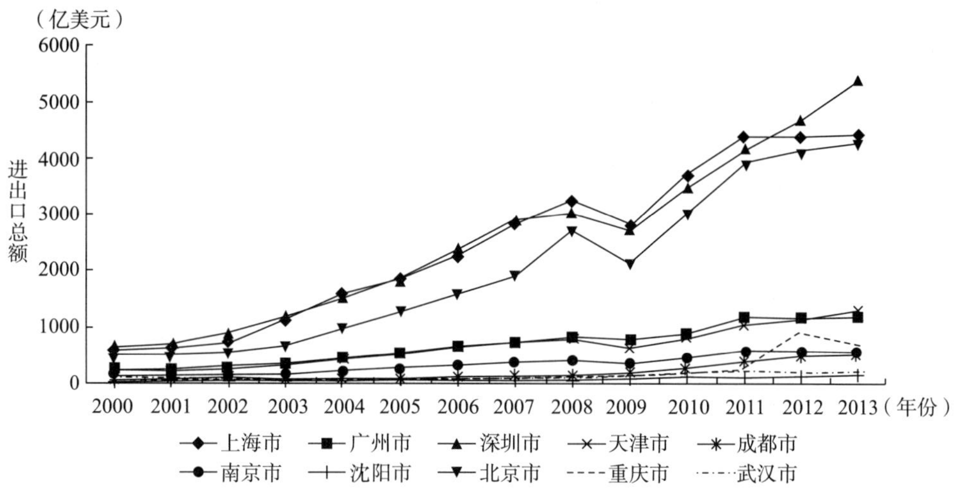

图 3-18 2000~2013 年中国 10 个特大城市进出口贸易变化情况

10 个特大城市的进出口贸易规模存在巨大差距，首先深、京、沪三市贸易规模位于前三位，其中深圳市 2013 年进出口贸易额达到 5374 亿美元，上海为 4412 亿美元，北京为 4291 亿美元，而广州市和天津市的进出口贸易额都在 1200 亿美元左右，其中进出口贸易额最低的是沈阳市，2013 年进出口贸易额只有 143 亿美元，武汉的进出口贸易额同样不高，只有 218 亿美元。综上可以得出：进出口贸易额高的城市都是经济规模较大的城市，这种特征充分说明对外开放战略的确与城市的发展具有密切联系，同时也为其他几个特大城市的发展提供了一定的参考建议。

六、10 个特大城市产业结构情况

产业结构是经济结构的直接体现，不同的产业结构意味着不同的发展水平和发展模式，10 个特大城市 2000~2013 年三次产业结构变化见表 3-17 和图 3-19。

表 3-17 2000~2013 年中国 10 个特大城市三次产业变化情况 单位:%

年份	产业	北京市	广州市	深圳市	重庆市	天津市	武汉市	成都市	南京市	沈阳市	上海市
2000	二产	32.7	50.8	46.3	42.4	44.2	43.4	36.5	49.7	44.2	45.8
	三产	64.8	46.0	52.1	41.7	49.4	55.2	53.4	49.6	49.1	46.2
	一产	2.5	4.5	1.6	17.8	6.3	4.0	10.1	0.1	6.7	5.4
2001	二产	30.8	50.0	47.6	41.6	43.9	41.9	45.3	54.1	44.1	47.6
	三产	67.1	47.6	50.9	42.5	52.1	54.5	53.3	45.0	49.6	47.3
	一产	2.1	4.3	1.7	16.8	6.2	3.6	8.8	0.9	6.3	5.1

续表

年份	产业	北京市	广州市	深圳市	重庆市	天津市	武汉市	成都市	南京市	沈阳市	上海市
2002	二产	29.0	49.7	47.4	42.0	43.9	40.9	37.5	54.7	44.2	47.3
	三产	69.1	47.5	51.1	42.9	50.1	55.7	50.8	44.5	49.8	47.9
	一产	1.9	4.1	1.6	16.1	6.0	3.4	8.4	0.9	6.0	4.8
2003	二产	29.7	51.9	50.1	44.4	47.3	43.1	45.5	59.5	44.6	51.0
	三产	68.6	45.5	48.5	42.3	47.4	53.9	50.7	39.9	49.6	45.5
	一产	1.7	3.5	1.5	15.3	5.3	3.0	8.2	0.6	5.7	4.1
2004	二产	30.8	54.2	50.8	45.4	49.5	40.2	46.8	51.6	46.2	48.6
	三产	67.9	43.3	50.8	40.5	44.9	57.2	45.6	48.1	48.6	47.8
	一产	1.4	3.3	1.3	14.1	5.6	2.6	7.7	0.3	5.3	3.7
2005	二产	29.5	56.0	48.9	45.1	43.5	39.7	41.4	53.2	45.5	49.8
	三产	69.6	41.5	50.5	41.5	50.5	57.8	51.1	46.6	49.6	46.9
	一产	1.4	3.0	1.0	13.4	6.1	2.5	7.5	0.2	4.9	3.3
2006	二产	27.9	57.3	48.5	43.5	45.2	40.0	42.3	52.5	46.2	49.0
	三产	71.9	40.3	50.6	45.3	49.4	57.6	50.7	47.4	49.4	48.0
	一产	1.1	2.7	0.9	9.9	5.4	2.4	7.1	0.1	4.5	3.0
2007	二产	26.8	57.7	47.3	45.9	48.3	39.5	45.3	50.1	45.8	49.0
	三产	73.5	40.5	52.6	42.5	46.5	58.4	47.7	49.8	50.1	48.4
	一产	1.1	2.2	0.8	10.3	5.2	2.1	7.1	0.1	4.1	2.6
2008	二产	25.7	60.1	45.5	52.8	50.1	38.9	46.6	48.9	46.2	47.6
	三产	73.3	37.9	53.7	37.3	45.1	59.0	46.5	51.0	50.2	50.0
	一产	1.1	1.9	0.8	11.3	4.8	2.0	6.9	0.1	3.7	2.5
2009	二产	23.5	53.0	39.9	52.8	49.8	37.3	44.5	46.7	46.4	45.6
	三产	75.9	45.3	59.4	37.9	45.3	60.9	49.6	53.3	50.4	51.3
	一产	1.0	1.7	0.8	9.3	4.9	1.9	6.0	0.1	3.2	3.1
2010	二产	24.1	53.1	42.3	55.2	50.4	37.2	44.7	47.2	45.5	45.4
	三产	75.1	46.0	57.3	36.4	45.0	61.0	50.2	52.7	51.4	51.9
	一产	0.9	1.6	0.7	8.7	4.6	1.8	5.1	0.1	3.1	2.8
2011	二产	23.4	52.5	41.5	55.4	51.2	36.8	45.9	46.4	48.1	44.9
	三产	76.1	46.2	58.1	36.2	44.1	61.5	49.4	53.5	48.9	52.4
	一产	0.8	1.4	0.7	8.4	4.7	1.7	4.8	0.1	2.9	2.7

续表

年份	产业	北京市	广州市	深圳市	重庆市	天津市	武汉市	成都市	南京市	沈阳市	上海市
2012	二产	22.7	51.7	38.9	52.4	51.2	34.8	46.6	44.3	47.9	44.0
	三产	76.5	47.0	60.4	39.4	44.0	63.6	49.1	55.7	48.3	53.4
	一产	0.8	1.3	0.6	8.2	4.8	1.6	4.3	0.1	3.8	2.6
2013	二产	22.3	50.6	36.8	50.5	51.8	33.9	45.9	43.4	47.7	43.3
	三产	76.9	48.1	62.6	41.6	43.5	64.6	50.2	56.5	48.6	54.4
	一产	0.8	1.3	0.6	7.9	4.7	1.5	3.9	0.1	3.7	2.3

资料来源：数据来源于各市历年统计年鉴，其中2013年数据为统计公报数据。

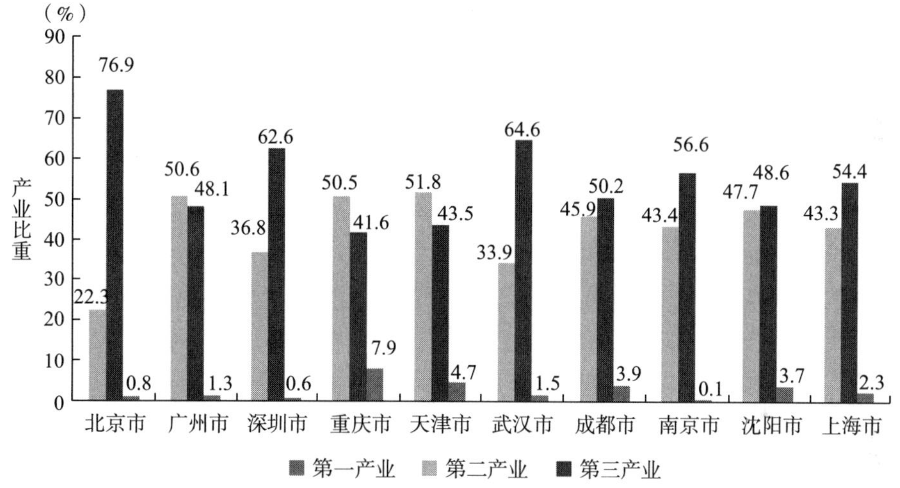

图3－19　2013年中国10个特大城市三次产业占比

资料来源：数据来源于2013年统计公报数据。

首先，从13年间产业变化趋势分析，北京产业结构变化模式与其他9个城市具有明显差异，其第一和第二产业比例很低，第三产业比例很高，同时13年间第三产业比例一直在提升，其他9个城市的第二产业比例都呈现先增加后减少或先减少后增加的波动趋势。其次，从发展结构分析，北京的产业结构明显处于后工业化时期，武汉和深圳的第三产业比例超过60%，根据前面对武汉和深圳的分析，这种产业结构对于武汉的经济发展明显不利，武汉的第二产业比例下降过快而第三产业比例提升过快，这说明武汉的经济发展可能缺乏产业动力，其他几个城市当前正处于由工业化中期转向工业化后期阶段，比较符合各自发展情况。

第三节 特大城市与其周边区域的比较研究

在对10个特大城市包括人口规模、经济规模、收入水平、建成区面积和产业结构等基本情况进行分析后，本章首先对特大城市与其周边区域进行一个简单的基本比较研究，然后利用首位度指标分析10个特大城市在区域中的地位。

一、特大城市与其周边区域的比较研究

为了比较特大城市与其周边区域，本书选取了地区生产总值（GDP）、人均GDP、常住人口规模、行政区域面积、三产比重和公共财政收入等八项指标进行比较，比较结果见表3－18至表3－27和图3－20至图3－28。

表3－18 北京与其周边城市基本情况

比较指标	北京	张家口	承德	廊坊	保定	唐山
GDP（亿元）	19051	1317	1272	1943	2651	6121
人均GDP（元）	93213	29907	33650	44159	25982	79588
常住人口（万人）	2114	441	378	440	1023	757
行政区域面积（平方公里）	16411	36301	39164	6500	21925	13206
一产比重（%）	0.83	18.32	16.54	10.24	14.09	9.03
二产比重（%）	22.32	42.13	51.08	52.6	54.36	58.7
三产比重（%）	76.85	39.56	32.38	37.16	31.54	32.27
公共财政收入（亿元）	3661	1185	103	205	180	318

资料来源：GDP、人均GDP、常住人口数据来自各区域的2013年统计公报，其中没有公布人均GDP区域的人均GDP指标根据GDP和常住人口口径测算而得。行政区域面积来自中华人民共和国民政部出版的《2014年中华人民共和国行政区划简册》，下同。

通过比较北京与周边区域的基本指标，可以很明显地发现在包括经济规模、经济发展水平、人口规模、全市面积以及三产占地区生产总值比重等指标上，北京都具有明显优势，其中经济规模、三产比例、财政收入优势最为明显。2013年北京市地区生产总值为19051亿元，而与北京接壤的地级市地区生产总值最高的为唐山市，其地区生产总值只有6121亿元，除保定外其他城市的地区生产总值不到2000亿元，差距明显。人口规模上，北京人口规模2114万人，是第二位保定人口规模的两倍以上，是第三位唐山人口规模的2.8倍，约为承德的5.6倍；人均GDP上，北京高于第二位的唐山市14000元左右，约是第三位廊坊的2.1

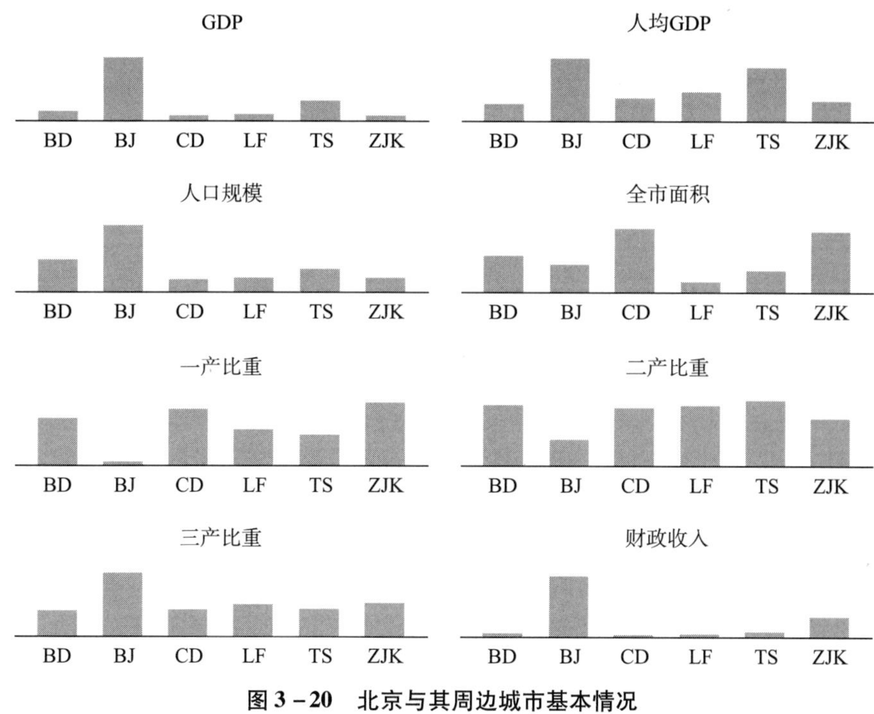

图3－20　北京与其周边城市基本情况

倍。全市面积指标上，北京同样位居第一，不过与其他城市的差距相对较小。三产比例上，北京第三产业比重远远高于第二位张家口37个百分点之多，同时北京的第一产业、第二产业都低于其周边区域，这充分证明北京与其周边区域在发展结构上存在巨大差距。财政收入指标上，北京的优势更为明显，2013年北京公共财政收入3661亿元，约是第二位张家口公共财政收入的3.1倍之多，充分证明北京与其周边区域差距极大。

表3－19　上海与其周边城市基本情况

指标	上海	苏州市	南通市	嘉兴市
GDP（亿元）	21602	13016	5039	3148
人均GDP（元）	90100	123200	69050	69164
常住人口（万人）	2415	1307	730	456
行政区域面积（平方公里）	6340	8482	8001	3915
一产比重（%）	0.6	1.65	6.85	4.94
二产比重（%）	37.16	52.63	52.07	54.86
三产比重（%）	62.24	45.73	41.08	40.2
公共财政收入（亿元）	4110	1331	486	282

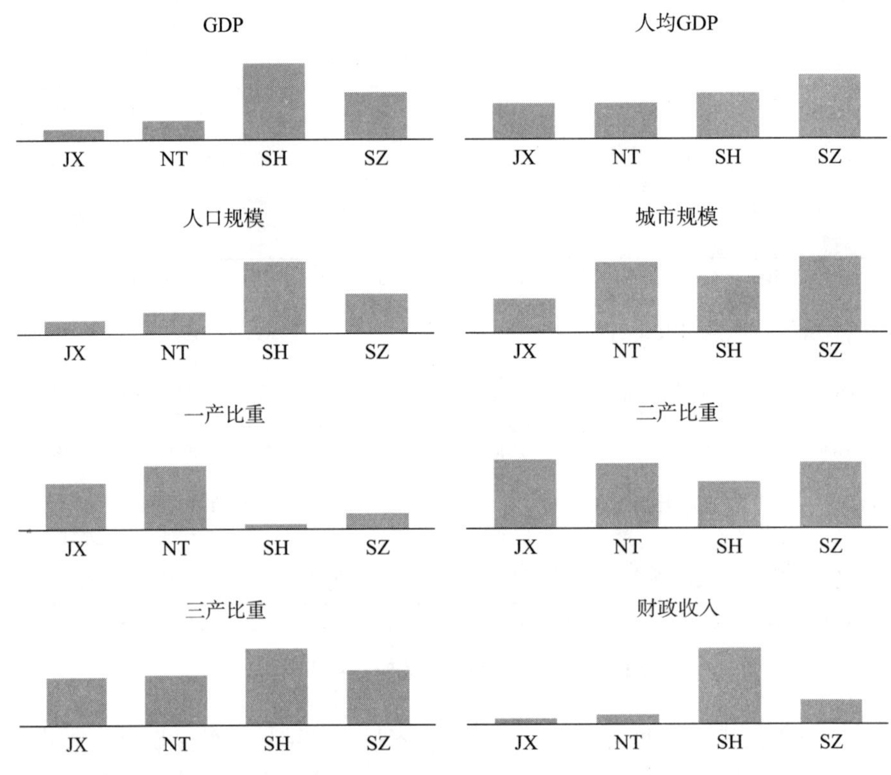

图 3－21　上海与其周边城市基本情况

通过比较上海市与周边区域的基本指标，可以发现上海市的指标统计情况和北京明显不同，部分指标甚至处于劣势。在经济规模上，2013 年上海市地区生产总值为 21602 亿元，苏州市则为 13016 亿元，上海占有明显优势。在人均地区生产总值指标上，上海市没有占据首位，2013 年上海市人均地区生产总值为 90100 元，低于苏州的 123200 元，但是高于其他两市人均地区生产总值 20000 元左右。在人口规模上，上海仍然占据优势，2013 年上海人口规模达到 2415 万人，高于第二位苏州的人口规模 1100 万余人。在全市面积指标上，上海则处于苏州和南通之后，同样不占有优势。在产业结构方面，上海和苏州的产业结构发展水平明显高于其他两市，其中上海市的二产比例低于苏州，而三产比例高于苏州，证明上海市的后工业化进程更快。在财政收入指标方面，上海占据巨大优势，2013 年上海市公共财政收入 4110 亿元，是第二位苏州公共财政收入的 3 倍以上。

表 3-20　重庆与其周边城市基本情况

指标	GDP（亿元）	人均 GDP（元）	常住人口（万人）	行政区域面积（平方公里）	一产比重（%）	二产比重（%）	三产比重（%）	公共财政收入（亿元）
重庆	12657	42795	2970	82400	7.92	50.55	41.53	1693
十堰	1081	32094	337	23698	13.24	36.14	50.62	74
安康	605	22938	265	23535	15	53.2	31.8	47
达州	1245	22595	551	16605	21.4	53.14	25.46	60
广安	835	25933	322	6344	17.96	52.38	29.66	39
遂宁	737	22470	328	5326	17.99	55.18	26.83	34
资阳	1092	29836	366	7971	21.52	55.63	22.85	13.24
内江	1069	31477	330	5385	16.49	61.84	21.67	38
泸州	1140	26848	425	12231	13.64	60.01	26.35	110
遵义	1585	25852	614	30763	13.12	46.96	39.92	138
铜仁	535	17243	310	18002	25.43	28.96	45.61	45
湘西	552	16697	331	15470	14.9	36.7	48.4	33
恩施	419	16171	260	24111	17.3	40.2	42.5	16

GDP

AK CQ DZ ES GA LZ NJ SN SY TR XX ZY

人均GDP

AK CQ DZ ES GA LZ NJ SN SY TR XX ZY

人口规模

AK CQ DZ ES GA LZ NJ SN SY TR XX ZY

全市面积

AK CQ DZ ES GA LZ NJ SN SY TR XX ZY

一产比重

AK CQ DZ ES GA LZ NJ SN SY TR XX ZY

二产比重

AK CQ DZ ES GA LZ NJ SN SY TR XX ZY

三产比重

AK CQ DZ ES GA LZ NJ SN SY TR XX ZY

财政收入

AK CQ DZ ES GA LZ NJ SN SY TR XX ZY

图 3-22　重庆与其周边城市基本情况

通过比较重庆与其周边城市的基本指标，可以发现重庆几乎在所有的指标上都占有优势，且优势比较明显。经济规模指标上，重庆2013年地区生产总值达到12657亿元，约是地区生产总值第二位遵义的8倍左右。约是第三位达州的10倍左右；人均GDP指标上，重庆的优势缩小但仍然处于首位，2013年重庆人均地区生产总值42795元，高于第二位十堰10700元左右。人口规模上，重庆市占有绝对优势，2013年重庆市人口规模为2970万人，约是人口规模第二位遵义市的4.8倍。全市面积指标上，重庆作为中国最大的直辖市，优势明显。产业结构方面，重庆优势不大，其中重庆一产比例最低，二产比例居中，三产比例同样低于十堰等三城市。财政收入方面，重庆优势明显，2013年重庆公共财政收入1693亿元，约是财政收入第二位遵义市的12.3倍。

表3-21　天津与其周边城市基本情况

指标	天津	唐山	沧州	廊坊	承德
GDP（亿元）	14370	6121	3013	1943	1272
人均GDP（元）	97622	79588	39907	44159	33650
常住人口（万人）	1417	747	755	440	378
行政区域面积（平方公里）	11920	13869	13490	6500	39164
一产比重（%）	1.31	9.03	10.39	10.24	16.54
二产比重（%）	50.64	58.7	52.27	52.6	51.08
三产比重（%）	48.05	32.27	37.34	37.16	32.38
公共财政收入（亿元）	2079	318	172	205	103

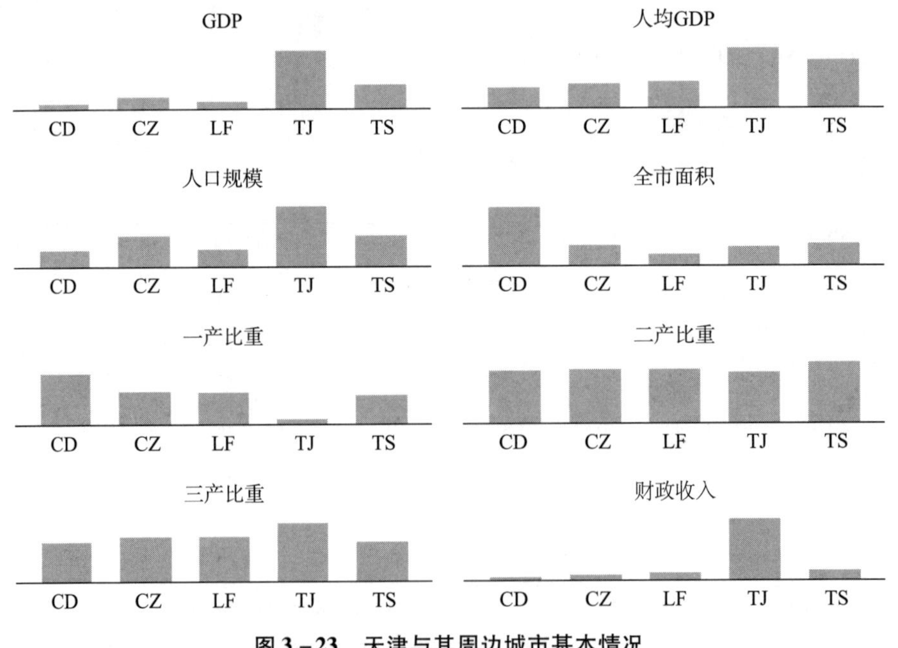

图3-23　天津与其周边城市基本情况

通过比较天津与其周边区域的基本指标，可以发现天津在部分指标上占有明显优势。经济规模上，天津位居首位，2013 年其地区生产总值为 14370 亿元，高于第二位唐山 8300 亿元左右。人均地区生产总值指标上，天津同样占据优势，2013 年天津人均地区生产总值为 97622 元，高于第二位唐山的人均地区生产总值 18000 元左右。人口规模指标上，天津占有明显优势，2013 年天津常住人口规模 1417 万人，约是人口规模第二位沧州的 1.88 倍。全市面积上，天津不占优势，其全市面积小于承德、唐山以及沧州，仅高于廊坊市。产业结构指标上，天津一产比例最低，二产比例居中，三产比例最高。财政收入指标上，天津优势明显，2013 年天津市公共财政收入 2079 亿元，约是第二位唐山市的 6.5 倍。

表 3-22 武汉与其周边城市基本情况

指标	武汉	黄冈	鄂州	黄石	咸宁	荆州	孝感
GDP（亿元）	9051	1333	631	1144	872	1335	1239
人均 GDP（元）	88562	21314	59791	43110	35020	23240	25546
常住人口（万人）	1022	625	106	293	249	574	485
行政区域面积（平方公里）	8483	17453	1505	4576	10019	14104	8941
一产比重（%）	3.71	26.77	12.44	8.34	18.68	23.9	19.62
二产比重（%）	48.57	39.12	59.45	61.22	48.51	44.66	48.62
三产比重（%）	47.72	34.11	28.11	30.44	32.81	31.44	31.76
公共财政收入（亿元）	1731	80	38	78	59	72	89

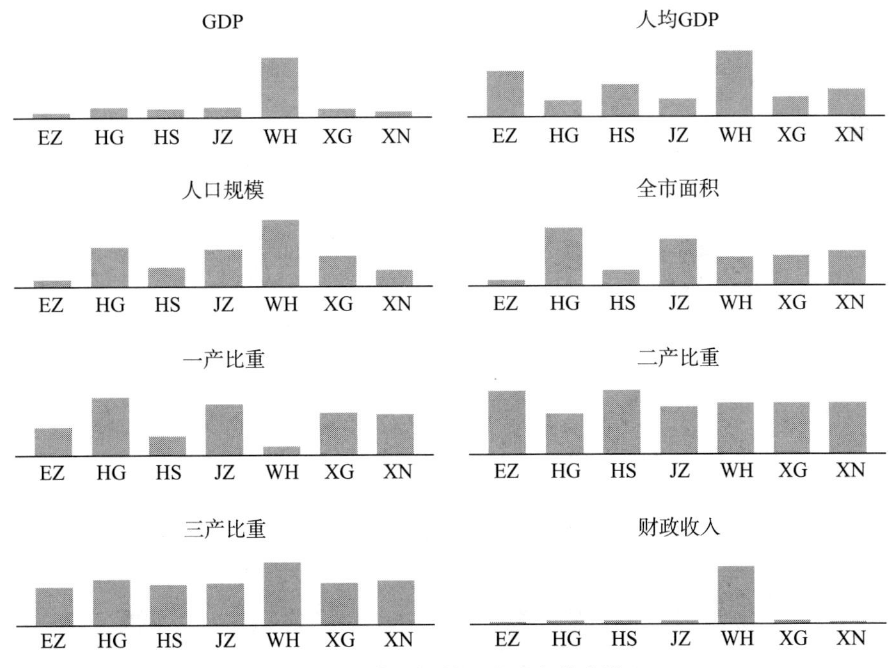

图 3-24 武汉与其周边城市基本情况

通过比较武汉与其周边区域的基本指标，可以发现武汉在绝大部分指标上占有明显优势。经济规模上，武汉位居首位且优势明显，2013 年其地区生产总值为 9051 亿元，约是地区生产总值第二位荆州的 6.78 倍。人均地区生产总值指标上，武汉同样占据优势，2013 年武汉人均地区生产总值为 88562 元，高于第二位鄂州市的人均地区生产总值 29000 元左右。人口规模指标上，武汉占有明显优势，2013 年武汉常住人口规模 1022 万人，约是人口规模第二位黄冈的 1.64 倍。

表 3－23　成都与其周边城市基本情况

指标	成都	德阳	资阳	眉山	雅安	阿坝
GDP（亿元）	9109	1396	1092	860	418	234
人均 GDP（元）	63977	39659	29836	28859	27317	25714
常住人口（万人）	1430	352	366	298	153	91
行政区域面积（平方公里）	12098	5911	7971	7139	15303	85131
一产比重（%）	3.88	13.94	21.52	16.81	15.13	15
二产比重（%）	45.91	60.06	55.63	57.12	46.03	51.6
三产比重（%）	50.22	26.00	22.85	26.07	34.97	33.4
公共财政收入（亿元）	899	80	48	64	23	25

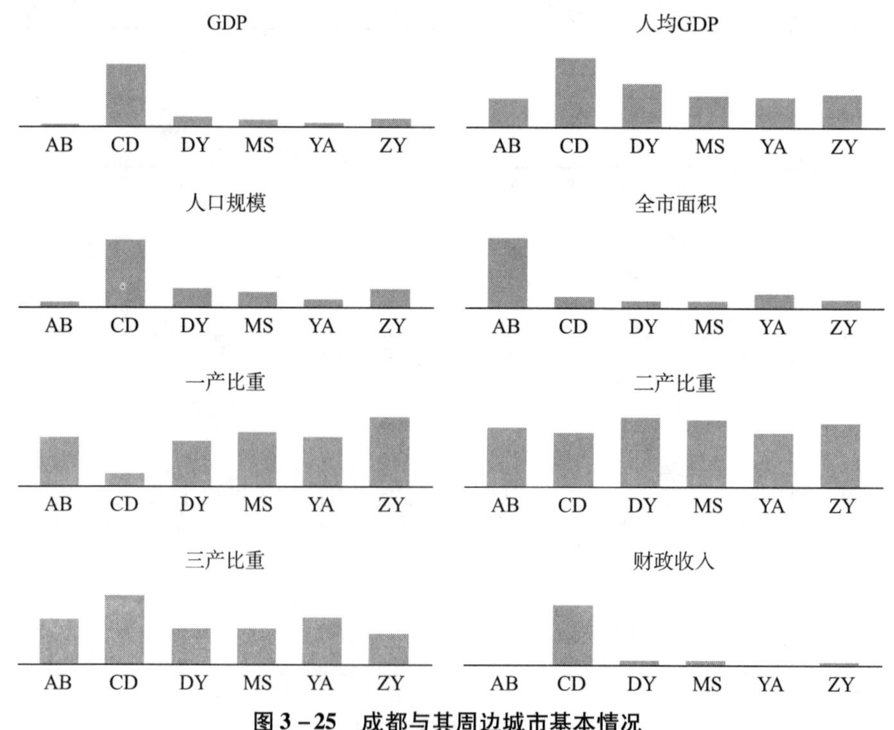

图 3－25　成都与其周边城市基本情况

全市面积上，武汉不占优势，其全市面积小于黄冈、荆州、咸宁以及孝感。产业结构指标上，武汉一产比例最低，二产比例居中，三产比例最高。财政收入指标上，武汉优势明显，2013 年武汉市公共财政收入 1731 亿元，约是第二位孝感的 19.4 倍。

通过比较成都与其周边区域的基本指标，可以发现成都在绝大部分指标上占有明显优势。经济规模上，成都位居首位且优势明显，2013 年其地区生产总值

表 3－24　南京与其周边城市基本情况

指标	南京	扬州	常州	镇江	滁州	马鞍山	宣城
GDP（亿元）	8011	3252	4361	2937	1087	1293	843
人均 GDP（元）	98011	72774	92994	92626	27474	58507	32928
常住人口（万人）	819	447	469	317	395	221	256
行政区域面积（平方公里）	6585	6546	4374	3847	13398	4042	12340
一产比重（%）	2.55	6.90	3.17	4.41	19.17	6.14	14.22
二产比重（%）	43.07	52.08	51.61	52.93	53.00	64.52	52.55
三产比重（%）	54.38	41.02	45.22	42.66	27.83	29.34	33.23
公共财政收入（亿元）	831	259	409	254	114	226	108

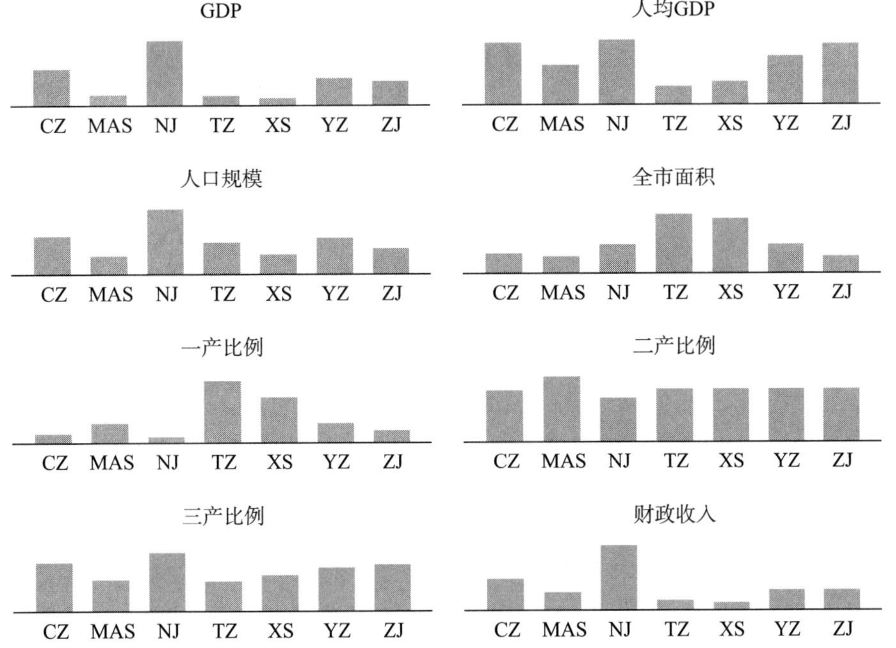

图 3－26　南京与其周边城市基本情况

为9109亿元，约是地区生产总值第二位德阳的6.53倍。人均地区生产总值指标上，成都同样占据优势，2013年成都人均地区生产总值为63977元，高于第二位德阳市的人均地区生产总值24000元左右。人口规模指标上，成都占有明显优势，2013年成都常住人口规模1430万人，约是人口规模第二位资阳的3.91倍。全市面积上，成都全市面积小于阿坝和雅安，但是大于其他城市。产业结构指标上，成都一产比例最低，二产比例居中，三产比例最高。财政收入指标上，成都优势明显，2013年成都市公共财政收入899亿元，约是第二位德阳的11.2倍。

通过比较南京与其周边区域的基本指标，可以发现南京在绝大部分指标上占有优势，但是相对其他城市而言，优势缩小。经济规模上，南京位居首位，2013年其地区生产总值为8011亿元，约是地区生产总值第二位常州的1.84倍。人均地区生产总值指标上，南京占据一定优势，2013年南京人均地区生产总值为98011元，高于第二位常州市的人均地区生产总值不到6000元。人口规模指标上，南京占有明显优势，2013年南京常住人口规模819万人，约是人口规模第二位常州的1.75倍。全市面积上，南京全市面积小于滁州和宣城，大于其他城市。产业结构指标上，南京一产、二产比例最低，三产比例最高。财政收入指标上，南京优势明显，2013年南京市公共财政收入831亿元，约是第二位常州的2.03倍。

表3-25 广州与其周边城市基本情况

指标	广州	清远	惠州	韶关	东莞	中山	佛山
GDP（亿元）	15420	1093	2678	1010	5490	2639	7010
人均GDP（元）	120104	28928	57144	50500	66109	83393	96027
常住人口（万人）	1293	379	470	289	832	317	730
行政区域面积（平方公里）	7435	19264	11158	18398	2512	1770	3875
一产比重（%）	1.48	15.34	5.10	13.00	0.37	2.53	1.98
二产比重（%）	33.90	39.41	57.89	42.40	45.88	55.47	61.92
三产比重（%）	64.62	45.25	37.01	44.6	53.75	42	36.1
公共财政收入（亿元）	1142	93	250	72	409	225	438

通过比较广州与其周边区域的基本指标，可以发现广州在绝大部分指标上占有优势，但是相对其他城市而言，优势缩小。经济规模上，广州位居首位，2013年其地区生产总值为15420亿元，约是地区生产总值第二位东莞的2.81倍。人均地区生产总值指标上，广州占据一定优势，2013年广州人均地区生产总值为120104元，高于第二位佛山的人均地区生产总值24000元左右。人口规模指标

上，广州占有一定优势，2013 年广州常住人口规模 1293 万人，约是人口规模第二位东莞的 1.55 倍。全市面积上，广州全市面积小于清远、惠州和韶关，大于其他城市。产业结构指标上，广州一产比例高于东莞而低于其他市，二产比例最低，三产比例最高。财政收入指标上，广州优势明显，2013 年广州市公共财政收入 1142 亿元，约是第二位东莞的 2.79 倍。

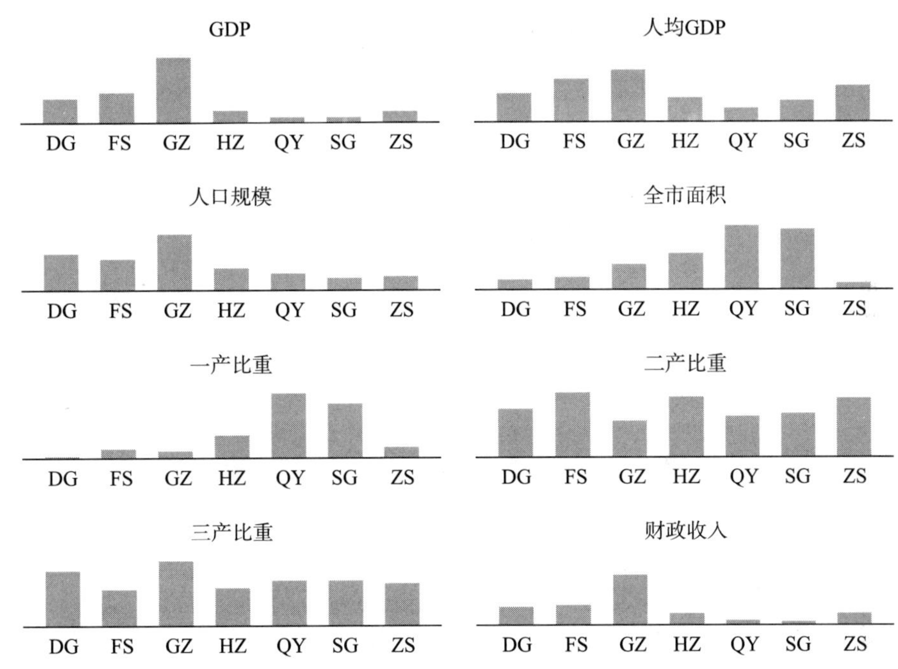

图 3－27 广州与其周边城市基本情况

表 3－26 深圳与其周边城市基本情况

指标	深圳	惠州	东莞
GDP（亿元）	14500	2678	5490
人均 GDP（元）	136947	57144	66109
常住人口（万人）	1062	470	832
行政区域面积（平方公里）	2007	11158	2512
一产比重（%）	0.04	5.10	0.37
二产比重（%）	43.43	57.89	45.88
三产比重（%）	56.53	37.01	53.75
公共财政收入（亿元）	1731	250	409

通过比较深圳与其周边区域的基本指标，可以发现深圳在绝大部分指标上占有优势，但是相对其他城市而言，优势缩小。经济规模上，深圳位居首位，2013 年其地区生产总值为 14500 亿元，约是地区生产总值第二位东莞的 2.64 倍。人均地区生产总值指标上，深圳占据一定优势，2013 年深圳人均地区生产总值为 136947 元，高于第二位东莞的人均地区生产总值 70000 元左右。人口规模指标上，深圳占有一定优势，2013 年深圳常住人口规模 1062 万人，约是人口规模第二位东莞的 1.28 倍。全市面积上，深圳全市面积小于惠州和东莞。产业结构指标上，深圳一产、二产比例最低，三产比例最高。财政收入指标上，深圳优势明显，2013 年深圳市公共财政收入 1731 亿元，约是第二位东莞的 4.23 倍。

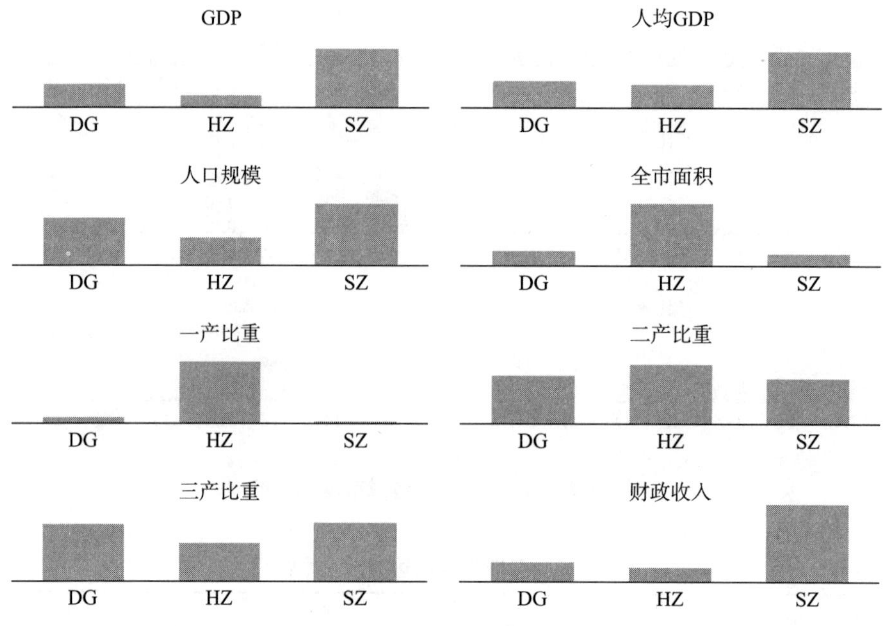

图 3－28　深圳与其周边城市基本情况

表 3－27　沈阳与其周边城市基本情况

指标	沈阳	抚顺	铁岭	本溪	辽阳	鞍山	锦州	阜新
GDP（亿元）	7159	1340	1031	1194	1080	2623	1345	615
人均 GDP（元）	86850	63922	34143	69123	58236	74940	43497	34231
常住人口（万人）	826	218	302	152	180	350	306	194

续表

指标	沈阳	抚顺	铁岭	本溪	辽阳	鞍山	锦州	阜新
行政区域面积（平方公里）	12980	11271	12966	8435	4741	9249	10046	10445
一产比重（%）	4.49	7.06	19.95	5.23	6.26	5.03	15.03	21.69
二产比重（%）	51.67	59.29	50.60	59.67	62.94	53.06	48.83	46.33
三产比重（%）	43.84	33.65	29.45	35.10	30.80	41.91	36.14	31.98
公共财政收入（亿元）	801	134	112	130	113	239	136	70

通过比较沈阳与其周边区域的基本指标，可以发现沈阳在绝大部分指标上占有优势。经济规模上，沈阳位居首位，2013 年其地区生产总值为 7159 亿元，约是地区生产总值第二位鞍山的 2.73 倍。人均地区生产总值指标上，沈阳占据一定优势，2013 年沈阳人均地区生产总值为 86850 元，高于第二位鞍山的人均地区生产总值 12000 元左右。人口规模指标上，沈阳占有一定优势，2013 年沈阳常住人口规模 826 万人，约是人口规模第二位鞍山的 2.36 倍。全市面积上，沈阳的全市面积最大。产业结构指标上，沈阳一产比例最低，二产比例居中，三产比例最高。财政收入指标上，沈阳优势明显，2013 年沈阳市公共财政收入 801 亿元，约是公共财政收入第二位鞍山的 3.35 倍。

通过对特大城市与其周边区域的基本指标进行比较分析，本书对特大城市与其周边区域的发展有了一个初步印象。为了更好地分析特大城市与其周边区域关系特征，本书还将从两个不同视角对这种关系特征进行进一步的研究。

二、特大城市与其周边区域关系特征Ⅰ——首位度的视角

首位度概念是杰斐逊（Jefferson）在研究一个国家内部城市规模分布规律时提出的，在他的研究当中，一国内部人口规模最大的城市与排在第二位的城市人口的比值就是首位度①②。本书借用该概念，将一个特大城市与其周边区域作为一个整体，测算特大城市的经济规模和人口规模在该区域中的首位度，具体测算结果见表 3－28 和图 3－29。

① 虽然首位度概念主要运用在国家层面，但是近几年首位度概念运用在区域和城市群层面的文献屡见不鲜，如张虹鸥等（2006）、齐艳红等（2009）、杨开忠等（2008）、段七零（2011）、曾鹏等（2012）。

② 许学强，周一星，宁越敏．城市地理学［M］．北京：高等教育出版社，1997. 同时必须指出，首位度的测算方法有多种，本书选取指标顺序第一位城市与第二位城市指标比值这一种常规测算思路。

表 3－28　中国 10 个特大城市经济与人口规模的区域首位度

首位度	GDP（亿元）	常住人口（万人）	周边 GDP 最大城市	GDP（亿元）	经济首位度	周边常住人口最多城市	常住人口（万人）	人口首位度
北京	19501	2114	唐山	6121	3.19	保定	1023	2.07
天津	14370	1417	唐山	6121	2.35	沧州	755	1.95
上海	21602	2415	苏州	13016	1.66	苏州	1307	1.85
重庆	12657	2970	遵义	1585	7.99	遵义	614	4.84
沈阳	7159	826	鞍山	2623	2.73	鞍山	350	2.36
广州	15420	1293	佛山	7010	2.20	东莞	832	1.55
成都	9109	1430	德阳	1396	6.53	资阳	366	3.91
深圳	14500	1062	东莞	5490	2.64	东莞	832	1.28
武汉	9051	1022	荆州	1335	6.78	黄冈	625	1.64
南京	8011	819	常州	4361	1.84	常州	469	1.75

资料来源：根据表 3－18 至表 3－27 测算而得。

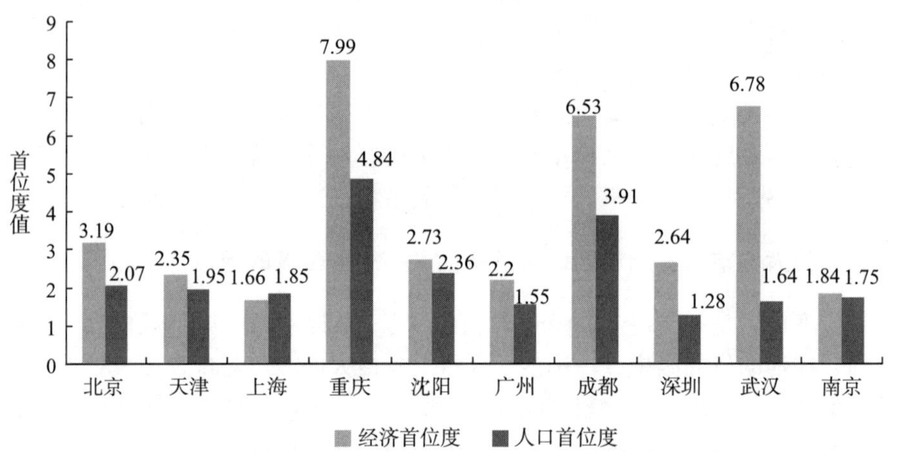

图 3－29　中国 10 个特大城市经济与人口规模的区域首位度

资料来源：根据表 3－18 至表 3－27 测算而得。

经济首位度方面，重庆的区域经济首位度最高，为 7.99，武汉紧随其后，经济首位度为 6.78，第三位成都市的经济首位度同样高达 6.53。除了这三个城市，只有北京的经济首位度超过 3，其他 6 个城市的经济首位度都在 3 以下，其中，上海和南京的经济首位度较低，上海的经济首位度只有 1.66，南京的经济首位度

则为 1.84。人口首位度方面，重庆同样位居第一，其人口首位度高达 4.84，成都市人口首位度为 3.91，位于第二，沈阳和北京的人口首位度分别为 2.36 和 2.07，除此之外，其他城市人口首位度都小于 2，其中深圳和广州人口首位度最低，分别为 1.28 和 1.55。

首位度分析表明中国 10 个特大城市在各自区域内部都处于中心地位，各城市的人口和经济首位度都大于 1，这是符合研究预期的，同时本书发现经济发展水平与首位度大小并无直接联系，特大城市经济发展水平高低影响首位度的程度并不大，从比较结果分析，特大城市与周边区域的发展差异是决定首位度大小的决定性因素。

三、特大城市与其周边区域关系特征Ⅱ——市场潜能视角

除了对特大城市与其周边区域的发展关系特征进行首位度分析外，本书还将对特大城市与其周边城市各自的区域市场潜能进行测算比较，试图从经济地位与市场地位两方面对特大城市与其周边城市发展关系进行分析。

（一）市场潜能的概念与测算方法选取

市场潜能概念由于新经济地理学（NEG）理论的兴起而被人熟知，实际上市场潜能早在 20 世纪 50 年代就被哈里斯（Harris）提出，该概念衡量的是在运输成本存在的前提下，企业基于节约运输成本的考量会将企业地址定位于靠近市场的地位，因此市场潜能实际上能够反映一个区域的经济发展潜力，一般而言，市场潜能越大的区域，其经济规模也应该越大。基于这一点，可以通过比较同一个区域内部不同区域的经济规模地位与市场潜能地位的差异来判断区域间的发展关系。

在现有文献中，测算市场潜能的方法主要包括四种：第一种方法是 Harris（1954）提出的市场潜力函数方法，其主要思路是利用各地的市场购买力与产地—市场之间的距离相比，并对各市场加总以作为产地的市场潜能，该方法比较直观且相对比较简单，是最为经典的一种市场潜能测算方法。第二种方法是 Hanson（2005）提出的工资方程方法。该方法基于新经济地理均衡方程，通过采用非线性回归方法对结构参数进行估计来得到市场潜能。第三种方法是 Redding - Venables（2004）的贸易方程方法，该方法的主要思路是利用双边贸易数据，对贸易格局中的产地、市场容量、贸易成本进行估计。第四种方法是 Amiti - Javorcik（2008）提出在引力模型的基础上，利用区域间投入产出表测算出制造业部门的市场潜能，赵曌、石敏俊等（2012）对该方法进行了优化。

在四种方法中，第四种方法估计精度最高，但是当前区域间投入产出表只局

限于七大或八大区域层和省级层面①，城市层面的区域间投入产出表并不存在，因此第四种测算市场潜能方法在当前的数据体系下无法使用②；第三种方法需要利用贸易双边数据，该数据当前只存在于国际交往中，在国内区域间贸易中并不存在，因此仍然难以采用。在剩下的两种方法中，考虑到第一种方法的经典性以及与其他方法的延续性，本书排除了第二种测算方法，仍然选择最为经典的 Harris 方法进行市场潜能测算。

（二）具体测算结果与比较

在市场潜能指标设置方面，当前最为常用的是哈里斯（Harris，1954）提出的市场潜力函数方法，以及雷丁和维纳布尔斯（Redding & Venables，2004）提出的基于区域双边贸易流构建的指标，考虑到当前中国城市间贸易流数据的缺失，本书仍然选择 Harris 的经典估算市场潜能方法，其基本原理如下：

$$MP_{it} = Y_{it}/d_{it} + \sum_{j \neq i}^{N} Y_{jt}/d_{jt}^{\delta} \tag{3-1}$$

其中，MP_{it}为市场潜能，Y_{it}为地区生产总值，其中等式右边第一项表示自身市场潜能，第二项表示其他城市对目标城市的影响之和，d_{it}为城市内部自身距离，它由城市的实际面积得到，见式（3－2）。

$$d_{it} = 2/3\sqrt{area_i/\pi} \tag{3-2}$$

d_{it}用百度地图测量，δ 为距离折算系数，该系数参照赫林和庞赛特（Hering & Poncet，2010）对中国研究的测算结果。首先利用百度地图和式（3－2）得到 10 个特大城市以及其与各自周边城市的距离，见表 3－29 至表 3－38。

表 3－29 北京与周边城市距离矩阵

距离	北京市	张家口	承德市	廊坊市	保定市	唐山市
北京市	48	205	229	58	157	180
张家口	205	72	396	259	280	379
承德市	229	396	75	242	384	185

① 大区域层面的区域投入产出表代表作有：市村真一．中国经济区域间投入产出表［M］．北京：化学工业出版社，2007；张亚雄．2002 年、2007 年中国区域间投入产出表［M］．北京：中国统计出版社，2012；省级层面的区域投入产出表代表作有：刘卫东．中国 2007 年 30 省区市区域间投入产出表编制理论与实践［M］．北京：中国统计出版社，2012；石敏俊．中国省区间投入产出模型与区际经济联系［M］．北京：科学出版社，2012.

② 编制区域间投入产出表并不是一件轻松的事情，编制区域间投入产出表需要两个前提：一是需要基础数据如编制省际区域间投入产出表首先需要省级投入产出表，但是本书研究对象是城市层面，除了四个直辖市有投入产出表外，其他六个副省级城市都没有投入产出表，更不用说周边的其他地级市；二是需要投入大量的精力和时间，需要一个团队集体协作，这种要求与本书的主旨研究是不相符的。

续表

距离	北京市	张家口	承德市	廊坊市	保定市	唐山市
廊坊市	58	259	242	30	151	145
保定市	157	280	384	151	56	289
唐山市	180	379	185	145	289	43

资料来源：北京自身距离根据式（3－2）测算而得，其他利用百度地图测算而得，下同。

表 3－30　上海与周边城市距离矩阵

距离	上海市	苏州市	南通市	嘉兴市
上海市	30	106	128	173
苏州市	106	35	102	73
南通市	128	102	34	161
嘉兴市	173	73	161	24

表 3－31　重庆与周边城市距离矩阵

距离	重庆市	十堰市	安康市	达州市	广安市	遂宁市	资阳市	内江市	泸州市	遵义市	铜仁市	湘西自治州	恩施自治州
重庆市	108	677	494	226	147	164	277	180	180	239	532	516	357
十堰市	677	58	185	462	623	718	838	840	828	909	886	781	531
安康市	494	185	58	278	439	535	654	657	645	726	986	959	691
达州市	226	462	278	48	172	257	377	389	377	458	624	612	357
广安市	147	623	439	172	30	124	235	236	256	366	640	613	347
遂宁市	164	718	535	257	124	27	121	136	236	390	667	655	465
资阳市	277	838	654	377	235	121	34	92	187	485	778	762	574
内江市	180	840	657	389	236	136	92	28	101	399	693	665	538
泸州市	180	828	645	377	256	236	187	101	42	306	585	620	508
遵义市	239	909	726	458	366	390	485	399	306	66	299	393	523
铜仁市	532	886	986	624	640	667	778	693	585	299	11	116	383
湘西自治州	516	781	959	612	613	655	762	665	620	393	116	12	374
恩施自治州	357	531	691	357	347	465	574	538	508	523	383	374	7

表 3-32　天津与周边城市距离矩阵

距离	天津市	承德市	唐山市	廊坊市
天津市	41	298	122	91
承德市	298	44	192	277
唐山市	122	192	44	145
廊坊市	91	277	145	30

表 3-33　武汉与周边城市距离矩阵

距离	武汉市	黄冈市	鄂州市	黄石市	咸宁市	荆州市	孝感市
武汉市	35	76	80	99	93	221	76
黄冈市	76	50	15	46	120	287	134
鄂州市	80	15	15	35	107	276	131
黄石市	99	46	35	25	97	299	154
咸宁市	93	120	107	97	38	267	141
荆州市	221	287	276	299	267	45	208
孝感市	76	134	131	154	141	208	36

表 3-34　成都与周边城市距离矩阵

距离	成都市	德阳市	资阳市	眉山市	雅安市	阿坝州
成都市	41	72	97	79	141	334
德阳市	72	29	153	160	219	361
资阳市	97	153	34	98	190	424
眉山市	79	160	98	32	107	384
雅安市	141	219	190	107	47	371
阿坝州	334	361	424	384	371	110

表 3-35　南京与周边城市距离矩阵

距离	南京市	扬州市	常州市	镇江市	滁州市	马鞍山	宣城市
南京市	31	95	131	87	88	62	158
扬州市	95	30	103	36	115	155	250
常州市	131	103	25	74	185	151	244
镇江市	87	36	74	23	123	138	232
滁州市	88	115	185	123	44	99	193
马鞍山	62	155	151	138	99	24	98
宣城市	158	250	244	232	193	98	42

表 3 - 36 广州与周边城市距离矩阵

距离	广州市	清远市	惠州市	东莞市	中山市	韶关市	佛山市
广州市	32	80	142	72	87	223	35
清远市	80	52	198	124	153	157	96
惠州市	142	198	40	83	152	281	153
东莞市	72	124	83	51	85	250	81
中山市	87	153	152	85	19	297	73
韶关市	223	157	281	250	297	16	237
佛山市	35	96	153	81	73	237	23

表 3 - 37 深圳与周边城市距离矩阵

距离	深圳市	惠州市	东莞市
深圳市	17	91	75
惠州市	91	40	83
东莞市	75	83	19

表 3 - 38 沈阳与周边城市距离矩阵

距离	沈阳市	抚顺市	铁岭市	本溪市	辽阳市	鞍山市	锦州市	阜新市	通辽市
沈阳市	43	56	74	75	84	114	227	196	265
抚顺市	56	40	59	84	137	134	282	242	297
铁岭市	74	59	43	134	152	162	287	229	244
本溪市	75	84	134	35	66	82	263	237	351
辽阳市	84	137	152	66	26	26	201	178	312
鞍山市	114	134	162	82	26	36	182	181	326
锦州市	227	282	287	263	201	182	38	132	383
阜新市	196	242	229	237	178	181	132	38	226
通辽市	265	297	244	351	312	326	383	226	92

利用上述距离数据以及基础指标比较的 GDP 指标数据，本书最终测算得到 10 个特大城市与其周边城市各自的市场潜能占比以及 GDP 占比结果，如表 3 - 39 至表 3 - 48 和图 3 - 30 至图 3 - 39 所示。

表 3 - 39 北京与其周边城市的市场潜能和经济规模占比结果比较

单位：%

指标	北京	张家口	承德	廊坊	保定	唐山
城市 GDP 占区域 GDP 比重	58.88	4.07	3.93	6.01	8.19	18.92
城市市场潜能占区域市场潜能比重	29.16	6.39	6.92	22.58	7.19	27.77

资料来源：根据距离矩阵表和公式 3 - 1 测算而得，下同。

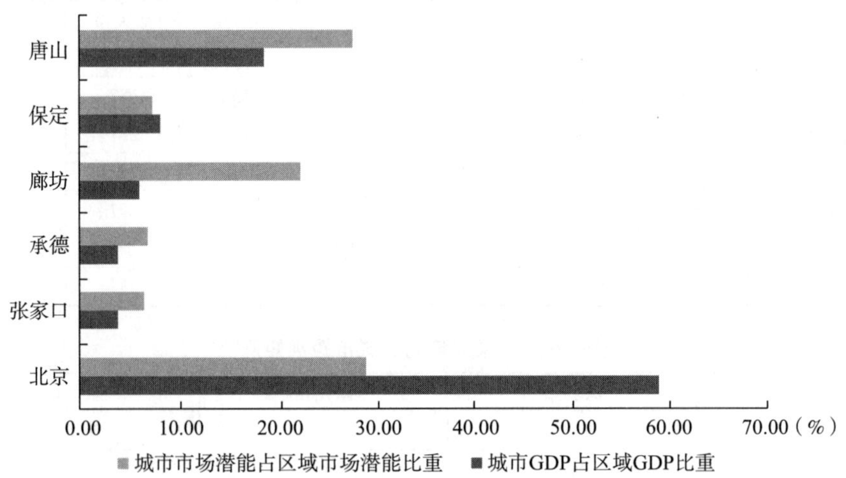

图 3-30　北京与其周边城市的市场潜能和经济规模占比结果比较

表 3-40　上海与其周边城市的市场潜能和经济规模占比结果比较　单位:%

类别	上海市	苏州市	南通市	嘉兴市
城市 GDP 占区域 GDP 比重	50.47	30.41	11.77	7.35
城市市场潜能占区域市场潜能比重	49.57	27.23	12.01	11.19

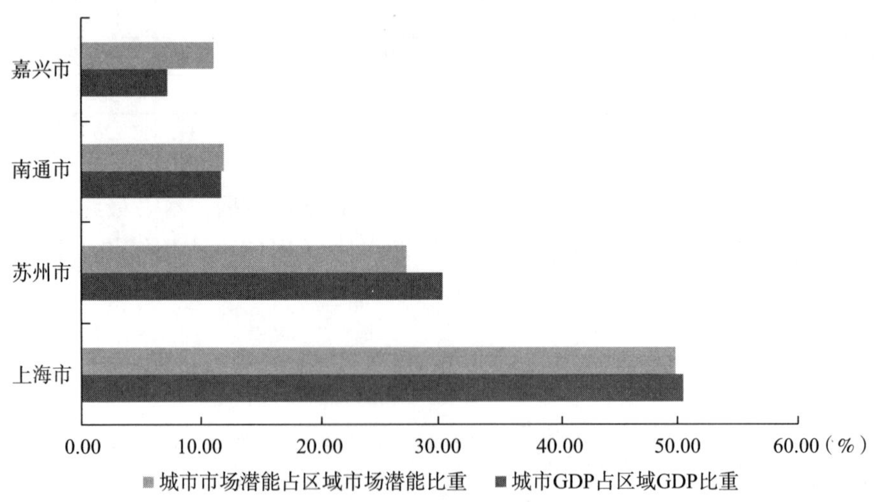

图 3-31　上海与其周边城市的市场潜能和经济规模占比结果比较

表 3－41　重庆与其周边城市的市场潜能和经济规模占比结果比较

单位：%

	城市 GDP 占区域 GDP 比重	城市市场潜能占区域市场潜能比重
重庆	53.74	27.09
十堰	4.59	4.53
安康	2.57	2.89
达州	5.29	6.97
广安	3.55	8.43
遂宁	3.13	8.11
资阳	4.64	8.60
内江	4.54	10.70
泸州	4.84	7.93
遵义	6.73	6.42
铜仁	2.27	2.90
湘西	2.34	3.16
恩施	1.78	2.28

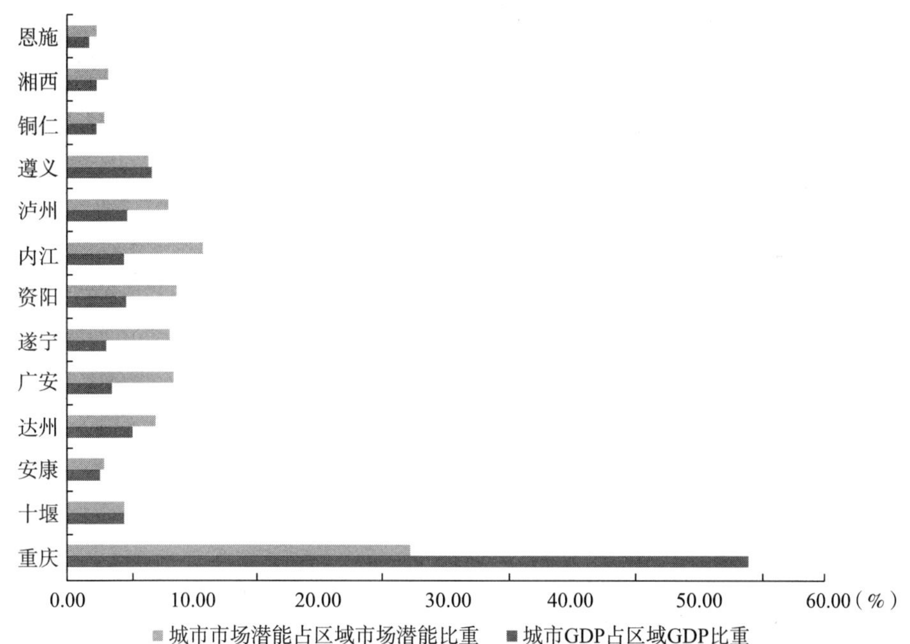

图 3－32　重庆与其周边城市的市场潜能和经济规模占比结果比较

表 3－42　天津与其周边城市的市场潜能和经济规模占比结果比较　单位：%

	天津	唐山	沧州	廊坊	承德
城市 GDP 占区域 GDP 比重	53.78	22.91	11.28	7.27	4.76
城市市场潜能占区域市场潜能比重	33.78	25.53	13.15	20.92	6.62

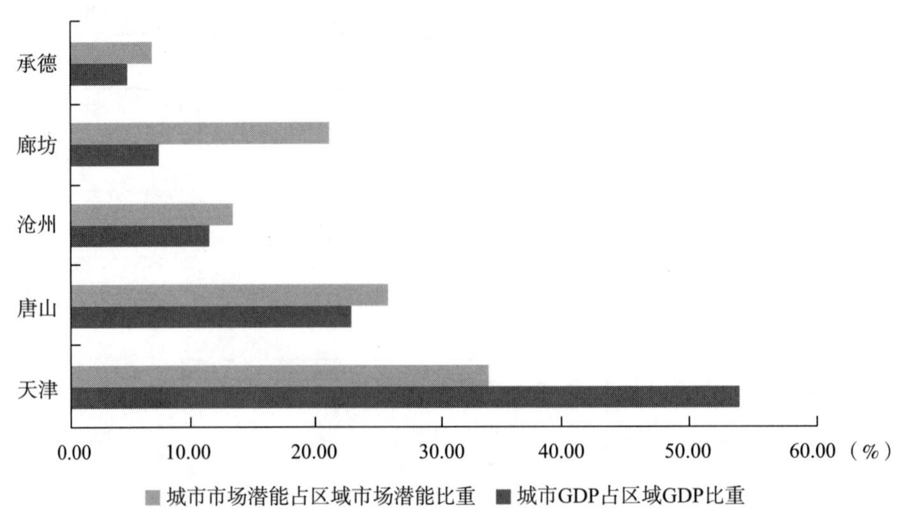

图 3-33　天津与其周边城市的市场潜能和经济规模占比结果比较

表 3-43　武汉与其周边城市的市场潜能和经济规模占比结果比较　单位:%

	武汉	黄冈	鄂州	黄石	咸宁	荆州	孝感
城市 GDP 占区域 GDP 比重	58.00	8.54	4.04	7.33	5.59	8.55	7.94
城市市场潜能占区域市场潜能比重	44.97	9.50	14.45	10.60	6.21	5.67	8.60

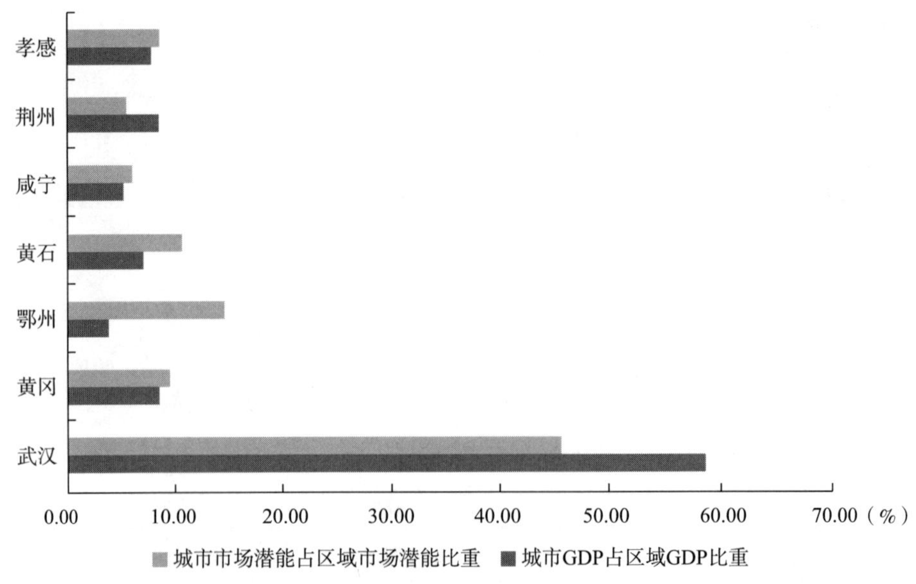

图 3-34　武汉与其周边城市的市场潜能和经济规模占比结果比较

表 3-44　成都与其周边城市的市场潜能和经济规模占比结果比较　单位:%

	成都	德阳	资阳	眉山	雅安	阿坝
城市 GDP 占区域 GDP 比重	69.49	10.65	8.33	6.56	3.19	1.79
城市市场潜能占区域市场潜能比重	56.88	16.26	11.08	10.68	4.06	1.04

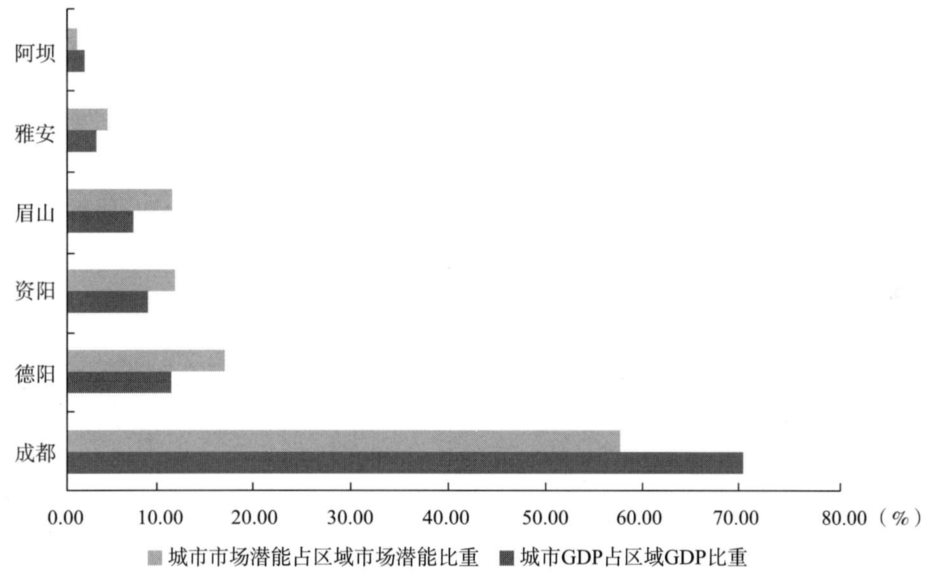

图 3-35　成都与其周边城市的市场潜能和经济规模占比结果比较

表 3-45　南京与其周边城市的市场潜能和经济规模占比结果比较　单位:%

	南京	扬州	常州	镇江	滁州	马鞍山	宣城
城市 GDP 占区域 GDP 比重	36.77	14.93	20.02	13.48	4.99	5.94	3.87
城市市场潜能占区域市场潜能比重	30.39	14.82	20.83	17.51	4.70	8.59	3.16

表 3-46　广州与其周边城市的市场潜能和经济规模占比结果比较　单位:%

	广州	清远	惠州	韶关	东莞	中山	佛山
城市 GDP 占区域 GDP 比重	43.63	3.09	7.58	2.86	15.53	7.47	19.84
城市市场潜能占区域市场潜能比重	57.26	6.13	9.38	7.32	35.70	19.29	42.52

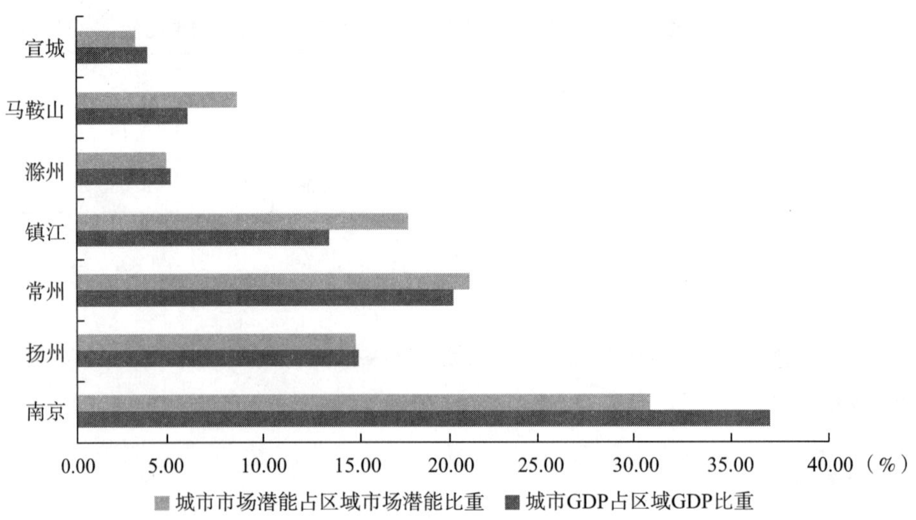

图 3-36　南京与其周边城市的市场潜能和经济规模占比结果比较

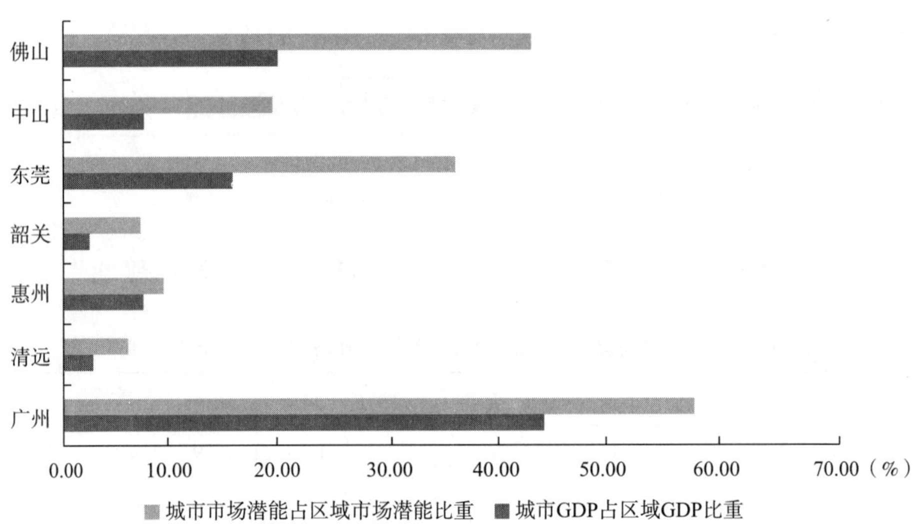

图 3-37　广州与其周边城市的市场潜能和经济规模占比结果比较

表 3-47　深圳与其周边城市的市场潜能和经济规模占比结果比较　单位:%

	深圳	惠州	东莞
城市 GDP 占区域 GDP 比重	63.97	11.81	24.22
城市市场潜能占区域市场潜能比重	68.10	7.14	24.76

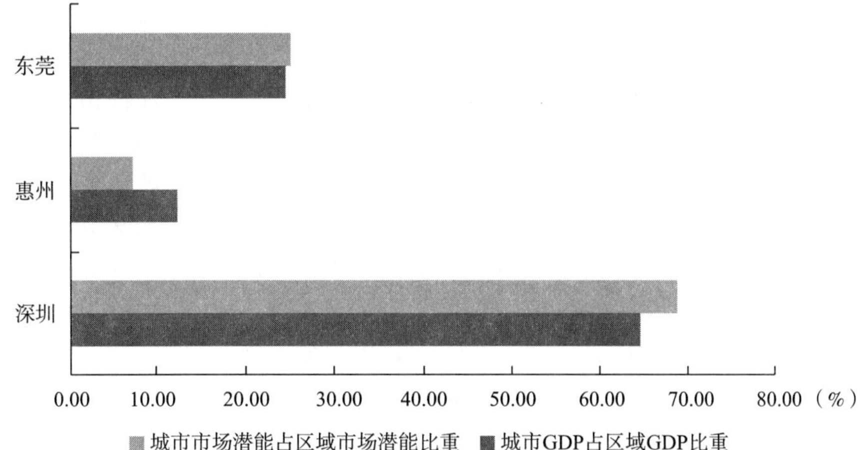

图 3－38　深圳与其周边城市的市场潜能和经济规模占比结果比较

表 3－48　沈阳与其周边城市的市场潜能和经济规模占比结果比较　　单位：%

	城市 GDP 占区域 GDP 比重	城市市场潜能占区域市场潜能比重
沈阳	39. 34	30. 53
抚顺	7. 36	9. 86
铁岭	5. 67	7. 15
本溪	6. 56	9. 29
辽阳	5. 93	12. 91
鞍山	14. 41	15. 50
锦州	7. 39	6. 95
阜新	3. 38	3. 86
通辽	9. 96	3. 96

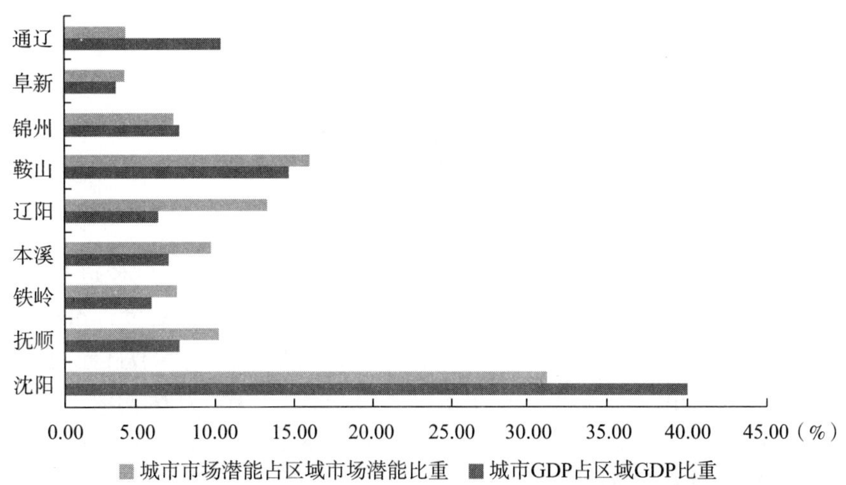

图 3－39　沈阳与其周边城市的市场潜能和经济规模占比结果比较

在上述图表中，可以根据两种占比的不同将10个特大城市及其周边区域的关系类型分为如下三类：

第一类以北京市为代表，包括北京市、天津市、重庆市、成都市以及武汉市，该特大城市与周边区域关系类型特征是特大城市的GDP区域占比高于其市场潜能区域比例10个百分点以上。以北京市为例，北京经济规模占整个区域GDP比例为58.88%，然而其市场潜能占区域市场潜能比例只有29.16%，换言之，北京在地理位置、市场规模等因素并不占优的情况下，以整个区域内部29.16%的市场潜能获得了58.88%的GDP，由于市场潜能反映企业的区位抉择，这种结果表明特大城市夺去了整个区域内部的大部分市场，实际上北京周边城市的GDP区域占比都低于其市场潜能区域占比就很好地证明了这一点。

第二类以上海市为代表，包括南京市和沈阳市，该特大城市与周边区域关系类型特征是特大城市的GDP区域占比与其市场潜能区域占比之差在10个百分点以内。以上海市为例，上海市经济规模占区域GDP比例为50.47%，而其市场潜能占区域市场潜能比例为49.57%，也就是说上海自身的市场潜能与其经济规模是相称的，上海并没有像北京那样夺取周边城市的市场，上海周边城市的市场潜能区域占比与各自的GDP区域占比几乎相当，这充分证明该区域的发展是比较均衡的。

第三类以广州市和深圳市为代表，这类特大城市与周边区域关系类型特征是特大城市的市场潜能区域占比高于其经济规模的区域占比。以深圳市为例，深圳市GDP区域占比为63.97%，而其市场潜能区域占比则为68.1%，广州市的GDP区域占比为43.63%，而其市场潜能区域占比则高达57.26%，这充分证明广州市和深圳市的经济发展为周边城市的发展提供了市场，这与北京类型的区域发展关系形成鲜明对比。

第四节 小结

本书基于城市规模划分标准，对不同空间概念和人口统计口径进行了辨析，并对不同类型的统计年鉴进行了查阅，根据2014年城市规模划分标准提出了本书研究的10个特大城市与其相邻的周边区域。在此基础上，本书首先对10个特大城市以及特大城市与其周边区域的基本情况进行了介绍，其次采取了大量的数据图表展示这一比较，最后采用首位度与市场潜能分析视角对10个特大城市与其周边区域的发展关系特征进行了研究。

第四章　中国增长极城市与其周边区域发展关系的实证研究

对中国10个特大城市与其周边区域的特征进行分析后，本章将采取数据可视化、统计、计量等技术手段对特大城市与其周边区域发展关系进行实证研究。

第一节　研究思路概述

可以很明确地知道区域间的发展关系类型包括正向联系、负向联系和没有联系三种，但是由于区域发展和区域发展关系是一个涉及因素众多且始终处于动态变化的过程，因果关系极为复杂。在研究过程中，采取任何一种数理模型都不可能毫无纰漏地解释这一过程和证明这种联系。为了弥补这种不足，本书试图采取尽可能多的方法揭示中国10个特大城市与其周边区域的发展关系。

区域发展包含众多指标且涉及不同方面，因此在研究特大城市与其周边区域发展关系时，首先应该确定所考察的指标，考虑到数据的可得性以及指标的代表性，本书仍然以地区生产总值作为城市和区域发展的代表性指标，对特大城市和周边区域的GDP指标间关系进行判断，并据此证明两者间的发展关系；其次考虑到本书研究对象众多，所涉及的数据量较为庞大，单纯地以表格和文字进行说明难以清晰地展现特大城市与周边区域的发展关系。因此，本书首先将对10个特大城市与其周边区域的发展速度和历程进行数据可视化处理，其次在此基础上对不同特大城市与其周边区域的发展关系进行线性回归，最后本书采用空间计量分析方法对两者间的发展关系和影响进行研究，并进行稳健性检验。

第二节 特大城市与其周边区域发展关系的可视化

考虑到区域间发展关系的动态特征以及数据的可得性要求，本书首先利用 1998～2012 年 15 年各地区的 GDP 增长率数据，对特大城市与其周边区域的发展趋势和联系进行可视化处理，随后利用线性拟合技术对特大城市与其周边区域的发展趋势进行模拟，试图得到中国特大城市与其周边区域发展的初步印象。

本书的研究对象仍然是中国 10 个特大城市与其周边城市，研究指标为 GDP 增长率，时间序列区间为 1998～2012 年共 15 年数据。利用 STATA12.0 软件对 10 个特大城市与其周边区域的发展趋势和联系进行了可视化处理，见图 4－1 至图 4－10。

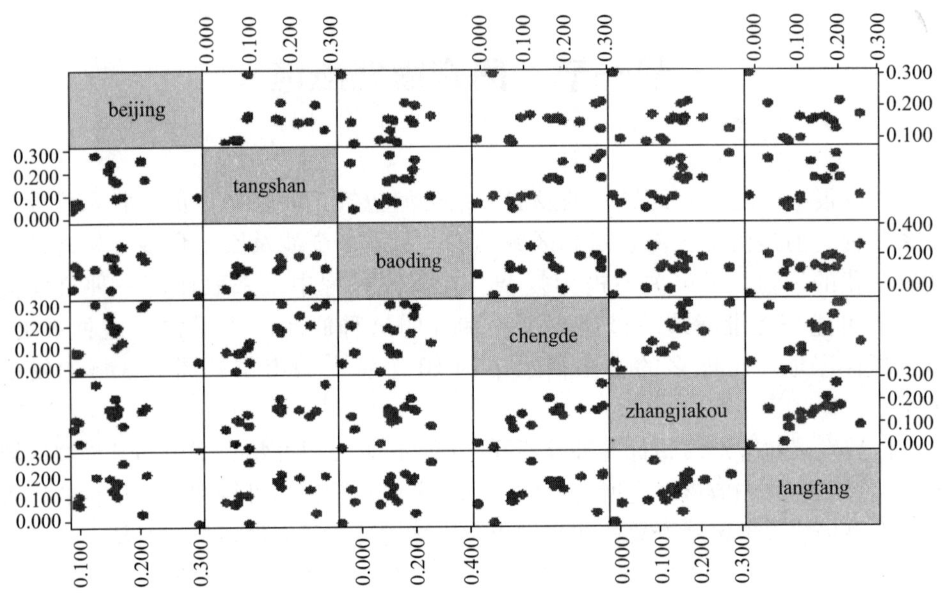

图 4－1 北京与周边城市的发展趋势和联系的可视化处理结果

资料来源：根据特大城市与周边城市的 GDP 增长率绘制而成，下同。

以北京为横轴观察，北京与廊坊的经济增长呈现一定的正向趋势，但是近些年逐渐降低；北京与张家口的经济发展联系逐渐转为负向比较明显；北京与承德的发展具有一定的正向联系特征；北京与保定的发展保持相对比较平稳的关系；

北京与唐山的经济发展具有一定正向联系但是同样存在转为负向的联系特征。其他城市间，如廊坊、张家口与承德间存在比较相似的发展趋势。

从图 4 －2 可以分析，上海与周边城市的发展联系比较直观，以上海经济增长率为横轴分析，上海经济增长率与嘉兴的经济增长率的正向联系特征比较明显，与苏州的正向联系特征也比较明显，但是显著程度低于上海与南通的正向联系特征。与北京相比，可以很明显地发现上海市的经济增长率与周边区域经济增长率正向发展的趋势比较明显。其他区域间的经济增长率联系也呈现出与上海类似的特征。

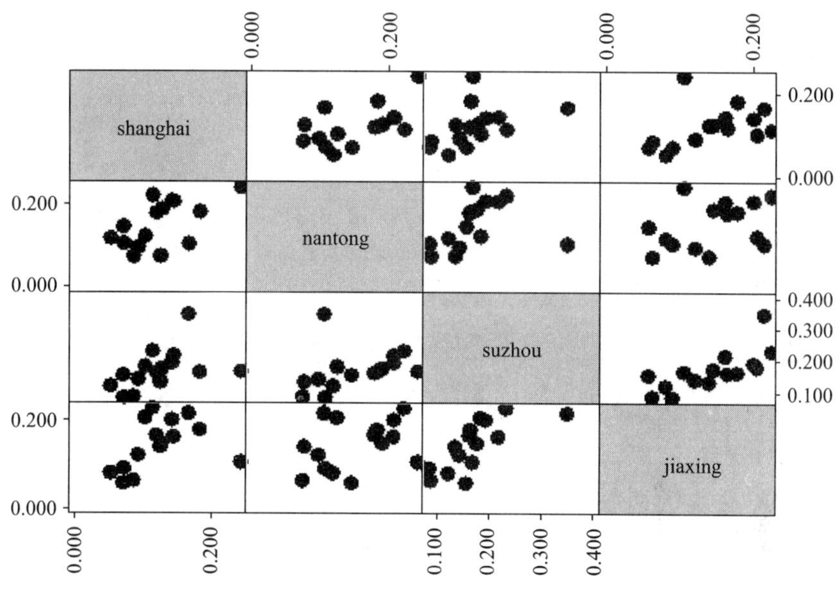

图 4 －2　上海与周边城市的发展趋势和联系的可视化处理结果

以重庆的经济增长率为横轴分析，重庆与周边区域的发展趋势表现为：重庆与安康市、广安市、内江市、泸州市的经济增长率正向联系特征比较明显；与铜仁市、遵义市、遂宁市、湘西和恩施州的经济增长率关系虽然有所波动，但是正向联系同样比较明显；与达州市、资阳市和十堰市的经济增长率联系程度较低，明显不及前面的城市。其他区域之间的经济发展联系则存在多种多样的表现形式。

以天津市经济增长率为横轴分析，天津经济增长率与廊坊市经济增长率联系虽有波动，但是趋势比较清晰；天津与沧州的联系程度较低，且近年有下降趋势；与承德市、唐山市经济增长率正向联系特征明显。其他区域之间的经济增长率联系也存在多种不同表现形式。

图 4-3　重庆与周边城市的发展趋势和联系的可视化处理结果

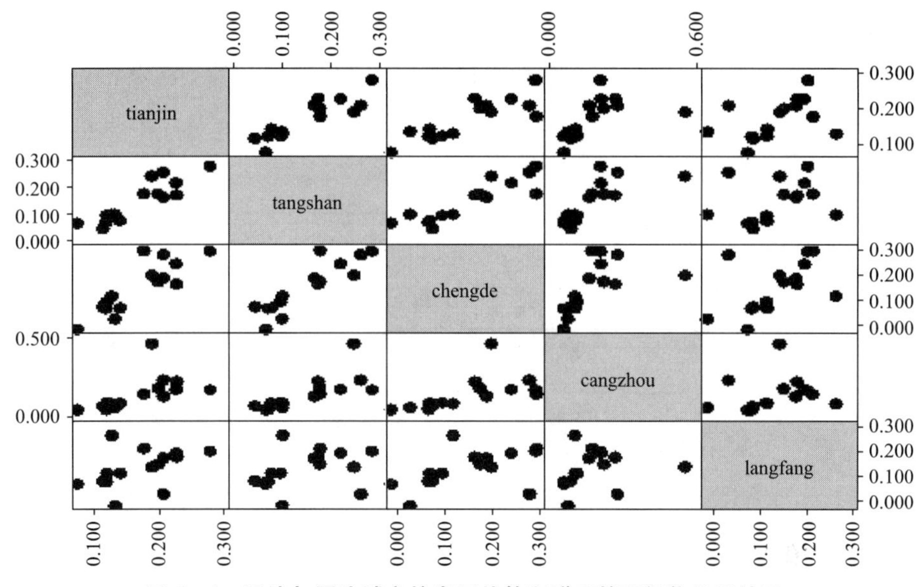

图 4－4　天津与周边城市的发展趋势和联系的可视化处理结果

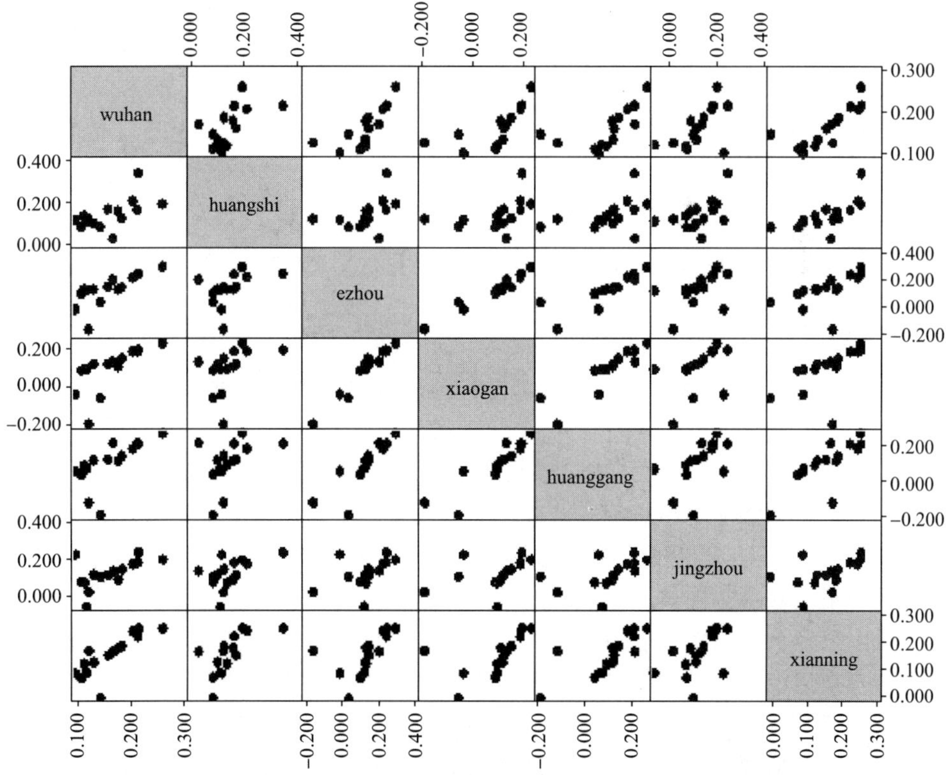

图 4－5　武汉与周边城市的发展趋势和联系的可视化处理结果

以武汉经济增长率为横轴分析，武汉市经济增长率与黄石市、咸宁市、荆州市的经济增长率存在一定的正向联系，且存在一定程度的波动；与孝感市、黄冈市经济增长率间的关系不仅存在波动，某些年份还出现负向特征。其他区域间的经济增长率相关关系也具有不同表现形式。

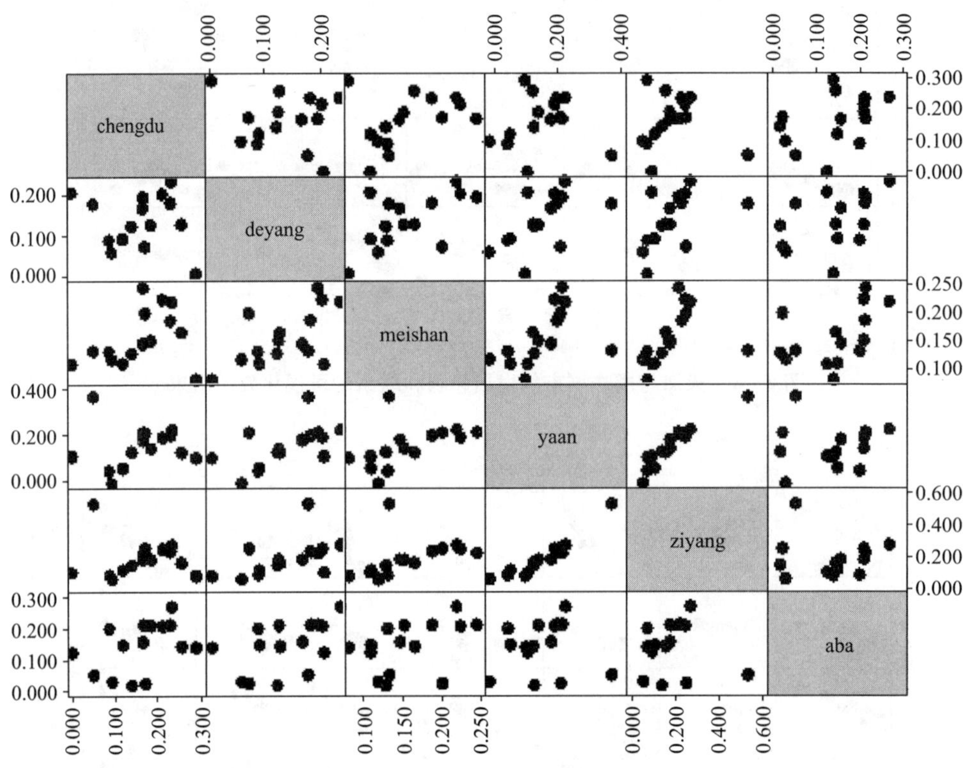

图4－6　成都与周边城市的发展趋势和联系的可视化处理结果

以成都市经济增长率为横轴分析，成都市经济增长率与其周边区域经济增长率间的关系波动特征明显。其中，成都市与雅安市和资阳市都呈现先正向后负向的联系特征，与德阳市和阿坝州的联系波动较为明显，与眉山市的经济增长率关系则呈现正向联系特征。其他区域的发展关系也呈现多种不同类型。

以南京经济增长率为横轴分析，南京市与其周边区域经济增长率的联系特征如下：与常州市、马鞍山市呈现明显的正向联系特征；与扬州市和镇江市的联系特征虽然有所波动但是总体也呈现正向联系特征；与宣城的经济增长率则波动较大，部分联系呈现负向特征。其他区域间的联系呈现不同的表现类型。

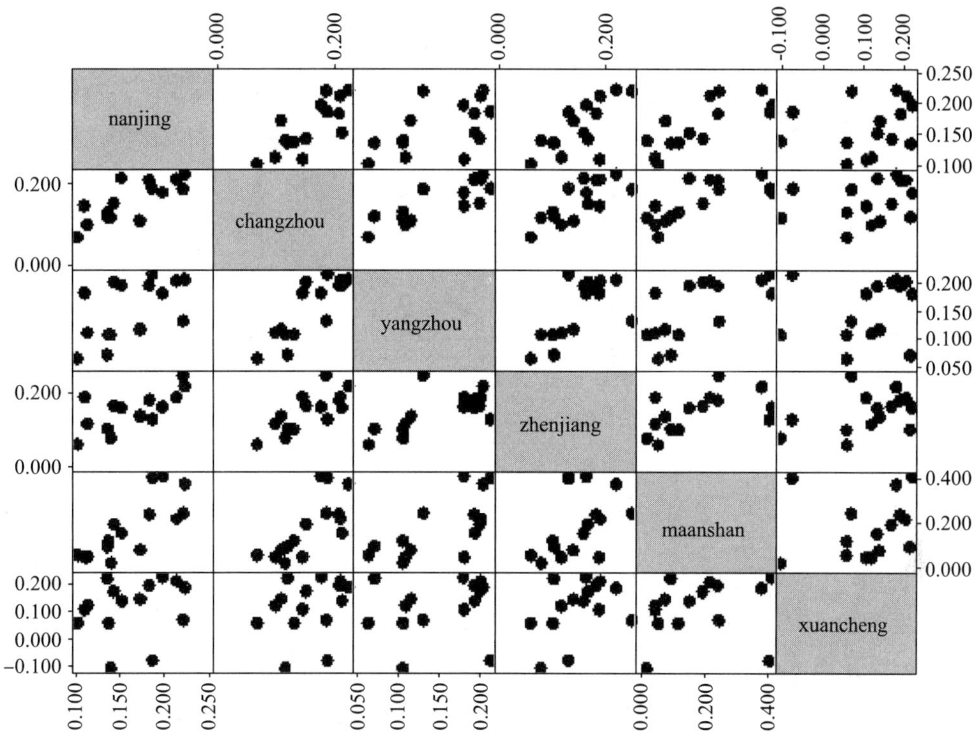

图 4－7 南京与周边城市的发展趋势和联系的可视化处理结果

以广州市的经济增长率为横轴分析，广州市经济增长率与其周边区域经济增长率的联系特征如下：与东莞市、韶关市正向联系特征明显，但是低于与清远市、佛山市的正向联系；与惠州市和中山市的经济增长率间存在波动，但是仍然呈现正向联系。其他区域间的联系也呈现不同的表现形式。

以深圳市经济增长率为横轴分析，深圳市经济增长率与周边区域经济增长率的联系特征如下：与东莞的正向联系特征低于与惠州市的正向联系特征，而东莞与惠州的经济联系特征不明显。

以沈阳市经济增长率为横轴分析，沈阳市经济增长率与周边区域的经济增长率联系特征表现为：沈阳市与本溪市、辽阳市、铁岭市、通辽市的经济增长率正向联系特征明显；与阜新市、抚顺市的经济增长率联系特征波动较大；与鞍山市的经济增长率联系特征波动较大且部分年份出现负向特征。其他区域间的联系表现为多种不同类型。

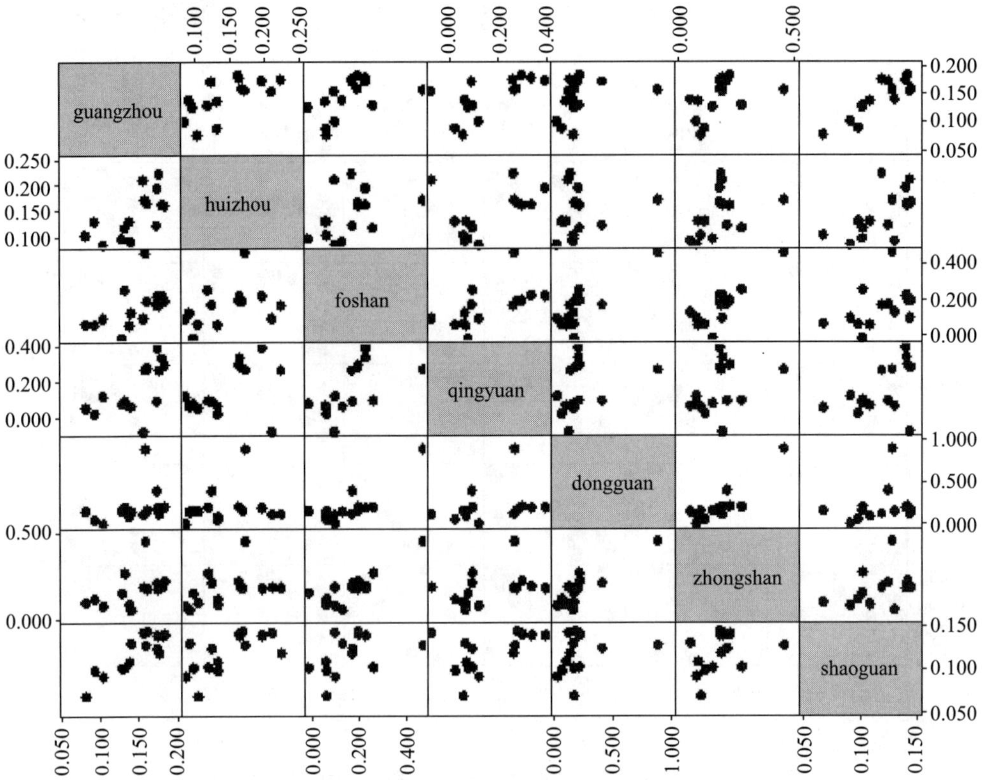

图 4-8　广州与周边城市的发展趋势和联系的可视化处理结果

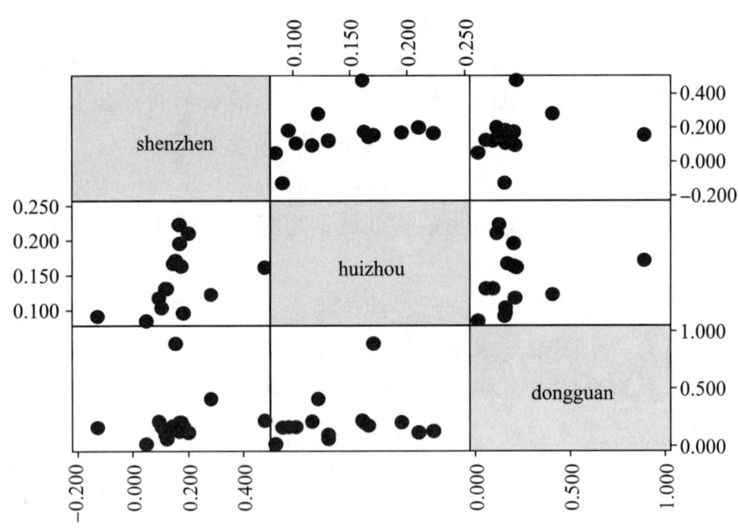

图 4-9　深圳与周边城市的发展趋势和联系的可视化处理结果

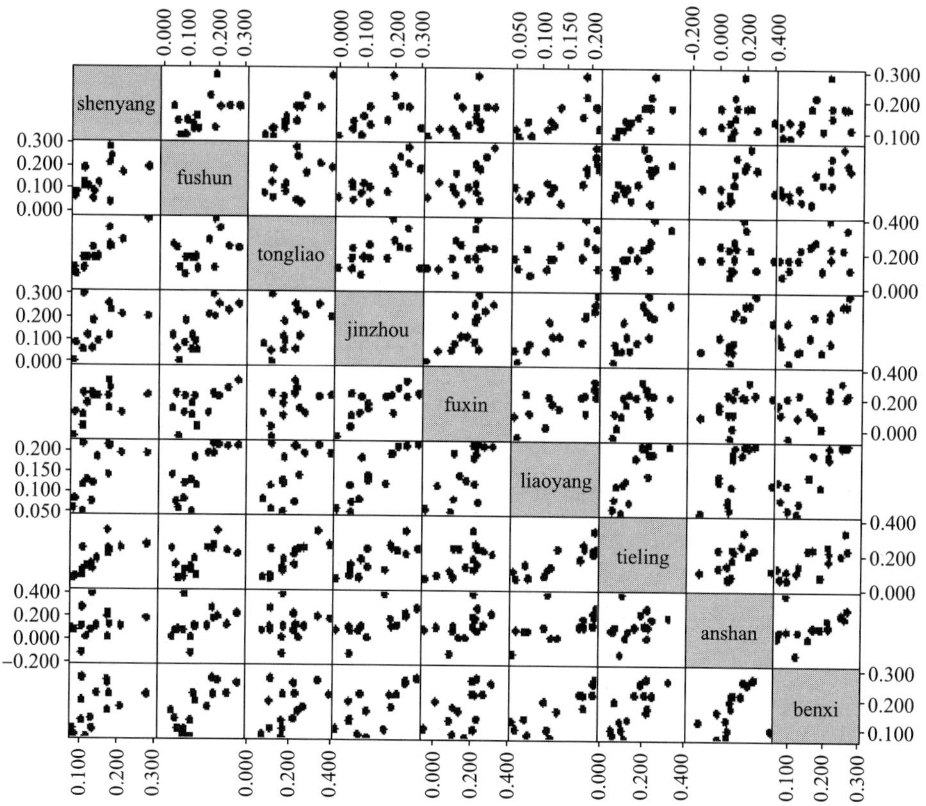

图 4－10　沈阳与周边城市的发展趋势和联系的可视化处理结果

第三节　特大城市与其周边区域发展关系的空间计量检验

区域间发展关系本质上是一种复杂的空间经济现象，空间因素将对区域间的发展关系产生重要影响，因此选取已经纳入传统计量经济学忽略的空间因素的空间计量经济学技术对中国特大城市与其周边区域的发展关系进行研究有其理论上的天然优势。在对空间计量进行简要介绍后，将对本书的研究对象和空间权重矩阵的设置进行探讨，并根据最终设定的空间计量模型得到实证检验结果。

一、空间计量经济学简介

在传统计量经济学理论中，空间事物无关以及均质性假定是基本前提，经典的最小二乘法估计（OLS）完全忽略了空间效应，在实际空间因素存在的背景下，该模型设计往往因为存在设定偏差而导致所得的结论丧失解释力，在实际过程中，尤其是处理截面数据空间自相关性和空间异质性问题时，这种经典线性回归模型就会显得力不从心。空间相关指在样本观测中，位于位置 i 的观测与其他 j≠i 的观测有关，即存在空间相关的原因有两方面：相邻空间单元存在测量误差，以及空间交互影响的存在。测量误差是由于调查过程中，数据的采集与空间中的单位有关，如数据是按市、县等统计的，但设定的空间单位与研究问题不一致，存在测量误差。空间相关的强度及模式由绝对位置和相对位置（布局、距离）决定，空间上存在相关性意味着空间上的观测缺乏独立性。另外，空间差异性指空间上的区域缺乏均一性等，如我国沿海地区和中西部地区经济存在较大差别。

针对事物的空间联系以及异质假定，Anselin（1988）认为不同地区的某种经济特征与邻近的统一经济特征是相关的，忽略这种相关性进行计量无法得到准确结果，空间统计和空间计量经济方法是在继承经典统计和计量方法的基础上，将经典统计和计量方法应用于与地理位置及空间交互作用相关的地理空间数据，通过地理位置与空间联系建立统计与计量关系，以统计和计量方法识别并度量空间变动的规律与空间模式的决定因素。Paelinck 在 20 世纪 70 年代提出了“空间计量经济学”概念与一系列方法，Anselin（1988a，1992）、Haining（1990）等拓展并建立了更有效的空间计量模型，使空间计量理论逐渐完善，但抽象的数学矩阵理论与现实问题研究之间终究存在樊篱。为此，Anselin（1992）、Anselin 等（1996）与 Lesage（1999）等进行了计算方法软件实践研究，这极大地推动了空间计量经济学在区域经济学中的应用。随着时代变迁，空间问题不断涌现，尤其是新经济地理学对空间问题的再次解释（Fujita，Krugman and Venables，1999），这成为空间计量经济学再发展的助力器；Anselin（2001）、Anselin 和 Florax 等（2004）、Lesage 和 Pace（2009）、Griffith 和 Paelinck（2011）、Anselin 和 Rey（2012）、Lesage（2014a）与 Elhorst（2014a，2014b）等对空间计量经济学的理论基础进行了再发展。

根据不同的数据类型，空间计量模型可以分为截面模型和面板模型两大类型：

（1）截面模型类。从空间相关性出发，空间相关是指 $y_i = f(y_j)$，$i \neq j$ 即 y_i 与 y_j 相关，模型可表示为：

$$y_i = f(y_i) + x_j\beta_i + \varepsilon_i,\ i \neq j \tag{4-1}$$

其中，$f(y_i)$为线性函数，式（4－1）的具体形式为：

$$y_i = \sum_{i \neq j} a_{ij} y_i + x_i \beta + \varepsilon_i, \quad \varepsilon_i \in N(0, \delta^2) \tag{4-2}$$

如果只考虑因变量空间相关性，则式（4－2）变为式（4－3）：

$$y_i = \rho \sum_{i=1}^{n} W_{ij} y_i + \varepsilon_i, \varepsilon_i \in N(0, \delta^2), i = 1, 2, \cdots, n \tag{4-3}$$

式中，$\sum_{i=1}^{n} W_{ij} y_j$ 为空间滞后算子，W_{ij}为维空间权重矩阵 $W_{n \cdot n}$中的元素，ρ 为待估的空间自相关系数。$\rho \neq 0$，存在空间效应。

式（4－3）的矩阵形式为：

$$y = \rho W y, \ \varepsilon \in N(0_{u \times 1}, \ \delta^2 I_n) \tag{4-4}$$

式（4－4）称为一阶空间自回归模型，记为 FAR 模型。

当在模型中引入一系列解释变量时，形式如下：

$$y = \rho W y + X\beta + \varepsilon, \ \varepsilon \in N(0, \ \delta^2 I_n) \tag{4-5}$$

式（4－5）称为空间自回归模型，记为 SAR 模型。

当个体间的空间效应体现在模型扰动项时，有：

$$y = X\beta + u, \ u = \lambda W u, \ \varepsilon \in N(0_{u \times 1}, \ \delta^2 I_n) \tag{4-6}$$

式（4－6）成为空间误差模型，记为 SEM 模型。

当因变量与扰动项均存在空间相关时，有：

$$y = \rho W_1 y + X\beta + u, \ u = \lambda W_2 u + \varepsilon, \ \varepsilon \in N(0_{u \times 1}, \ \delta^2 I_n) \tag{4-7}$$

式（4－7）称为一般空间模型，记为 SAC 模型。

当 $X=0$ 且 $W_2=0$ 时，SAC→FAR；当 $W_2=0$ 时，SAC→SAR。

当 $W_1=0$ 时，SAC→SEM。

空间相关性体现在解释变量上时，则有：

$$y = \rho W y + X\beta + WXr + \varepsilon, \ \varepsilon \in N(0, \ \delta^2 I_n) \tag{4-8}$$

式（4－8）被称为空间杜宾模型，记为 SDM 模型。

（2）面板模型类。空间面板模型主要包括如下几种类型：

第一种模型为数据空间混合回归模型，可以分为如下类型：

空间滞后因变量模型：

$$Wy = W_{NT} y = (I_T \otimes W_N) y \tag{4-9}$$

空间滞后解释变量模型：

$$WX = W_{NT} X = (I_T \otimes W_N) X \tag{4-10}$$

空间滞后扰动项模型：

$$W\varepsilon = W_{NT} \varepsilon (I_T \otimes W_N) \varepsilon$$

$$W_{NT} = diag(w_N, \ w_N, \ \cdots, \ w_N)_{NT \cdot NT} = I_T \otimes W_N \tag{4-11}$$

含因变量空间滞后的模型：

$$Y_{NT\times1}=\rho(I_T\otimes W_N)Y+X_{NK\times K}\beta_{K\times1}+\varepsilon_{NT\times1} \tag{4-12}$$

ρ 为空间自回归参数。

第二种模型为空间面板固定效应模型，主要包括：

空间残差自相关的固定效应模型：

$$Y_t=X_t\beta+\mu+\phi_t,\ \phi_t=\delta W\phi_t+\varepsilon_t,\ E(\varepsilon_t)=0,\ E(\varepsilon_t\varepsilon_t^T)=\sigma^2I_N \tag{4-13}$$

空间滞后因变量的固定效应模型：

$$Y_t=\delta WT_t+X_t\beta+\mu+\varepsilon_t,\ E(\varepsilon_t)=0,\ E(\varepsilon_t\varepsilon_t^T)=\sigma^2I_N \tag{4-14}$$

第三种模型为空间面板随机效应模型，主要包括：

$$Y=X\beta+v,\ v=(t_T\otimes I_N)\mu+(I_T\otimes B^{-1})\varepsilon \tag{4-15}$$

其中，$l_T=(1,\ \cdots,\ 1)'_T$，$B=I_N-\delta W$，式（4－15）为空间误差随机效应模型。

$$Y=\delta(I_T\otimes W_N)Y+X\beta+v \tag{4-16}$$

式（4－16）为空间滞后因变量随机效应模型。

现有针对空间计量经济学的操作软件主要包括 MATALB、stata 以及 ARCGIS，其中绝大部分的估计方法程序都在网上公布，同时可以根据研究需要在已经公布的程序上进行修改。

二、实证模型与研究思路

经济增长收敛模型是探究区域间发展关系的经典模型，本书的基准模型来自经济绝对收敛模型，见式（4－17）：

$$\ln\left(\frac{y_{T,j}}{y_{0,j}}\right)=\alpha+\beta\ln(y_{0,i})+\varepsilon_i,\ \varepsilon_i\in N(0,\ \sigma^2) \tag{4-17}$$

式中，$\ln\left(\frac{y_{T,j}}{y_{0,j}}\right)$代表 i 地区经济在 T 期内的经济增长率，$y_T$ 代表地区 T 期的经济发展水平，y_0 代表地区初期的经济发展水平，ε_i 为误差项，估计系数 $\beta<0$ 代表初期发展水平较低的地区具有较高的经济增长率。在此必须指出，绝对收敛模型重点关注区域间的经济发展收敛是否存在，而究竟是何种因素导致的这种收敛并不是该模型关注的重点，因此无须加入控制变量。在本书的研究设想中，由于不同区域尤其是特大城市的经济发展会对其他区域的经济发展产生影响，因此必须考虑区域间经济发展的相互影响，尤其要凸显特大城市在区域发展空间关系中的作用，在这种思路下，可以将本书的实证模型扩张为式（4－18）：

$$\ln\left(\frac{y_{T,i}}{y_{0,i}}\right)=\alpha+\beta\ln(y_{0,i})+\rho\sum_{j=1}^{n}w_{ij}\ln\left(\frac{y_{T,j}}{y_{0,j}}\right)+\varepsilon_i \tag{4-18}$$

与式（4－17）相比，模型（4－18）在研究区域经济增长率影响因素时加入了其他区域对研究区域的影响之和，即 $\sum_{j=1}^{n} w_{ij}\ln\left(\frac{y_{T,j}}{y_{0,j}}\right)$ 项，因此当前的关键问题在于选择合适的空间权重矩阵。

在空间计量经济学中，空间权重矩阵 W 主要根据现实的地理空间关联或经济联系进行构建，最主要的方式有以下两种：邻近原则和距离原则。

（1）基于邻近概念的空间权重矩阵。这种方法采用邻接标准，其目的是定义空间对象的邻接关系。一般相邻标准的 W_{ij} 为：

$$W_{ij}=\begin{cases}1 & \text{区域 } i \text{ 和 } j \text{ 相邻}\\ 0 & \text{区域 } i \text{ 和 } j \text{ 不相邻}\end{cases} \tag{4-19}$$

（2）基于距离概念的空间权重矩阵。这种方法采用距离标准，一般基于距离标准的 W_{ij} 为：

$$W_{ij}=\begin{cases}1 & \text{区域 } i \text{ 和 } j \text{ 在距离 } d \text{ 之前}\\ 0 & \text{区域 } i \text{ 和 } j \text{ 在距离 } d \text{ 之后}\end{cases} \tag{4-20}$$

距离 d 既可以是现实地理距离，也可以是某项经济指标距离。基于距离的权重矩阵假设区域的空间作用与距离密切相关，这种方法假设不同区域间的相互作用强度与区域距离关系密切。

本书的研究目的在于分析特大城市与其周边区域的发展关系，因此地理临近矩阵并不适用，这是因为地理临近矩阵赋予所有研究对象同等的研究权重，没有体现特大城市的独特性，也不能刻画特大城市对周边区域的影响和经济发展的增长作用。实际上，在交通条件日渐发达的背景下，地理区位对区域经济发展的作用逐渐降低①，而一个区域或城市的区域影响力越来越取决于其自身的经济规模，一般而言，区域或城市的经济规模越大，其对周边区域的影响也就越大，这也比较符合特大城市与周边区域的相关关系，因此本书将利用经济距离矩阵进行实证检验，其中经济距离矩阵如式（4－21）所示：

$$w_{ij}=\begin{cases}\dfrac{y_j}{\sum_{n=1}^{N} y_n} & (i\neq j)\\ 0 & (i=j)\end{cases} \tag{4-21}$$

式（4－21）表明一个地区在区域内部对其他区域经济发展的影响力体现为该地区经济规模占整个区域经济规模的比例，在本书的研究对象中，特大城市的经济规模在整个区域经济规模中明显占有更高的比例，1998～2012 年 10 个特大城市的经济规模在各自研究区域中的占比情况如表 4－1 所示。

① 降低并不意味着地理区位因素作用消失，很多情况下地理区位仍将对区域发展产生重要作用，实际上本书利用地理临近 0－1 矩阵对模型进行了估计，结果完全不显著。

表4－1　10个特大城市1998～2012年经济规模占各自区域比例情况

	北京市	天津市	上海市	重庆市	武汉市
1998	55.08%	41.98%	57.28%	52.64%	43.06%
1999	57.80%	43.56%	57.25%	51.73%	47.52%
2000	61.98%	44.16%	50.91%	50.09%	47.97%
2001	63.24%	44.61%	56.24%	50.33%	49.38%
2002	64.26%	36.03%	55.40%	50.95%	50.20%
2003	64.63%	45.88%	54.27%	51.20%	50.48%
2004	64.25%	46.05%	51.90%	50.77%	51.61%
2005	67.72%	42.77%	52.87%	54.69%	55.48%
2006	67.37%	43.30%	51.11%	54.14%	55.98%
2007	67.82%	43.34%	50.58%	53.70%	56.32%
2008	84.34%	74.67%	48.98%	54.06%	56.87%
2009	73.84%	51.09%	47.96%	53.62%	57.42%
2010	66.76%	47.14%	47.17%	53.69%	57.55%
2011	65.24%	49.62%	46.11%	54.42%	56.93%
2012	64.60%	52.96%	44.58%	54.01%	57.70%
	成都市	南京市	广州市	深圳市	沈阳市
1998	51.26%	32.69%	53.58%	74.10%	39.57%
1999	52.82%	33.39%	52.93%	73.68%	39.94%
2000	52.51%	34.93%	55.95%	72.36%	39.98%
2001	56.11%	35.47%	56.22%	66.91%	41.95%
2002	54.00%	36.11%	55.96%	67.80%	40.37%
2003	56.02%	37.07%	51.17%	68.01%	40.43%
2004	55.25%	37.13%	51.41%	72.20%	37.78%
2005	43.77%	37.63%	44.34%	64.12%	39.43%
2006	44.17%	37.05%	42.92%	63.80%	40.20%
2007	47.22%	38.14%	41.18%	64.70%	41.22%
2008	49.14%	38.72%	43.28%	65.16%	42.24%

续表

	成都市	南京市	广州市	深圳市	沈阳市
2009	48.04%	40.11%	42.61%	64.21%	41.25%
2010	46.16%	41.04%	44.71%	62.89%	40.58%
2011	45.04%	38.02%	43.21%	65.22%	39.98%
2012	44.60%	42.16%	42.83%	64.21%	41.22%

注：根据前文整理的 GDP 数据测算而得，下同。

表 4-1 表明 10 个特大城市在各自研究区域内的经济规模。1998~2012 年的 15 年间，10 个特大城市的经济规模占比都处于绝对优势地位，其中北京市、上海市、重庆市、武汉市、成都市、广州市和深圳市各自经济规模占比都在 50% 左右甚至更高水平，而沈阳市和南京市虽然经济规模占比相对较低，但同样占据了整个区域的 40%。在这种情况下，经济规模越大的地区，所获得的权重也就越大，这样模型（4-18）中的反映地区间经济发展影响的系数 ρ 就能够在很大程度上反映中心城市对周边区域的作用，若 ρ 为正，则表明以特大城市为主体的其他地区能够促进该区域发展，反之则是压制了该区域发展。

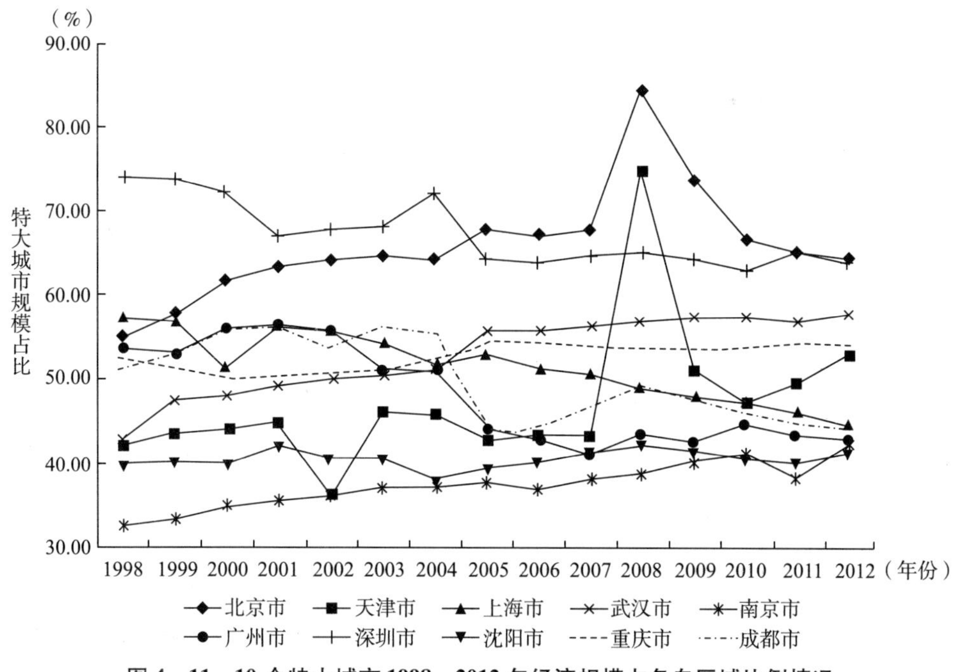

图 4-11　10 个特大城市 1998~2012 年经济规模占各自区域比例情况

虽然本章计量检验模型没有加入其他控制变量，但是这并不意味着模型不存在问题，模型（4－18）存在的第一个问题来自模型类型，该模型是横截面模型，无法控制样本异质性，虽然本章不讨论包括资本、劳动和技术变化等可变因素对区域间发展关系的影响，但是在横截面回归中，区域自身固定的异质性（自然条件、资源禀赋等）却与周边地区的辐射无关，忽略这一点进行界面回归使最终估计结果会包含与特大城市辐射无关因素的影响，从而导致估计结果出现偏差。为了弥补这一不足，本书将采用 Elhorst（2003）空间计量面板数据模型提出区域自身的固定效应，面板数据能够充分利用多个体的丰富的数据优势，通过固定效应方法剔除不可观测的地区异质性，因此将式（4－18）可以进一步扩展为面板数据模型，见式（4－22）：

$$\ln\left(\frac{y_{i,t+1}}{y_{i,t}}\right)=\alpha+\beta\ln(y_{i,t})+\rho\sum_{j=1}^{n}\ln\left(\frac{y_{j,t+1}}{y_{j,t}}\right)+\varepsilon_{i,t}$$

$$t=0,\ 1,\ \cdots,\ T-1 \tag{4-22}$$

模型（4－18）的另一个问题在于假设地区经济增长的误差项不相关，这实际上是假设一个区域包含在误差项中的自身外生冲击只会对自身经济增长产生影响，而不会影响其他区域，这明显是不符合实际情况的，尤其是在空间相邻区域之间，如果忽略误差项间的相关性进行估计会使 ρ 估计值存在正向偏误①。为了避免这种偏误，本书引入扰动项的空间相关性，见式（4－23）：

$$\ln\left(\frac{y_{i,t+1}}{y_{i,t}}\right)=\alpha+\beta\ln(y_{i,t})+\rho\sum_{j=1}^{n}w_{ij}\ln\left(\frac{y_{j,t+1}}{y_{j,t}}\right)+\varepsilon_{i,t}$$

$$\varepsilon_i=\lambda\sum_{j=1}^{n}w_{ij}\varepsilon_j+\eta_i$$

$$\eta_i\in N(0,\ \sigma^2) \tag{4-23}$$

其中，λ 为空间误差项系数，表示地区误差项通过空间权重加权后的相互影响②。这是本书进行敏感性分析的主要模型，本书采用 Kelejian 和 Prucha（1999，2001，2004）提出的广义空间两阶段最小二乘法（Generalized Spatial Two－stage Least Squares，GS2SLS）进行模型估计。

① 这主要是因为共同的外部经济冲击一般会给经济圈内的地区带来同向影响，造成地区增长率正向相关，但这只是理论上的推理，在实际分析过程中，外部外生冲击仍然可能对不同区域产生不同的作用效果。

② 权重保持一致。

三、研究对象与数据来源

计量模型尤其是面板模型的无偏估计对样本个数有一定要求，样本数越多，越能抵消样本异质性带来的影响，估计结果也就越渐进于无偏，样本数过少会导致估计结果失真甚至不满足模型的假设。在前文的研究中，本书以中国10个特大城市及其周边地级市为主要研究对象，进行了相关分析。为了对10个特大城市与其周边城市1998～2012年15年间的发展关系经验检验是无偏估计，本书在样本规模选择上主要考虑为：重庆市这一组由于具有15×13=195个样本，能够进行面板估计，沈阳市具有15×9=135个样本，也能够进行面板估计，但是其他8个特大城市与其周边区域所组成的研究样本规模过小，不满足无偏估计要求，必须在不与前文研究冲突的前提下增加样本规模，考虑到中国行政区域的多级别特征，同时易于比较10个特大城市与其周边区域发展关系的实证估计结果，本书在经验检验部分将10个特大城市的周边区域扩张至区县级层面，见表4-2。

表4-2　特大城市与其周边区域发展关系计量检验的样本组成

城市	周边区域
北京市①	路北区、路南区、丰南区、开平区、丰润区、古冶区、迁西县、滦县、滦南县、玉田县、乐亭县、唐海县、迁安市、遵化市、南市区、北市区、新市区、清苑县、满城县、定州市、涿州市、安国市、高碑店市、易县、徐水县、涞源县、定兴县、顺平县、唐县、望都县、涞水县、高阳县、安新县、雄县、容城县、曲阳县、阜平县、博野县、蠡县、桥东区、桥西区、宣化区、下花园区、宣化县、张北县、康保县、沽源县、尚义县、蔚县、阳原县、怀安县、万全县、怀来县、涿鹿县、赤城县、崇礼县、安次区、广阳区、三河市、霸州市、香河县、固安县、永清县、文安县、大城县、大厂回族自治县、双桥区、双滦区、鹰手营子矿区、宽城满族自治县、兴隆县、平泉县、滦平县、丰宁满族自治县、隆化县、围场满族蒙古族自治县、承德县、武清区、蓟县
上海市②	金阊区、沧浪区、虎丘区、吴中区、相城区、张家港市、常熟市、太仓市、昆山市、吴江市、南湖区、嘉善县、海盐县、平湖市、海宁市、桐乡市、如东县、海安县、海门市、启东市、如皋市、通州区、崇川区、港闸区

① 除保定白沟新城区2010年才建立之外，其余部分区的数据不全，予以剔除，下同。

② 沧浪区、平江区、金阊区三区合并为姑苏区，2012年三区经济数据根据2011年比例进行拆分处理。

续表

城市	周边区域
重庆市①	茅箭区、张湾区、郧县、郧西县、竹山县、竹溪县、房县、丹江口市、汉阴县、石泉县、宁陕县、紫阳县、岚皋县、平利县、镇坪县、旬阳县、白河县、通川区、宣汉县、开江县、大竹县、渠县、万源市、前锋区、邻水县、武胜县、岳池县、华蓥市、船山区、安居区、射洪县、蓬溪县、大英县、安岳县、乐至县、雁江区、市中区、东兴区、威远县、资中县、隆昌县、古蔺县、叙永县、合江县、泸县、江阳区、纳溪区、龙马潭区、遵认县、桐梓县、赤水市、绥阳县、仁怀市、道真县、湄潭县、务川县、凤岗县、余庆县、正安县、习水县、红花岗区、汇川区、铜仁市、湘西自治州、恩施自治州
天津市	路北区、路南区、丰南区、开平区、丰润区、古冶区；迁西县、滦县、滦南县、玉田县、乐亭县、唐海县；迁安市、遵化市、围场满族蒙古族自治县、丰宁满族自治县、隆化县、滦平县、平泉县、承德县、宽城满族自治县、兴隆县、双桥区、双滦区、鹰手营子矿区、新华区、运河区、泊头市、任丘市、黄骅市、河间市、沧县、青县、东光县、海兴县、盐山县、肃宁县、南皮县、吴桥县、献县、孟村回族自治县、安次区、广阳区、三河市、霸州市、香河县、永清县、固安县、文安县、大城县、大厂回族自治县、通州区、平谷区
武汉市	鄂城区、华容区、梁子湖区、阳新县、大冶市、嘉鱼县、通城县、崇阳县、通山县、赤壁市、咸安区、荆州区、沙市区、江陵县、松滋市、公安县、石首市、监利县、洪湖市、孝南区、云梦县、大悟县、孝昌县、应城市、安陆市、汉川市、黄州区、麻城市、武穴市、团风县、浠水县、罗田县、英山县、蕲春县、黄梅县、红安县
成都市	罗江县、中江县、什邡市、绵竹市、广汉市、旌阳区、安岳县、乐至县、雁江区、东坡区、仁寿县、彭山县、洪雅县、丹棱县、青神县、雨城区、芦山县、名山县、天全县、荥经县、宝兴县、汉源县、石棉县、小金县、金川县、松潘县、黑水县、汶川县、茂县、理县、九寨沟县、若尔盖县、红原县、马尔康县、阿坝县、壤塘县
南京市②	江都区、仪征市、高邮市、宝应县、武进区、金坛区、溧阳市、润州区、句容市、丹阳市、扬中市、琅琊区、南谯区、来安县、全椒县、定远县、凤阳县、天长市、明光市、花山区、和县、含山县、当涂县、郎溪县、广德县、泾县、绩溪县、旌德县、宁国市

① 铜仁市 2011 年由铜仁地区改制而来，之前区县数据缺失，同时考虑湘西和恩施自治州的独特性，本书仍然将这三地不予向下拆分至区县级区域。广安市广安区 2013 年才成立，资阳市雁江区 2005 年予以剔除。

② 其中广陵区、邗江区等部分市辖区只有 2010 年后的统计数据，故剔除，含山县和和县原属于巢湖市，2011 年巢湖市撤销后并入马鞍山市。

续表

城市	周边区域
广州市①	惠城区、惠阳区、惠东县、博罗县、龙门县、清城区、英德市、连州市、佛冈县、阳山县、清新县、连山壮族瑶族自治县、连南瑶族自治县、禅城区、南海区、顺德区、三水区、高明区、东莞市、中山市
深圳市②	惠城区、惠阳区、惠东县、博罗县、龙门县、东莞市、香洲区、斗门区、金湾区、中山市
沈阳市③	新抚区、顺城区、抚顺县、清原满族自治县、新宾满族自治县、本溪满族自治县、桓仁满族自治县、太和区、古塔区、凌海市、北宁市、黑山县、义县、海州区、新邱区、细河区、彰武县、阜新蒙古族自治县、文圣区、宏伟区、灯塔市、辽阳县、银州区、清河区、调兵山市、开原市、铁岭县、昌图县、西丰县、铁东区、铁西区、千山区、海城市、台安县、岫岩满族自治县、通辽市

资料来源：根据《中国行政区划手册 2014》整理而得。

在数据来源方面，特大城市的地区生产总值数据前文已经找出，当前的关键是收集区县 GDP 数据，通过梳理相关统计年鉴发现：《中国城市统计年鉴》只提供地级市和县级市数据，不提供市辖区的相关数据；《中国区域统计年鉴》2010 年前提供县级行政区但不包括市辖区的各项指标数据，2010 年后则不再提供县级行政区的 GDP 数据，只提供第一产业和第二产业增加值数据，只有 2010 年的统计年鉴提供包括市辖区在内的县级行政区 GDP 数据；《中国县域统计年鉴》2010 年后不提供 GDP 数据，只有 2014 年县域统计年鉴提供了 GDP 数据；《地市县财政统计资料》提供了地级市下所有区和县的 GDP 数据，但是目前只能收集到 1995 ~ 2008 年的《地市县财政统计资料》，本书主要依据该项统计资料，其中 2009 ~ 2012 年区县 GDP 数据根据各区县统计公报整理而得。

四、实证分析结果与讨论

本书选取的样本区间为 1997 ~ 2012 年，为了保证估计结果的稳健性，本书

① 由于东莞和中山市是直筒子市，下面只有镇和街道一级，没有区县这一级别的区域，故东莞和中山市仍然以地级市进入计量样本。

② 深圳市样本回归中，样本个数较少，估计结果不显著，为了得到估计结果，本书加入了与深圳隔海相望的珠海市各区县。

③ 通辽市下面只有两个区县，且数据严重缺失，本书将通辽市作为一个样本。

共分 1997～2004 年、2005～2012 年以及 1997～2012 年三个区间进行估计，主要估计模型包括模型（4－18）、模型（4－22），其中模型（4－18）为空间截面模型，其中模型（4－18）的估计结果见表 4－3 至表 4－12。

表 4－3 北京市空间截面模型的回归结果

样本区间	1997～2004 年	2005～2012 年	1997～2012 年
β	－0.6812 (0.0893)	－0.6093* (0.0737)	－0.7037*** (0.0593)
ρ	－2.0923* (0.0067)	－4.1189** (0.0103)	－4.8501*** (0.0048)
adj_R^2	0.4966	0.6603	0.7151
N	79	79	79

注：①***、**、*分别表示在 1%、5%以及 10%水平上显著，下同。②1997～2004 年采用 1997 年经济矩阵，2005～2012 年采用 2005 年经济矩阵，1997～2012 年采用 1997 年矩阵。

表 4－4 上海市空间截面模型的回归结果

样本区间	1997～2004 年	2005～2012 年	1997～2012 年
β	－0.2783 (0.0716)	－0.1993* (0.0813)	－0.5820*** (0.0577)
ρ	3.092* (0.0082)	－1.0082 (0.0804)	－5.6819* (0.0361)
adj_R^2	0.7993	0.7802	0.9199
N	24	24	24

表 4－5 天津市空间截面模型的回归结果

样本区间	1997～2004 年	2005～2012 年	1997～2012 年
β	－0.7106* (0.0801)	－0.1445 (0.0345)	－0.6162*** (0.0701)
ρ	－1.0983** (0.0071)	0.2656*** (0.0107)	－5.6656*** (0.0058)
adj_R^2	0.4904	0.3546	0.6298
N	53	53	53

表 4－6　重庆市空间截面模型的回归结果

样本区间	1997～2004 年	2005～2012 年	1997～2012 年
β	－0. 2894 ** (0. 0901)	－0. 0340 ** (0. 0909)	－0. 6077 *** (0. 0165)
ρ	－0. 2114 (0. 0342)	－1. 4434 ** (0. 0776)	－2. 7453 *** (0. 0683)
adj_R^2	0. 6009	0. 5732	0. 7485
N	66	66	66

表 4－7　武汉市空间截面模型的回归结果

样本区间	1997～2004 年	2005～2012 年	1997～2012 年
β	－0. 0941 ** (0. 0094)	－0. 1306 ** (0. 0053)	－0. 3432 *** (0. 0034)
ρ	－1. 2093 * (0. 0044)	0. 5624 * (0. 0034)	－1. 8152 (0. 0183)
adj_R^2	0. 4822	0. 6109	0. 5766
N	37	37	37

表 4－8　南京市空间截面模型的回归结果

样本区间	1997～2004 年	2005～2012 年	1997～2012 年
β	－0. 1094 (0. 0171)	－0. 2835 (0. 0884)	－0. 3755 (0. 0824)
ρ	－5. 0082 (0. 0175)	－8. 1779 * (0. 0154)	－15. 4641 ** (0. 0395)
adj_R^2	0. 3365	0. 2984	0. 3109
N	30	30	30

表 4－9　成都市空间截面模型的回归结果

样本区间	1997～2004 年	2005～2012 年	1997～2012 年
β	－0. 2144 * (0. 0743)	－0. 1984 *** (0. 0302)	－0. 1609 *** (0. 0315)

续表

样本区间	1997～2004 年	2005～2012 年	1997～2012 年
ρ	-0.5901***	-0.4904*	-0.7129***
	(0.0077)	(0.0013)	(0.0035)
adj_R^2	0.4578	0.3387	0.4003
N	38	38	38

表 4-10　广州市空间截面模型的回归结果

样本区间	1997～2004 年	2005～2012 年	1997～2012 年
β	-0.1887**	-0.4344**	-0.3863***
	(0.0074)	(0.0034)	(0.0043)
ρ	-0.2903*	-0.1324**	-8.4828***
	(0.0011)	(0.0049)	(0.0059)
adj_R^2	0.4800	0.4800	0.4800
N	31	31	31

表 4-11　深圳市空间截面模型的回归结果

样本区间	1997～2004 年	2005～2012 年	1997～2012 年
β	-0.4490*	-0.2902	-0.5624*
	(0.0911)	(0.0138)	(0.0434)
ρ	-2.2291	-1.2444	-3.4972
	(0.0031)	(0.0094)	(0.0056)
adj_R^2	0.4094	0.5483	0.6533
N	11	11	11

表 4-12　沈阳市空间截面模型的回归结果

样本区间	1997～2004 年	2005～2012 年	1997～2012 年
β	-0.9904*	-0.3304	-0.5480***
	(0.0044)	(0.0083)	(0.0060)
ρ	0.0944	-1.8094**	-2.7701***
	(0.0095)	(0.0093)	(0.0042)
adj_R^2	0.6844	0.7034	0.7927
N	37	37	37

通过分析空间截面回归结果可以发现，β 的估计值和的 ρ 估计值存在一定比例的不显著情形，其中 ρ 的估计值更是如此，上海市、武汉市、南京市以及深圳市的 ρ 值并不显著，同时两参数的估计值绝大部分都为负数，这表明本书的模型可能存在内生性问题。为了得到更为准确的估计结果，本书将利用空间误差相关面板模型进行重新估计，考虑面板模型对样本数量的需求，在估计过程中不再划分区间进行估计，而是利用不同的经济矩阵进行估计以保障结果的稳健性，其中Ⅰ估计采取 1997 年经济矩阵，而Ⅱ估计采取各年经济矩阵，估计结果见表 4－13 至表 4－22。

表 4－13　北京市空间误差相关面板模型的回归结果

样本区间	Ⅰ	Ⅱ
β	－0.1434***	－0.1434***
	(0.0337)	(0.0337)
ρ	－0.0929***	－0.0866***
	(0.0034)	(0.0098)
λ	0.9007***	0.6234***
	(0.0049)	(0.0024)
adj_R^2	0.15	0.19
N	1185	1185

表 4－14　上海市空间误差相关面板模型的回归结果

样本区间	Ⅰ	Ⅱ
β	－0.0509***	－0.0509***
	(0.0047)	(0.0047)
ρ	0.8378**	1.2144***
	(0.0273)	(0.0684)
λ	0.0900**	0.1093**
	(0.0657)	(0.0317)
adj_R^2	0.18	0.22
N	360	360

表 4-15 天津市空间误差相关面板模型的回归结果

样本区间	Ⅰ	Ⅱ
β	-0.0531***	-0.0531***
	(0.0099)	(0.0099)
ρ	0.3215***	0.3408***
	(0.0099)	(0.0047)
λ	0.7132***	0.5782***
	(0.0034)	(0.0008)
adj_R^2	0.05	0.07
N	795	795

表 4-16 重庆市空间误差相关面板模型的回归结果

样本区间	Ⅰ	Ⅱ
β	0.0036*	0.0036**
	(0.0130)	(0.0008)
ρ	0.0870*	0.0928***
	(0.0034)	(0.0008)
λ	-0.1893	-0.2208
	(0.0054)	(0.0108)
adj_R^2	0.05	0.09
N	450	450

表 4-17 武汉市空间误差相关面板模型的回归结果

样本区间	Ⅰ	Ⅱ
β	-0.0327***	-0.0327***
	(0.0067)	(0.0067)
ρ	0.6440***	0.5972***
	(0.0991)	(0.0108)
λ	-0.7429***	-0.8823***
	(0.0357)	(0.0488)
adj_R^2	0.25	0.22
N	550	550

表 4-18　南京市空间误差相关面板模型的回归结果

样本区间	Ⅰ	Ⅱ
β	-0.0903***	-0.0903***
	(0.0241)	(0.0241)
ρ	0.0912***	0.1284***
	(0.0758)	(0.0253)
λ	1.1336***	0.0902***
	(0.077)	(0.0095)
adj_R^2	0.18	0.21
N	550	550

表 4-19　成都市空间误差相关面板模型的回归结果

样本区间	Ⅰ	Ⅱ
β	-0.0530***	-0.0530***
	(0.01582)	(0.01582)
ρ	0.4353***	0.4609***
	(0.0466)	(0.0882)
λ	0.2763***	0.2871***
	(0.0029)	(0.0028)
adj_R^2	0.05	0.07
N	570	570

表 4-20　广州市空间误差相关面板模型的回归结果

样本区间	Ⅰ	Ⅱ
β	-0.0465***	-0.0465***
	(0.0008)	(0.0008)
ρ	0.0559***	0.1104***
	(0.0070)	(0.0235)
λ	0.1090***	0.1465***
	(0.0068)	(0.0184)
adj_R^2	0.14	0.17
N	403	403

表4-21　深圳市空间误差相关面板模型的回归结果

样本区间	Ⅰ	Ⅱ
β	-0.5624** (0.0043)	-0.5624** (0.0043)
ρ	0.1798** (0.0085)	0.1909** (0.0086)
λ	0.1584*** (0.0081)	0.1933*** (0.0006)
adj_R^2	0.41	0.44
N	165	165

表4-22　沈阳市空间误差相关面板模型的回归结果

样本区间	Ⅰ	Ⅱ
β	0.0309*** (0.0070)	0.0309*** (0.0070)
ρ	0.2822*** (0.0528)	0.2135*** (0.0021)
λ	0.6771*** (0.0044)	0.8903*** (0.0709)
adj_R^2	0.27	0.30
N	555	555

与空间截面自相关估计结果相比，空间误差面板相关模型的估计结果更为显著，10个特大城市与其周边区域发展关系的三个系数估计结果见表4-23。

表4-23　10个特大城市与周边区域发展关系的估计结果

	β	ρ	λ
北京市	-0.1434	-0.0866	0.6234
上海市	-0.0509	1.2144	0.1093
重庆市	0.0036	0.0928	-0.2208
天津市	-0.0531	0.3408	0.5782
武汉市	-0.0327	0.5972	-0.8823
南京市	-0.0903	0.1284	0.0902

续表

系数	β	ρ	λ
成都市	-0.0530	0.4609	0.2871
广州市	-0.0465	0.1104	0.1465
深圳市	-0.5624	0.1909	0.1933
沈阳市	0.0309	0.2135	0.8903

从β值分析，$\beta<0$表明初始发展水平低的区域具有较高的经济增长率，$\beta>0$表明初始发展水平低的区域其经济增长率也低。从估计结果看，重庆市和沈阳市$\beta>0$，说明重庆市和沈阳市与其周边区域经济发展不存在绝对收敛，重庆市和沈阳市的经济增长率高于其周边区域；而北京等其他8个特大城市的β值都小于0，说明这8个特大城市与其周边区域经济发展存在绝对收敛。

从λ值分析，λ是误差相关系数，反映区域面临外部冲击所导致的影响之和，可以发现，包括北京市在内的8个特大城市，λ都大于0，说明这8个特大城市与其周边区域在面临外部冲击时的经济表现比较一致；而武汉市和重庆市的λ则小于0，说明这两个特大城市与其周边区域在面临外部冲击时，经济表现相反。

ρ是本书分析的关键参数，ρ显著大于0意味着特大城市对周边区域产生了正向的带动作用，而ρ显著小于0则意味着特大城市对周边区域产生了负向的空吸作用，而ρ不显著则表明特大城市与周边区域的关系并不明显。从ρ的估计结果看，$\rho<0$的特大城市只有北京市一个，说明北京没有带动周边区域发展，$\rho>0$的则有9个城市，其中上海市的ρ值最大，为1.2144，说明其带动周边区域发展的作用比较明显，重庆市的ρ值最低，为0.0928。必须指出，$\beta<0$与$\rho>0$并无直接冲突，β值代表区域内部不同城市的收敛情况，没有考虑特大城市的比例情况，所有城市的权重是一样的，$\beta<0$只说明经济发展水平低的区域具有较高的经济增长率，并不说明区域内部不同城市间的发展关系，而ρ值的估计是考虑了区域内部不同城市规模因素的影响，主要反映了特大城市对周边区域的影响，两者并不冲突。

第四节　小结

从上文分析可知，中国10个特大城市与其周边区域的发展关系并不相同，一方面，10 个特大城市与周边区域的发展关系存在正向的带动和负向的空吸作用区别，即 ρ 值正负的区别，如北京市和其他特大城市的区别；另一方面，9 个与周边区域存在正向带动作用的特大城市之间也存在带动程度的区别，即 ρ 值大小关系。笔者依据表 4－23 对影响这种发展关系的因素进行研究，见表 4－24。

表 4－24 中国 10 个特大城市与其周边区域发展关系影响因素情况

城市	ρ	与周边区域关系	顺序	特大城市层面因素	主体联系层面因素	周边区域层面因素
北京市	－0.0866	负向空吸	10			
重庆市	0.0928	正向带动	9			
广州市	0.1104	正向带动	8			
南京市	0.1284	正向带动	7			
深圳市	0.1909	正向带动	6			
沈阳市	0.2135	正向带动	5			
天津市	0.3408	正向带动	4			
成都市	0.4609	正向带动	3			
武汉市	0.5972	正向带动	2			
上海市	1.2144	正向带动	1			

其中表 4－24 后三列将是本书后面对 ρ 值即特大城市与其周边区域发展关系影响因素展开研究的思路，在完成后面三列后，本书将得到一张包括三大层次、多种不同影响因素与发展关系情况的对照表，以供参考①。

① 一般情况下，在进行因素影响研究时，计量检验和统计分析，如主因子分析是两大主流方法，但是考虑到本书的全面性要求，计量检验难以胜任全面研究多个影响因素的相关要求，同时由于中国现有统计体系在区县一级的数据过少，考虑到变量数据来源和时间序列长度对数据质量的要求，计量检验将难以保障质量。

第五章　特大城市影响周边区域发展的因素研究之一

——特大城市主体层面的因素

前文计量模型检验结果显示，中国特大城市对周边区域发展的关系并没有呈现出统一的规律，这种影响既包括积极的带动作用，也包括消极的空吸作用，探究这些现象的形成机理对于完善区域与城市发展政策极为重要，本书将对影响特大城市与其周边区域发展关系的影响因素展开研究。在此必须指出，由于影响特大城市的因素极多，现实经济活动又极为复杂，研究这种问题不可能穷尽所有影响因素，本书选取的研究视角主要是基于本书所构建的研究框架，尽可能多地选取三大层面的主要影响因素对影响特大城市与其周边区域的发展关系进行研究①。本章主要集中于特大城市对特大城市与其周边区域发展关系的影响因素分析上。

根据本书提出的研究框架，特大城市与周边区域两者发展关系的影响因素包括特大城市层面、特大城市与周边区域联系渠道层面以及周边区域自身三个层面。在这三方面因素中，特大城市自身的特征是重要因素，如特大城市的辐射能力、产业结构等因素，本书将从特大城市的辐射能力、产业结构两方面展开研究。

第一节　特大城市辐射能力的比较

——基于脉冲响应模拟方法

辐射概念来自物理学理论，指的是一个物体对外发送能量的过程，而区域间的发展联系与物体间的能量扩散极为相似，辐射能力也由此被引入区域发展研究

① 之所以不在计量模型中加入影响因素变量的方法来进行因素分析，主要原因有二：第一，很多影响因素与GDP变量高度相关，内生性问题无法解决；第二，由于中国统计数据县区级数据层面的缺失，很多影响因素的数据几乎无法获得。

当中，本书将在比较几种研究城市辐射能力的经典方法基础上对中国 10 个特大城市的辐射能力展开研究。

一、研究辐射的方法选取

在现有文献和方法中，通过运用断裂点理论和脉冲响应模拟是测算城市辐射能力的常用方法，两种方法各有优势。两方法的主要区别在于断裂点理论更多的是研究单年数据，即通过一年的 GDP 数据测算出城市的辐射半径，而脉冲响应模拟方法则可以同时运用多年的时间序列数据，保留了样本数据的真实性，同时断裂点理论需要特大城市与周边区域的距离数据，这实际上并不完全属于本章研究的出发点即特大城市层面，而脉冲响应模拟方法则比较好地避免了这一点。根据这两方面的比较，本书决定选取脉冲响应冲击模拟的方法，利用 EVIEW7.0 软件构建向量自回归模型（Vector Autoregressive Model，VAR）对 10 个特大城市与其周边区域的发展关系进行动态冲击模拟。

二、脉冲响应模型的介绍

向量自回归模型（Vector Autoregressive Model，VAR）是 Sims（西蒙斯）于 1980 年提出的一种用来处理内生变量动态关系的模型，这种模型采用多方程联立的形式，它不以经济理论为基础，在模型的每一个方程中，通过对模型的全部内生变量滞后项进行回归，从而估计出全部内生变量的动态关系。假设 y_{1t}，y_{2t} 之间存在关系，如果分别建立两个自回归模型则无法捕捉两个变量之间的关系，而通过采用联立的形式就可以建立两个变量之间的关系。

式（5－1）和式（5－2）反映向量自回归模型的两个函数形式，其中模型的结构与两个参数有关：一个是所含变量个数 N，另一个是最大滞后阶数 k。

$$y_{1,t}=f(y_{1,t-1},\ y_{1,t-2},\ \cdots) \tag{5-1}$$

$$y_{2,t}=f(y_{2,t-1},\ y_{2,t-2},\ \cdots) \tag{5-2}$$

以两个变量 y_{1t}，y_{2t} 滞后 1 期的 VAR 模型为例：

$$\begin{cases} y_{1,t}=\mu_1+\pi_{11.1}y_{1,t-1}+\pi_{12.1}y_{2,t-1}+u_{1t} \\ y_{2,t}=\mu_2+\pi_{21.1}y_{1,t-1}+\pi_{22.1}y_{2,t-1}+u_{2t} \end{cases} \tag{5-3}$$

其中，u_{1t}，$u_{2t}\sim(IID(0,\ \sigma^2)$，$Cov(u_{1t},\ u_{2t})=0$。写成矩阵形式为：

$$\begin{bmatrix} y_{1t} \\ y_{2t} \end{bmatrix}=\begin{bmatrix} \mu_1 \\ \mu_2 \end{bmatrix}+\begin{bmatrix} \pi_{11.1} & \pi_{12.1} \\ \pi_{21.1} & \pi_{22.1} \end{bmatrix}+\begin{bmatrix} y_{1,t-1} \\ y_{2,t-1} \end{bmatrix}+\begin{bmatrix} u_{1t} \\ u_{2t} \end{bmatrix} \tag{5-4}$$

设 $Y_t=\begin{bmatrix} y_{1t} \\ y_{2t} \end{bmatrix}$，$\mu=\begin{bmatrix} \mu_1 \\ \mu_2 \end{bmatrix}$，$\Pi_1=\begin{bmatrix} \pi_{11.1} & \pi_{12.1} \\ \pi_{21.1} & \pi_{22.1} \end{bmatrix}$，$u_t=\begin{bmatrix} u_{1t} \\ u_{2t} \end{bmatrix}$，则 $Y_t=\mu+\Pi_1Y_{t-1}+u_t$

（5－5）

那么，含有 N 个变量滞后 k 期的 VAR 模型表示如下：

$$Y_t = \mu + \Pi_1 Y_{t-1} + \Pi_2 Y_{t-2} + \cdots + \Pi_k Y_{t-k} + u_t,\ u_t \sim IID(0,\ \Omega) \tag{5-6}$$

其中，

$$Y_t = (y_{1,t} y_{2,t} \cdots \quad y_{N,t})'$$

$$\mu = (\mu_1 \mu_2 \cdots \mu_N)'$$

$$\Pi_j = \begin{bmatrix} \pi_{11.j} & \pi_{12.j} & \cdots & \pi_{1N.j} \\ \pi_{21.j} & \pi_{22.j} & \cdots & \pi_{2N.j} \\ \vdots & \vdots & \ddots & \vdots \\ \pi_{N1.j} & \pi_{N2.j} & \cdots & \pi_{NN.j} \end{bmatrix},\ j = 1,\ 2,\ \cdots,\ k$$

$$u_t = (u_{1t} u_{2,t} \cdots u_{Nt})'$$

Y_t 为 $N \times 1$ 阶时间序列列向量；μ 为 $N \times 1$ 阶常数项列向量；Π_1，…，Π_k 均为 $N \times N$ 阶参数矩阵；$u_t \sim IID(0,\ \Omega)$ 是 $N \times 1$ 阶随机误差列向量，其中每一个元素都是非自相关的，但这些元素，即不同方程对应的随机误差项之间可能存在相关。在本书的研究过程中，特大城市和周边区域的经济增长率就是 y_1，y_2 这两大变量。

与其他模型相比，VAR 模型的构建不需要严格的经济理论基础，在构建过程中只需要明确哪些变量之间存在关系以及确定滞后期 k 即可。由于本书研究的是特大城市与其周边区域，根据地理学第一定律，临近的区域或多或少存在相关性①。本书选取 VAR 模型进行研究是较为合适的。脉冲响应冲击则是在 VAR 模型的基础上，将内生变量的决定因素分解成特殊的扰动项，并追溯这种扰动对内生变量现值和将来值的作用路径。

三、脉冲冲击的模拟结果

脉冲响应冲击模拟的整体过程分为两步，第一步必须对所涉及的相关变量的平稳性进行检验，在变量或变量差分平稳的前提下才能构建 VAR 模型进行动态冲击模拟。

（一）平稳性检验结果

如前所述，在进行具体的脉冲响应冲击前，必须先对所有变量进行 ADF 稳定性检验，由于本书所检验的变量和数据量规模过于庞大，在文中只给出 10 个大城市的 ADF 检验结果，如表 5－1 所示。

① 有关地理学第一定律详见：李小文，曹春香，常超一．地理学第一定律与时空邻近度的提出［J］．自然杂志，2007，29（2）：69－71.

表 5 - 1　10 个特大城市 GDP 增长率序列的平稳性检验

变量	ADF 检验值	检验类型	1%临界值	5%临界值	10%临界值	结论
BJ	-4.0054	(c, t, 1)	-5.0579	-3.1199	-2.7011	非平稳
SH	-3.0263	(c, t, 1)	-4.1358	-3.1874	-2.8973	非平稳
TJ	-2.2004	(c, t, 1)	-4.8000	-3.1754	-2.7290	非平稳
CQ	-2.7819	(c, t, 1)	-4.2000	-3.1542	-2.7394	非平稳
GZ	-3.1342	(c, t, 1)	-4.0579	-3.1199	-2.7011	非平稳
SZ	-2.5811	(c, t, 1)	-4.1582	-3.0093	-2.6735	非平稳
WH	-1.6956	(c, t, 1)	-4.0579	-3.1199	-2.7011	非平稳
NJ	-1.9904	(c, t, 1)	-3.2582	-2.9344	-2.0351	非平稳
CD	-2.0097	(c, t, 1)	-4.1244	-3.1291	-2.6522	非平稳
SY	-2.7781	(c, t, 1)	-4.1582	-3.0093	-2.6354	非平稳
D (BJ)	-5.0776	(c, 0, 1)	-4.2971	-3.2127	-2.7477	平稳
D (SH)	-6.2825	(c, 0, 1)	-4.1220	-3.1450	-2.1438	平稳
D (TJ)	-4.9691	(c, 0, 1)	-4.5000	-3.7254	-2.3290	平稳
D (CQ)	-5.4060	(c, 0, 1)	-4.4081	-3.1542	-2.7394	平稳
D (GZ)	-4.8882	(c, 0, 1)	-4.2002	-3.4444	-2.9292	平稳
D (SZ)	-4.3879	(c, 0, 1)	-4.3970	-3.2127	-2.7474	平稳
D (WH)	-4.9811	(c, 0, 1)	-4.7000	-3.2542	-2.7290	平稳
D (NJ)	-5.0902	(c, 0, 1)	-4.1008	-3.0556	-2.2394	平稳
D (CD)	-4.8904	(c, 0, 1)	-4.2000	-3.1753	-2.4290	平稳
D (SY)	-6.7642	(c, 0, 1)	-4.2970	-3.2155	-2.7476	平稳

注：检验类型列中的 c 和 t 分别表示常数项和趋势项的滞后阶数。

表 5 - 1 的检验结果表明，在显著性水平为 1% 的情况下，原变量序列为非平稳序列，经过一阶差分后的变量序列则为平稳序列。在对变量的平稳性进行检验后，还必须确定 VAR 模型中的滞后步长。根据 Akaike 准则值（AIC）和 Schwar 准则值（SC）最小原则确定了本书所构建 VAR 模型的滞后值为 1。

（二）脉冲效应的动态模拟结果

在检验变量平稳性和确定模型滞后值后，本书利用 EVIEWS7.0 分别就 10 个特大城市的周边区域对特大城市的脉冲响应冲击进行模拟分析，10 个特大城市的模拟冲击结果如图 5 - 1 至图 5 - 10 所示。

图 5 - 1 展示了北京对周边 5 个地级市经济增长的辐射效应。其中承德市对于北京市在 t = 0 年的一个标准差正向冲击在第一年就呈现积极响应，该单位经济冲

击带动承德市经济增长0.08个单位，持续时间1年；廊坊市对于北京市在t=0年的一个标准差正向冲击在第一年没有呈现积极响应，在第二年呈现微弱响应，该单位经济冲击带动廊坊市经济增长0.02个单位，持续时间1年；唐山市对于北京市在t=0年的一个标准差正向冲击在第一年就呈现积极响应，该单位经济冲击带动唐山市经济增长0.04个单位，持续时间1年；张家口市对于北京市在t=0年的一个标准差正向冲击在第一年就呈现积极响应，该单位经济冲击带动张家口市经济增长0.02个单位，持续时间为3年；保定市对于北京市在t=0年的一个标准差正向冲击在第一年没有积极响应，在第二年呈现-0.01个单位，第四年则变为0.01个单位，持续时间1年。从总体和平均视角分析，1个单位的北京市经济冲击能够带动周边区域经济增长0.032个单位，持续时间约为1.4年。

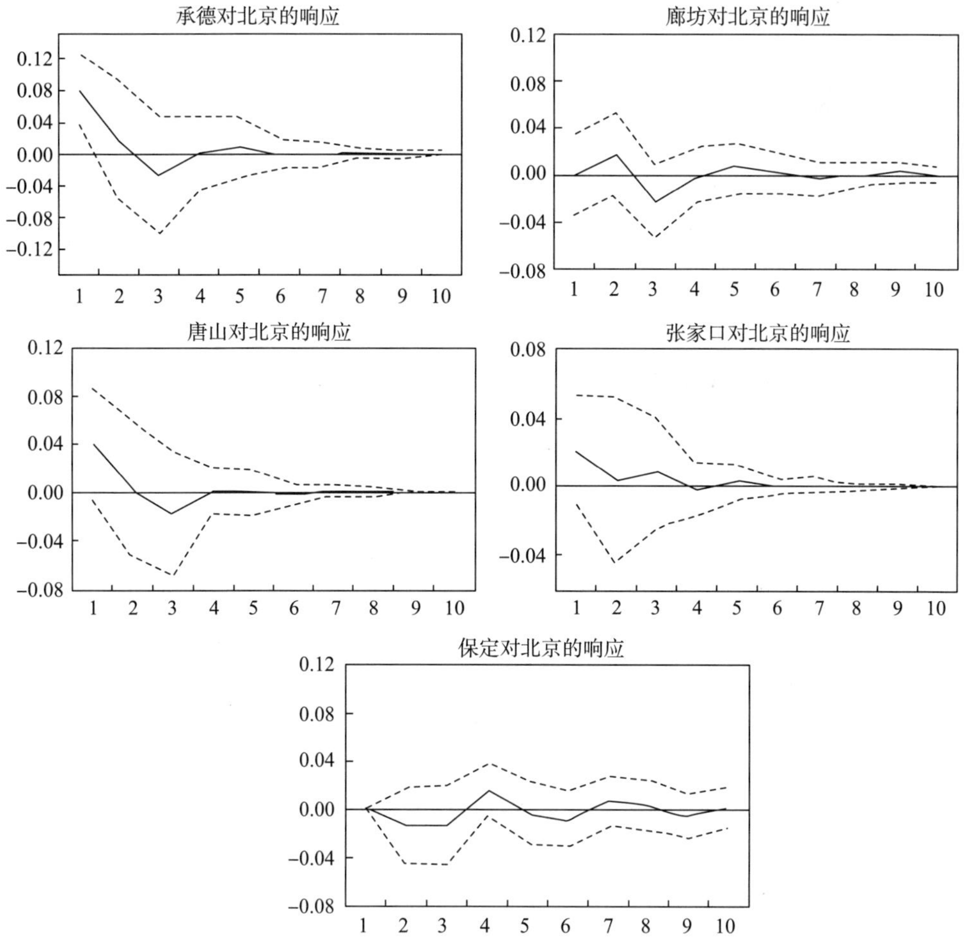

承德对北京的响应

廊坊对北京的响应

唐山对北京的响应

张家口对北京的响应

保定对北京的响应

图5-1 2002~2012年北京经济冲击对周边区域的辐射影响

图 5-2 展示了上海市对周边 3 个地级市经济增长的辐射效应。其中苏州市对于上海市在 t=0 年的一个标准差正向冲击在第一年就呈现积极响应，该单位经济冲击带动苏州市经济增长 0.04 个单位，持续时间 1 年；南通市对于上海市在t=0 年的一个标准差正向冲击在第一年就呈现积极响应，该单位经济冲击带动苏州市经济增长 0.03 个单位，持续时间较长，大约持续 7 年；嘉兴市对于上海市在 t=0 年的一个标准差正向冲击在第一年就呈现积极响应，该单位经济冲击带动苏州市经济增长 0.065 个单位，持续时间 4 年。从总体和平均视角分析，1 个单位的上海市经济冲击能够带动周边区域经济增长 0.06 个单位，持续时间为 4 年。

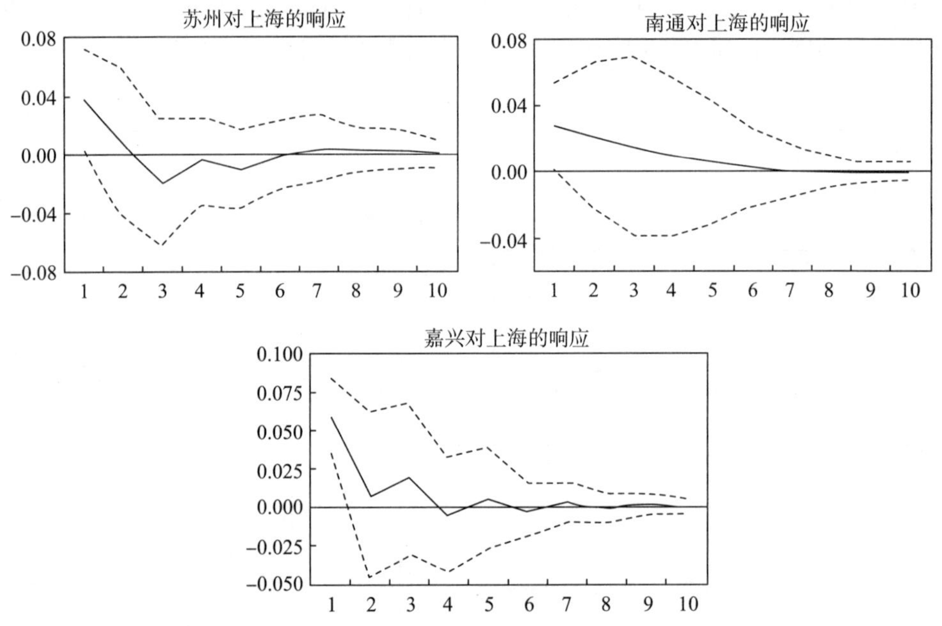

图 5-2　2002~2012 年上海经济冲击对周边区域的辐射影响

图 5-3 展示了天津市对周边 4 个地级市经济增长的辐射效应。其中承德市对于天津市在 t=0 年的一个标准差正向冲击在第一年就呈现积极响应，该单位经济冲击带动承德市经济增长 0.08 个单位，持续时间 1 年；沧州市对于天津市在 t=0 年的一个标准差正向冲击在第一年就呈现积极响应，该单位经济冲击带动廊坊市经济增长 0.05 个单位，持续时间 1 年；唐山市对于天津市在 t=0 年的一个标准差正向冲击在第一年就呈现积极响应，该单位经济冲击带动唐山市经济增长 0.07 个单位，持续时间 1 年；廊坊市对于天津市在 t=0 年的一个标准差正向冲击在第一年呈现微弱响应，该单位经济冲击带动廊坊市经济增长 0.01 个单位，持续时间 0.5 年，且很快成为负面影响。从总体和平均视角分析，1 个单位的天津市经济冲击能够带动周边区域经济增长 0.05 个单位，持续时间约为 0.9 年。

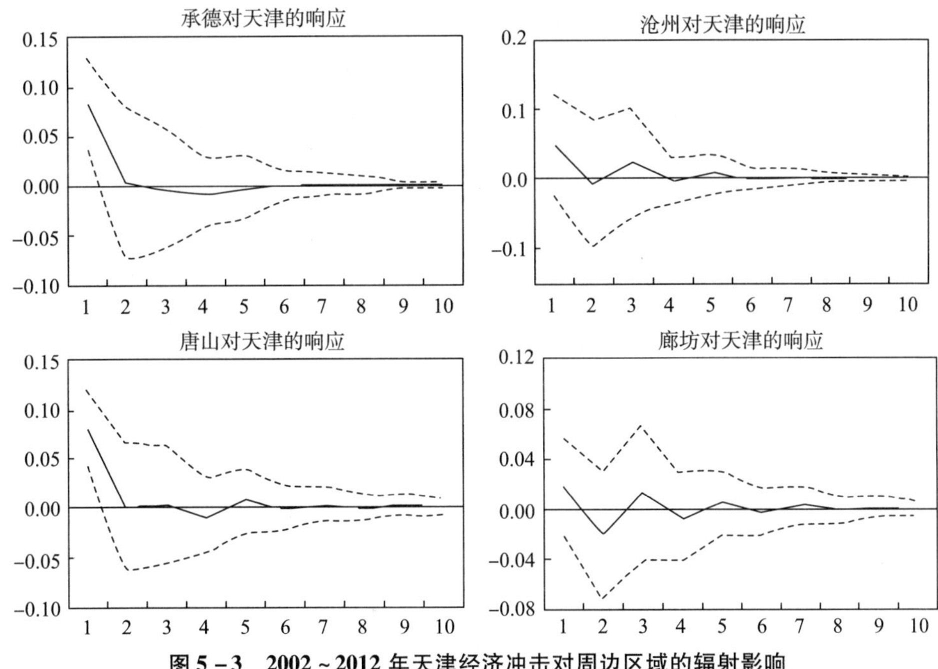

图 5－3　2002～2012 年天津经济冲击对周边区域的辐射影响

图 5－4 展示了重庆市对周边 12 个地级市经济增长的辐射效应。其中恩施自治州对于重庆市在 t=0 年的一个标准差正向冲击在第一年就呈现积极响应，该单位经济冲击带动恩施自治州经济增长 0.01 个单位，持续时间较长，约为 4 年；十堰市对于重庆市在 t=0 年的一个标准差正向冲击在第一年就呈现积极的微弱响应，该单位经济冲击带动十堰市经济增长 0.02 个单位，持续时间 0.5 年，且很快成为负面和波动影响；安康市对于重庆市在 t=0 年的一个标准差正向冲击在第一年就呈现积极响应，该单位经济冲击带动安康市经济增长 0.03 个单位，持续时间 1 年；达州市对于重庆市在 t=0 年的一个标准差正向冲击在第一年呈现微弱响应，该单位经济冲击带动达州市经济增长 0.03 个单位，持续时间 0.5 年，且很快成为负面影响；泸州对于重庆市在 t=0 年的一个标准差正向冲击在第一年就呈现积极响应，该单位经济冲击带动泸州经济增长 0.03 个单位，持续时间 1 年；广安市对于重庆市在 t=0 年的一个标准差正向冲击在第一年就呈现积极响应，该单位经济冲击带动广安市经济增长 0.04 个单位，持续时间较长，约为 3 年；内江市对于重庆市在 t=0 年的一个标准差正向冲击在第一年就呈现积极响应，该单位经济冲击带动内江市经济增长 0.02 个单位，持续时间较长，约为 1 年；遂宁市对于重庆市在 t=0 年的一个标准差正向冲击在第一年就呈现积极响应，该单位经济冲击带动遂宁市经济增长 0.02 个单位，且在第二年增长为 0.03 个单位，持续时间较长，约为 3 年；资阳市对于重庆市在 t=0 年的一个标准差正向

冲击在第一年就呈现积极响应，该单位经济冲击带动资阳市经济增长 0. 02 个单位，持续时间约为 3 年；遵义市对于重庆市在 t = 0 年的一个标准差正向冲击在第一年就呈现积极响应，该单位经济冲击带动遵义市经济增长 0. 02 个单位，持续时间约为 2 年；铜仁市对于重庆市在 t = 0 年的一个标准差正向冲击在第一年就呈现积极响应，该单位经济冲击带动铜仁市经济增长 0. 045 个单位，持续时间约为 3 年；湘西自治州对于重庆市在 t = 0 年的一个标准差正向冲击在第一年没有响应，在第二年开始呈现微弱反应，该单位经济冲击带动湘西自治州经济增长 0. 01 个单位，持续时间约为 1 年。从总体和平均视角分析，1 个单位的重庆市经济冲击能够带动周边区域经济增长 0. 023 个单位，持续时间约为 1. 8 年。

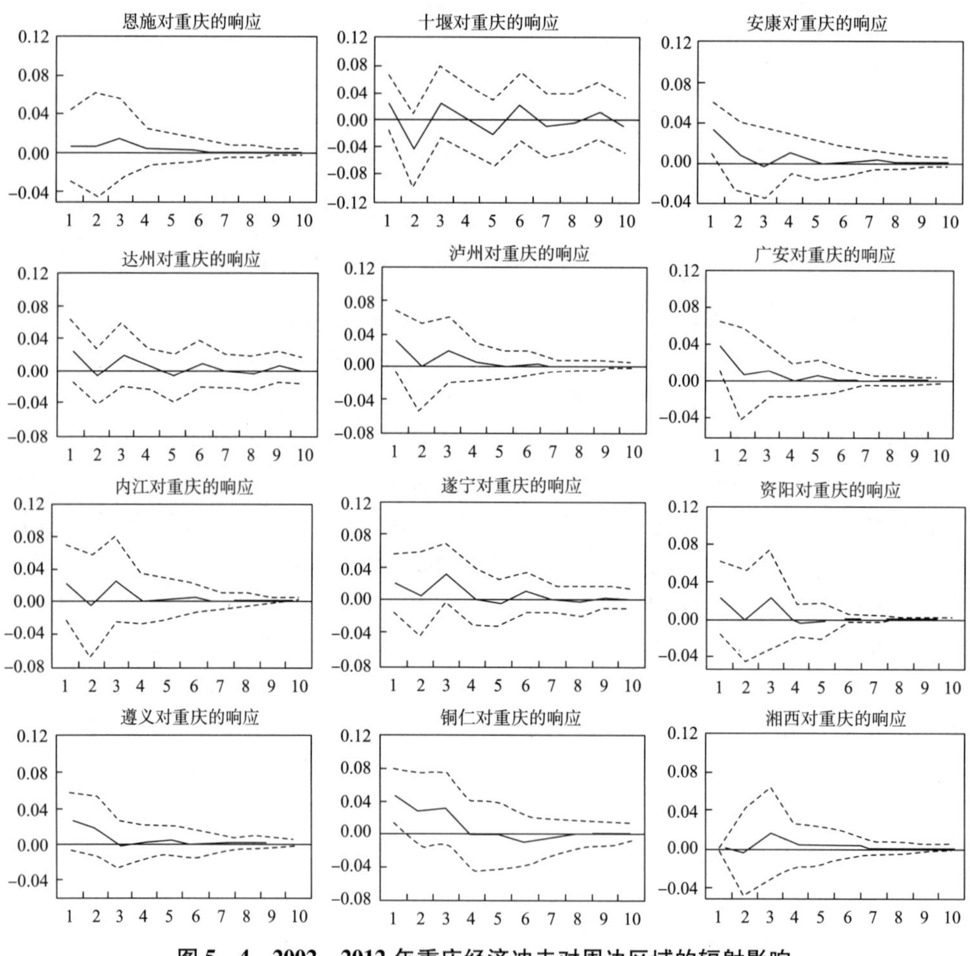

图 5 - 4　2002 ~ 2012 年重庆经济冲击对周边区域的辐射影响

图 5 - 5 展示了广州市对周边 6 个地级市经济增长的辐射效应。其中佛山市

对于广州市在 t＝0 年的一个标准差正向冲击在第一年就呈现积极响应，该单位经济冲击带动佛山经济增长 0.07 个单位，持续时间约为 3 年；东莞市对于广州市在 t＝0 年的一个标准差正向冲击在第一年就呈现积极响应，该单位经济冲击带动东莞经济增长达到惊人的 0.10 个单位，持续时间约为 5 年；中山市对于广州市在 t＝0 年的一个标准差正向冲击在第一年就呈现积极响应，该单位经济冲击带动中山经济增长 0.07 个单位，持续时间约为 3 年；惠州市对于广州市在 t＝0 年的一个标准差正向冲击在第一年就呈现积极响应，该单位经济冲击带动惠州经济增长 0.04 个单位，持续时间约为 1.5 年；清远市对于广州市在 t＝0 年的一

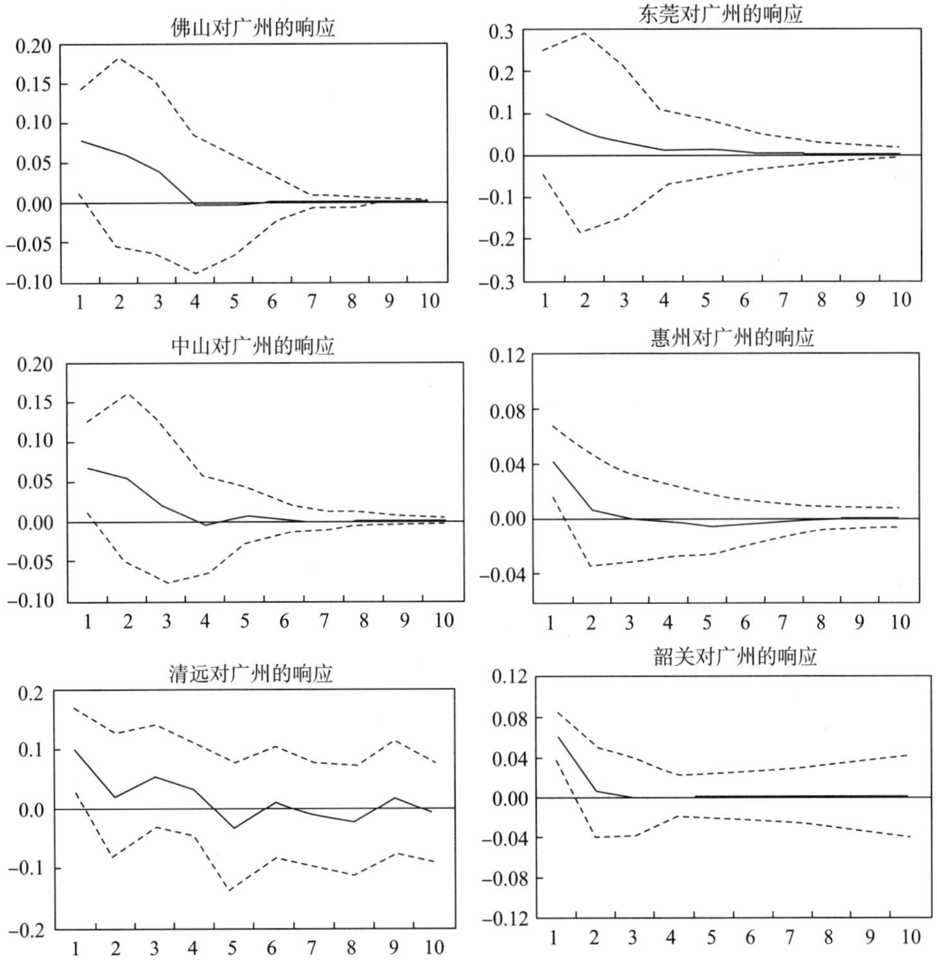

图 5－5　2002～2012 年广州经济冲击对周边区域的辐射影响

个标准差正向冲击在第一年就呈现积极响应，该单位经济冲击带动清远市经济增长同样达到0.10个单位，持续时间约为3.5年；韶关市对于广州市在t=0年的一个标准差正向冲击在第一年就呈现积极响应，该单位经济冲击带动韶关市经济增长0.06个单位，持续时间约为1.5年。从总体和平均视角分析，1个单位的广州市经济冲击能够带动周边区域经济增长0.08个单位，持续时间约为2.9年。

图5-6展示了深圳市对周边2个地级市经济增长的辐射效应。其中东莞市对于深圳市在t=0年的一个标准差正向冲击在第一年没有响应，第二年则呈现积极响应，该单位经济冲击带动东莞市经济增长0.18个单位，持续时间约为2.5年；惠州市对于深圳市在t=0年的一个标准差正向冲击在第一年就呈现积极响应，该单位经济冲击带动惠州市经济增长0.02个单位，持续时间约为3年。从总体和平均视角分析，1个单位的深圳市经济冲击能够带动周边区域经济增长0.10个单位，持续时间约为2.8年。

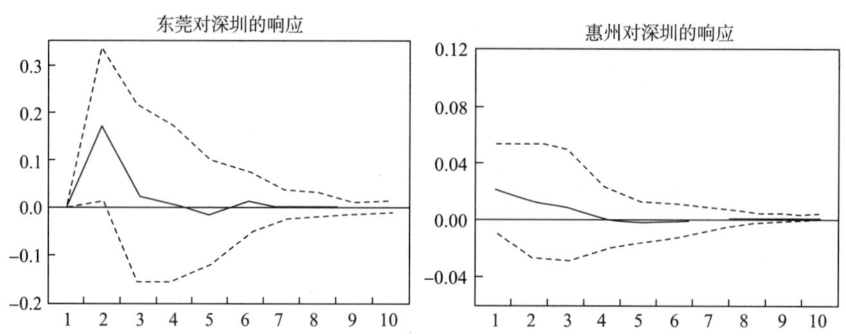

图5-6　2002~2012年深圳经济冲击对周边区域的辐射影响

图5-7展示了武汉市对周边6个地级市经济增长的辐射效应。其中黄冈市对于武汉市在t=0年的一个标准差正向冲击在第一年就呈现积极响应，该单位经济冲击带动黄冈市经济增长0.07个单位，持续时间约为6年；黄石市对于武汉市在t=0年的一个标准差正向冲击在第一年就呈现积极响应，该单位经济冲击带动黄石市经济增长0.05个单位，持续时间约为1年；咸宁市对于武汉市在t=0年的一个标准差正向冲击在第一年没有就呈现响应，在第二年才开始响应，第三年到达高峰，该单位经济冲击带动咸宁经济增长0.05个单位，持续时间约为3年；孝感市对于武汉市在t=0年的一个标准差正向冲击在第一年就呈现积极响应，该单位经济冲击带动孝感经济增长0.05个单位，在第二年这种影响将为0，随后又开始增加，持续时间约为6年；鄂州市对于武汉市在t=0年的一个标准差正向冲击在第一年就呈现积极响应，该单位经济冲击带动鄂州市经济增长同样达到0.06个单位，

持续时间约为6年；荆州市对于武汉市在t=0年的一个标准差正向冲击在第一年就呈现积极响应，该单位经济冲击带动荆州市经济增长0.06个单位，持续时间约为6年。从总体和平均视角分析，1个单位的武汉市经济冲击能够带动周边区域经济增长0.057个单位，持续时间约为4.7年。

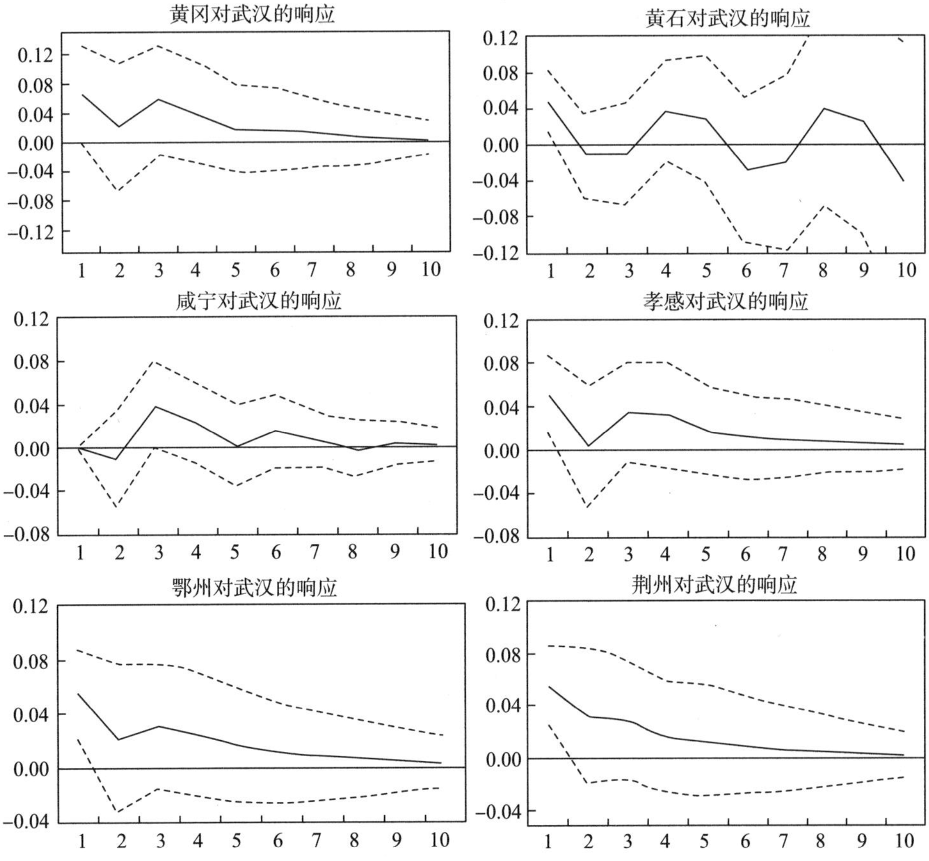

图5-7　2002～2012年武汉经济冲击对周边区域的辐射影响

图5-8展示了南京市对周边6个地级市经济增长的辐射效应。其中常州市对于南京市在t=0年的一个标准差正向冲击在第一年就呈现积极响应，该单位经济冲击带动常州市经济增长0.03个单位，持续时间约为2年；扬州市对于南京市在t=0年的一个标准差正向冲击在第一年就呈现积极响应，该单位经济冲击带动扬州市经济增长0.02个单位，持续时间约为3年；镇江市对于南京市在t=0年的一个标准差正向冲击在第一年就呈现积极响应，该单位经济冲击带动镇江市经济增长

0.03 个单位，持续时间约为 1 年；滁州市对于南京市在 t =0 年的一个标准差正向冲击在第一年未呈现积极响应；宣城市对于南京市在 t =0 年的一个标准差正向冲击在第一年就呈现积极响应，该单位经济冲击带动宣城市经济增长同样达到 0.04 个单位，持续时间约为 2 年；马鞍山市对于南京市在 t =0 年的一个标准差正向冲击在第一年就呈现积极响应，该单位经济冲击带动马鞍山市经济增长 0.08 个单位，持续时间约为 2 年。从总体和平均视角分析，1 个单位的南京市经济冲击能够带动周边区域经济增长 0.040 个单位，持续时间约为 1.8 年。

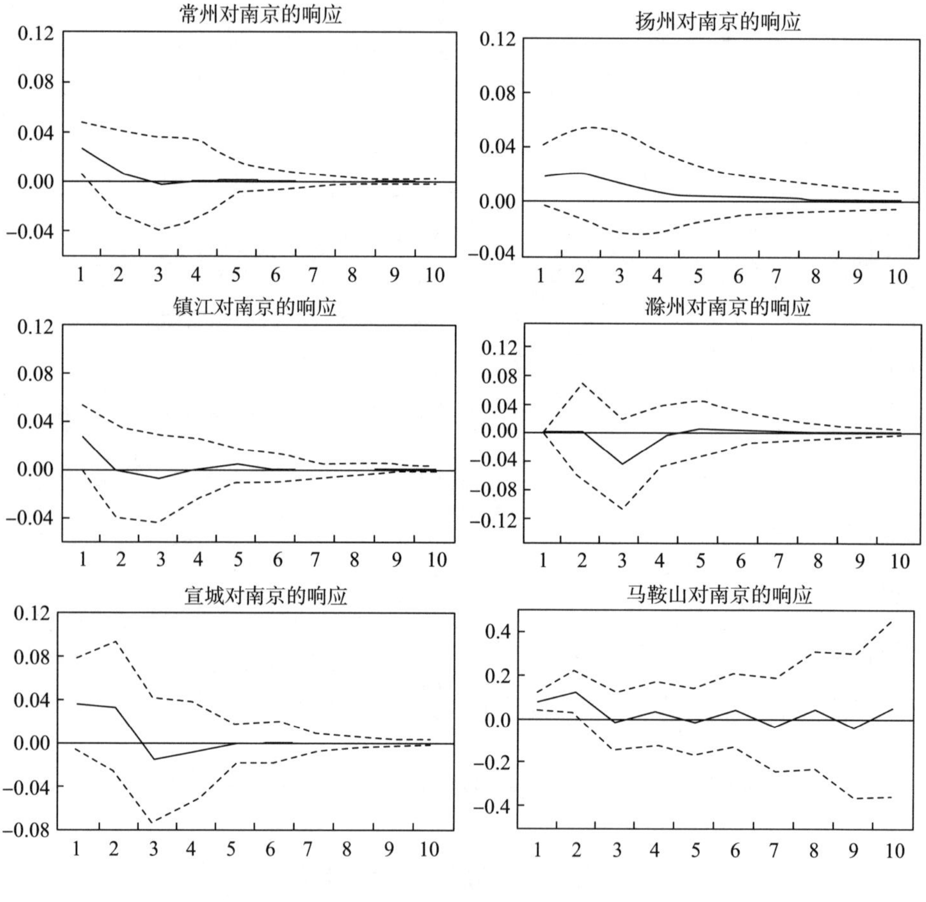

常州对南京的响应

扬州对南京的响应

镇江对南京的响应

滁州对南京的响应

宣城对南京的响应

马鞍山对南京的响应

图 5 -8　2002 ~2012 年南京经济冲击对周边区域的辐射影响

图 5 -9 展示了成都市对周边 5 个地级市经济增长的辐射效应。其中德阳市对于成都市在 t =0 年的一个标准差正向冲击在第一年就呈现积极响应，该单位经济冲击带动德阳市经济增长 0.03 个单位，持续时间约为 1.5 年；资阳市对于成都市

在 t =0 年的一个标准差正向冲击在第一年就呈现积极响应，该单位经济冲击带动资阳市经济增长 0. 06 个单位，持续时间约为 2 年；眉山市对于成都市在 t =0 年的一个标准差正向冲击在第一年就呈现积极响应，该单位经济冲击带动眉山市经济增长 0. 03 个单位，持续时间约为 1. 5 年；雅安市对于成都市在 t =0 年的一个标准差正向冲击在第一年就呈现积极响应，该单位经济冲击带动雅安市经济增长 0. 05 个单位，持续时间约为 1 年；阿坝州对于成都市在 t =0 年的一个标准差正向冲击几乎没有响应，在第 1 年后呈现微弱的负向响应。从总体和平均视角分析，一个单位的成都市经济冲击能够带动周边区域经济增长 0. 035 个单位，持续时间约为 1. 2 年。

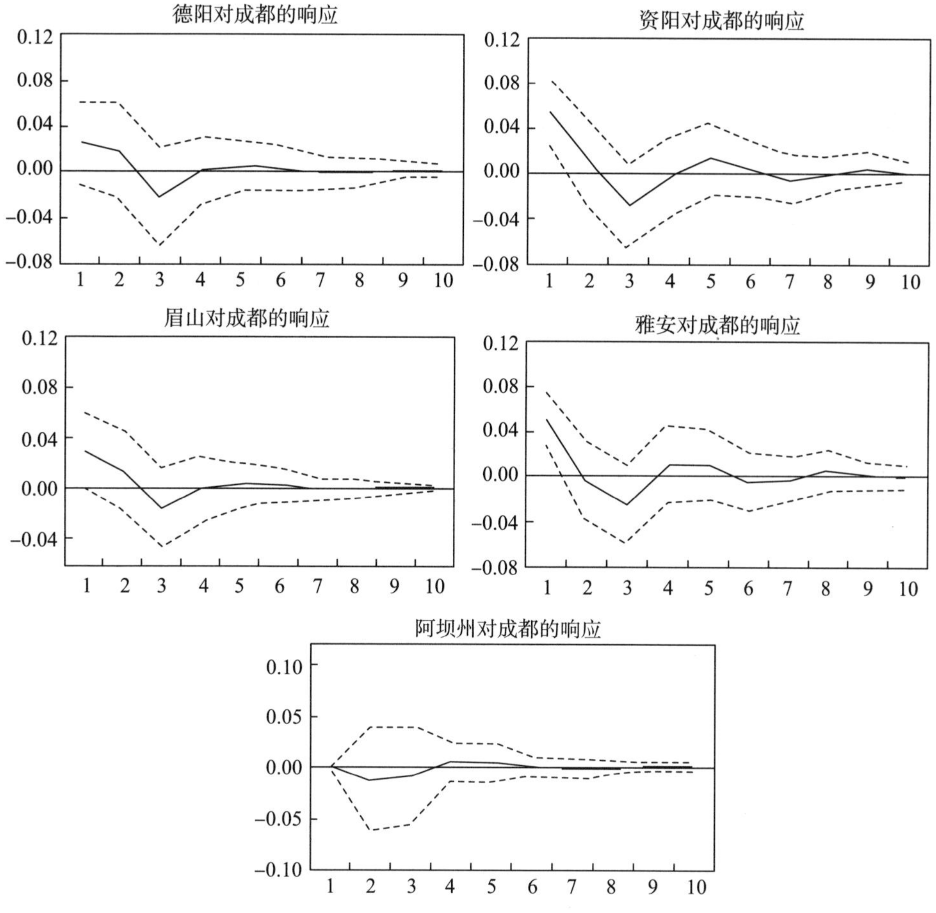

图 5 –9　2002 ~2012 年成都经济冲击对周边区域的辐射影响

图 5 - 10 展示了沈阳市对周边 7 个地级市经济增长的辐射效应。其中鞍山市对于沈阳市在 t = 0 年的一个标准差正向冲击在第一年就呈现积极响应，该单位经济冲击带动鞍山市经济增长 0.02 个单位，持续时间约为 2 年；本溪市对于沈阳市在

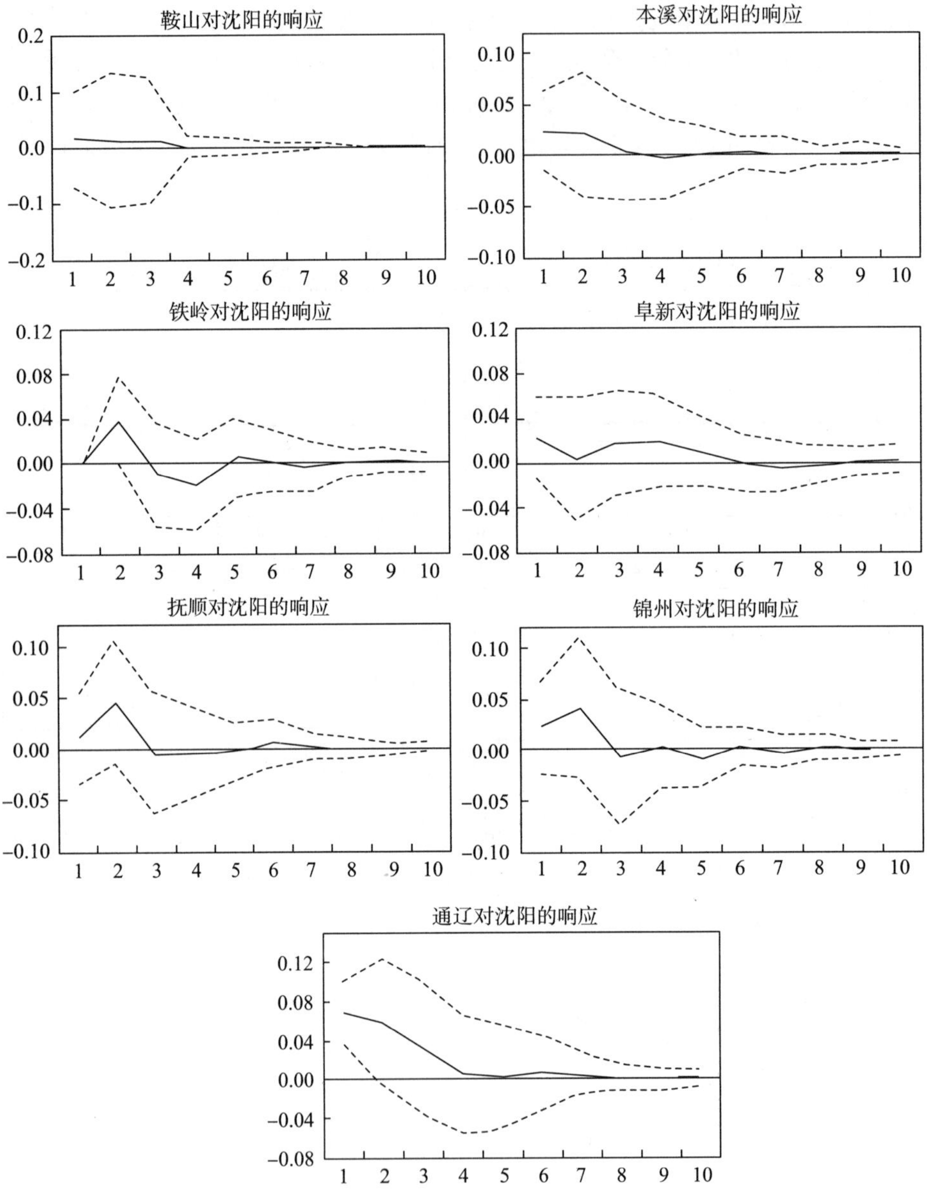

图 5 - 10　2002 ~ 2012 年沈阳经济冲击对周边区域的辐射影响

t=0 年的一个标准差正向冲击在第一年就呈现积极响应，该单位经济冲击带动本溪市经济增长 0.03 个单位，持续时间约为 2 年；铁岭市对于沈阳市在t=0 年的一个标准差正向冲击在第一年没有呈现响应，第二年该单位经济冲击带动铁岭市经济增长 0.04 个单位，持续时间约为 2 年；阜新市对于沈阳市在 t=0 年的一个标准差正向冲击在第一年就呈现积极响应，该单位经济冲击带动阜新市经济增长 0.02 个单位，持续时间约为 5 年；抚顺市对于沈阳市在 t=0 年的一个标准差正向冲击在第一年没有发生响应，第二年该单位经济冲击带动抚顺市经济增长 0.05 个单位，持续时间约为 2 年；锦州市对于沈阳市在 t=0 年的一个标准差正向冲击在第一年就呈现积极响应，该单位经济冲击带动锦州市经济增长 0.03 个单位，持续时间约为 2 年；通辽市对于沈阳市在 t=0 年的一个标准差正向冲击在第一年就呈现积极响应，该单位经济冲击带动通辽市经济增长 0.07 个单位，持续时间约为 3 年。从总体和平均视角分析，1 个单位的沈阳市经济冲击能够带动周边区域经济增长 0.037 个单位，持续时间约为 2.7 年。

四、模拟结果的进一步讨论

可以发现，在脉冲响应模拟结果中，特大城市对周边区域的辐射能力体现在脉冲响应的强度和持续时间，因此可以将 1 个单位的特大城市经济冲击能够带动的周边区域经济增长的单位与响应时间相乘的结果作为特大城市对周边区域的辐射能力，本书将该结果命名为特大城市的辐射能力指数，如表 5-2 所示。

表 5-2　10 个特大城市的辐射能力指数及排名情况

指标	正向冲击响应比例（冲击单位）	正向冲击响应时间（年）	辐射能力指数（冲击单位 * 年）	排名
深圳	0.100	2.8	0.2800	1
武汉	0.057	4.7	0.2679	2
上海	0.060	4.0	0.2400	3
广州	0.080	2.9	0.2320	4
沈阳	0.037	2.7	0.0999	5
南京	0.040	1.8	0.0720	6
天津	0.050	0.9	0.0450	7
北京	0.032	1.4	0.0448	8
成都	0.035	1.2	0.0420	9
重庆	0.023	1.8	0.0414	10

表 5-2 表明深圳的辐射能力位居榜首，武汉其次，上海位列第三，而重庆

市、成都市以及北京市的辐射能力指数则分居后三位，这种排名情况与10个特大城市与周边区域发展关系大小顺序排名存在差距。

通过脉冲响应方法得到了10个特大城市的辐射能力指数，但是辐射能力更多的是一个结果指标，而不是一个影响因素指标，虽然它能够很好地反映10个特大城市对外辐射能力的差异，但是在为制定城市发展政策时提供具有直接的且具有操作性的建议则比较困难，因此还必须进一步对特大城市的其他特征进行研究。

第二节　特大城市的产业吸引指数

——基于投入产出表的证据

产业是经济活动的主体，区域间的经济联系也多由产业间联系来体现，同时特大城市作为区域经济增长中心，其产业联系度特征将会对周边区域发展产生重要影响，特大城市的产业结构联系度越高，周边区域与特大城市构建密切产业联系就越容易，因此特大城市产业结构的联系特征对于两者之间发展关系较为重要。当前分析产业特征能够从如产业规模、产业比例、产业基础等多个方面进行，在本书的研究中，特大城市的产业特征研究必须能够反映特大城市与外界的联系程度。根据该要求，本书决定采用投入产出方法对相关产业部门的联系特征进行分析，然后根据特大城市自身产业结构对产业特征进行研究。

一、产业吸引指数的原理和测算思路

在经济活动中，产业间分工和产业内分工程度越高，任何一个产业的经济活动都会影响和受到其他产业的影响。投入产出理论将一个产业影响其他产业的“程度”叫作该产业的影响力；把受到其他产业影响的程度叫作该产业的感应度。产业的影响力和感应度的大小，分别用影响力系数和感应度系数来表示。

影响力系数：

$$F_j = \frac{\sum_{i=1}^{n} \bar{b}_{ij}}{\frac{1}{n}\sum_{i=1}^{n}\sum_{j=1}^{n} \bar{b}_{ij}} \qquad (j=1,\ 2,\ \cdots,\ n) \qquad (5-7)$$

其中，$\sum_{i=1}^{n} \bar{b}_{ij}$ 为列昂惕夫逆矩阵的第 j 列之和，表示 j 部门增加1个单位最终产品，对国民经济各部门产品的完全需要量。$\frac{1}{n}\sum_{i=1}^{n}\sum_{j=1}^{n} \bar{b}_{ij}$ 为列昂惕夫逆矩阵的列

和的平均值。当 $F_j>1$ 时，表示第 j 部门的生产对其他部门所产生的波及影响程度超过社会平均影响水平；当 $F_j=1$ 时，表示第 j 部门的生产对其他部门所产生的波及影响程度等于社会平均影响水平；当 $F_j<1$ 时，表示第 j 部门的生产对其他部门所产生的波及影响程度低于社会平均影响水平。显然，影响力系数 F_j 越大，表示第 j 部门对其他部门的拉动作用越大。

感应度系数：

$$E_i = \frac{\sum_{j=1}^{n} \bar{b_{ij}}}{\frac{1}{n}\sum_{i=1}^{n}\sum_{j=1}^{n} \bar{b_{ij}}} \quad (i=1, 2, \cdots, n) \tag{5-8}$$

其中，$\sum_{i=1}^{n} \bar{b_{ij}}$ 为列昂惕夫逆矩阵的第 i 行之和，表示当国民经济各部门均增加 1 个单位最终使用时，对 i 部门的产品的完全需求。$\frac{1}{n}\sum_{i=1}^{n}\sum_{j=1}^{n} \bar{b_{ij}}$ 为列昂惕夫逆矩阵的行和平均值，反映当国民经济各部门均增加一个单位最终使用时，对全体经济部门产品的完全需求的均值。当 $E_i>1$ 时，表示第 i 部门受到的感应程度高于社会平均感应度水平；当 $E_i=1$ 时，表示第 i 部门受到的感应程度等于社会平均感应度水平；当 $E_i<1$ 时，表示第 i 部门受到的感应程度低于社会平均感应度水平。

因此，可以通过测算一个产业的感应度和影响力系数之和来得到该产业与其他产业的联系程度，两者之和越高的产业，其对其他产业的吸引力也就越高，以这种产业为主导产业的城市或区域与其他城市区域建立密切产业联系就比较容易，相互之间的经济发展关系也就比较容易建立。

本书的研究目的在于比较 10 个特大城市产业结构的联系度特征，因此首先应该选取一个相同的细分产业联系度值的比较基准。第一种做法是对 10 个特大城市各自的投入产出表同时进行测算以得到各个产业联系度的均值，用该均值作为比较基准，然而在我国当前投入产出数据体系中，只有北京市、上海市等 4 个直辖市规律性地发布投入产出表，其他 6 个城市则没有投入产出表，故无法采取此种方法；第二种做法是利用全国层面的投入产出表测算出各产业的联系度并将该值作为基准值，这种做法假定 10 个特大城市的经济产业技术结构是一致的，能够得到相对一致的比较结果①。

① 实际上，对单个城市的产业结构联系特征进行研究的文献很少，能够参考的方法也少之又少，本书也只能尽可能地做到逻辑一致，但是受限于数据的可获得性以及本人能力，当前只能采取这种方法进行研究，所幸本书关注的是 10 个特大城市在该指标上的排名，而不是 10 个特大城市该指标的绝对值，这样就最大程度地降低了由数据不一致带来的结果偏差。

二、中国各产业影响力和感应度测算

自1982年公布第一张全国投入产出表以来，每隔五年就会发布一张新的投入产出表，当前最新的投入产出表为2010年的延长表，该表包含41个产业和行业①。本书基于该表和上述影响力和感应度公式测算出了41个产业的影响力和感应度，见表5-3②。

表5-3 基于2010年投入产出表41个产业影响力和感应度的测算结果

产业	感应度系数	影响力系数	感应度和影响力两者之和	顺序
化学工业	3.5174	1.2125	4.7299	1
金属冶炼及压延加工业	2.5877	1.2257	3.8134	2
电力、热力的生产和供应业	2.2777	1.0996	3.3773	3
通用、专用设备制造业	1.6442	1.2581	2.9023	4
通信设备、计算机及其他电子设备制造业	1.4943	1.3938	2.8881	5
交通运输及仓储业	1.6033	0.9267	2.53	6
石油加工、炼焦及核燃料加工业	1.5082	1.0004	2.5086	7
农、林、牧、渔业	1.7838	0.7164	2.5002	8
交通运输设备制造业	1.1467	1.3121	2.4588	9
电气、机械及器材制造业	1.1005	1.3361	2.4366	10
食品制造及烟草加工业	1.3216	1.0044	2.325	11
造纸、印刷及文教体育用品制造业	1.0863	1.2024	2.2887	12
纺织业	1.1158	1.1568	2.2726	13
金属制品业	0.9868	1.2786	2.2654	14
石油和天然气开采业	1.4732	0.7756	2.2488	15
煤炭开采和洗选业	1.3437	0.8775	2.2212	16
非金属矿物制品业	0.9175	1.1620	2.0795	17
金属矿采选业	0.9867	1.0370	2.0237	18
仪器仪表及文化办公用机械制造业	0.6268	1.3039	1.9307	19
木材加工及家具制造业	0.7146	1.1940	1.9086	20
租赁和商务服务业	0.8517	1.0048	1.8565	21

① 截至2015年6月，2012年投入产出表并没有发布。

② 测算影响力和感应度需要测算列昂惕夫逆矩阵。

续表

产业	感应度系数	影响力系数	感应度和影响力两者之和	顺序
纺织服装鞋帽皮革羽绒及其制品业	0.6203	1.2150	1.8353	22
金融业	1.1960	0.6324	1.8284	23
住宿和餐饮业	0.7889	0.9137	1.7026	24
批发和零售贸易业	1.0461	0.5998	1.6459	25
工艺品及其他制造业（含废品废料）	0.7236	0.9032	1.6268	26
建筑业	0.4211	1.1521	1.5732	27
非金属矿及其他矿采选业	0.4955	1.0518	1.5473	28
卫生、社会保障和社会福利业	0.3698	1.0646	1.4344	29
研究与实验发展业	0.4034	1.0207	1.4241	30
燃气生产和供应业	0.3972	1.0061	1.4033	31
综合技术服务业	0.5552	0.8422	1.3974	32
信息传输、计算机服务和软件业	0.5666	0.8212	1.3878	33
居民服务和其他服务业	0.5325	0.8367	1.3692	34
水利、环境和公共设施管理业	0.3975	0.9559	1.3534	35
邮政业	0.3783	0.9321	1.3104	36
水的生产和供应业	0.3677	0.9082	1.2759	37
文化、体育和娱乐业	0.4275	0.8387	1.2662	38
房地产业	0.5389	0.5635	1.1024	39
公共管理和社会组织	0.3368	0.6794	1.0162	40
教育	0.3487	0.5845	0.9332	41

表5－3第三列数据是各个产业的影响力和感应度之和，本书将其命名为产业联系度指数，该指数越高说明该产业与其他产业的联系越密切，以该产业为主导产业的地区与其他区域建立起密切的经济产业联系也就比较容易。从测算结果可以发现，第二产业的产业联系度比第一产业联系度高，第三产业联系度最低，换言之，以第三产业为主要产业结构的城市，与外部区域建立密切的产业联系比较困难，而以第二产业为主要产业结构的城市，其与外部区域建立密切产业联系的难度相对较低。

三、10个特大城市产业吸引指数比较

在数据可得性满足的前提下，理论上可以根据表5－3测算出各个城市的产

业联系度，但是现有统计体系没有提供各城市41个细分产行业的经济规模数据，通过查阅相关统计年鉴可以发现《中国城市统计年鉴》中提供了地级及以上城市19个产业和行业的就业数据，本书拟以产业的就业比例为基准，测算出10个特大城市的产业联系度。表5－4是根据表5－3中41个行业经过合并后测算的19个行业吸引指数结果。

表5－4　合并后的19个行业吸引指数大小

产业	联系度值	产业	联系度值
农、林、牧、渔业	2.50020	房地产业	1.10240
采矿业	2.09610	租赁和商业服务业	1.85650
制造业	2.40120	科学研究、技术服务	1.42400
电力、燃气及水的生产供应业	2.32660	水利、环境和公共服务业	1.35340
建筑业	1.57320	居民服务和其他服务业	1.36930
交通运输、仓储及邮政业	2.52990	教育	0.93320
信息传输、计算机	1.38770	卫生、社会保障和社会福利业	1.43440
批发和零售业	1.65480	文化、体育和娱乐业	1.26620
住宿、餐饮业	1.70250	公共管理和社会组织	1.01620
金融业	1.82840		

注：根据表5－3测算而来，其中主要是采矿业、制造业、电力、燃气及水的生产供应产业联系度指数经过均值调整。

根据2011年《中国城市统计年鉴》，中国10个特大城市19个产业各自就业人员占比情况见表5－5。

表5－5　10个特大城市19个产业就业人员比例　　单位：%

产业	农、林、牧、渔业	采矿业	制造业	电力、燃气及水的生产供应业	建筑业	交通运输、仓储及邮政业	信息传输、计算机服务和软件业
北京市	0.500	0.702	15.550	1.052	6.085	7.887	6.453
上海市	0.392	0.023	35.971	1.377	2.886	9.240	1.708
重庆市	0.687	3.831	23.083	2.581	17.415	5.407	1.025
天津市	0.345	4.357	36.616	1.590	4.965	6.078	1.089
武汉市	0.443	0.045	28.163	1.121	20.565	8.360	1.244

续表

产业	农、林、牧、渔业	采矿业	制造业	电力、燃气及水的生产供应业	建筑业	交通运输、仓储及邮政业	信息传输、计算机服务和软件业
南京市	0. 326	0. 255	37. 735	1. 417	8. 023	7. 060	1. 934
成都市	0. 134	0. 041	26. 266	1. 255	25. 278	3. 150	0. 761
广州市	0. 244	0. 016	35. 978	0. 990	5. 930	9. 161	2. 147
深圳市	0. 107	0. 071	48. 874	0. 739	5. 138	6. 446	2. 051
沈阳市	0. 897	1. 965	27. 531	2. 916	4. 963	9. 690	1. 377

产业	批发和零售业	住宿和餐饮业	金融业	房地产业	租赁和商业服务业	科学研究、技术服务	水利、环境和公共设施管理业
北京市	8. 564	4. 324	4. 213	4. 878	12. 033	7. 074	1. 355
上海市	6. 727	2. 970	6. 015	2. 838	4. 745	5. 918	1. 492
重庆市	4. 490	1. 709	3. 920	1. 962	1. 729	2. 167	1. 359
天津市	6. 025	2. 349	3. 380	1. 755	3. 380	3. 146	1. 726
武汉市	6. 892	2. 628	3. 082	1. 636	1. 182	3. 216	1. 294
南京市	6. 933	3. 104	2. 483	1. 616	3. 160	3. 470	1. 409
成都市	5. 074	1. 813	3. 040	1. 337	1. 726	3. 981	1. 389
广州市	4. 956	4. 104	3. 231	3. 706	4. 031	3. 117	1. 364
深圳市	5. 438	2. 798	4. 292	5. 015	4. 909	2. 146	0. 715
沈阳市	5. 126	1. 866	3. 876	2. 056	4. 175	4. 157	2. 853

产业	居民服务和其他服务业	教育	卫生、社会保障和社会福利业	文化、体育和娱乐业	公共管理和社会组织
北京市	1. 151	6. 273	3. 197	2. 358	6. 353
上海市	0. 837	6. 654	4. 256	1. 199	4. 752
重庆市	0. 310	13. 580	4. 378	0. 969	9. 399
天津市	3. 336	7. 989	4. 367	0. 851	6. 657
武汉市	0. 398	9. 470	3. 648	1. 154	5. 458
南京市	0. 263	9. 185	3. 757	1. 377	6. 495
成都市	0. 291	9. 486	5. 057	1. 064	8. 858
广州市	1. 238	7. 432	4. 546	1. 465	6. 344
深圳市	0. 767	3. 027	2. 126	0. 672	4. 668
沈阳市	1. 241	10. 369	5. 470	1. 521	7. 951

注：比例由各个产业从业人员规模总从业人员规模测算而得。

根据表5－4和表5－5，本书得到10个特大城市各自的产业联系度大小及顺序，见表5－6。

表5－6　中国10个特大城市产业吸引指数

城市	产业吸引指数大小	顺序
深圳市	1.99525	1
上海市	1.90270	2
天津市	1.87618	3
广州市	1.87225	4
南京市	1.86877	5
沈阳市	1.81259	6
武汉市	1.80131	7
重庆市	1.71638	8
成都市	1.71324	9
北京市	1.71303	10

从产业联系度分析，深圳市与上海市位居前两位，说明这两个城市比较容易与其他区域建立起密切联系，产业的区域分工体系比较容易形成，而成都市和北京市则位居后两位，说明这两个城市的产业结构的对外联系度比较低，其他区域在与其构建产业联系时相对比较困难。

第三节　小结

本章利用特大城市与周边区域发展关系的理论研究框架，立足于特大城市主体，对可能影响特大城市与周边区域发展关系的特大城市主体因素进行考察。首先利用脉冲响应冲击模拟方法对2002～2012年10个特大城市对周边区域的辐射强度进行测算，发现特大城市在综合实力指标上的表现与在辐射强度上的表现存在较大差异，随后对10个特大城市的综合实力、经济和空间结构以及产业关联度进行比较研究，最终得到特大城市与周边区域发展关系影响因素的特大城市层面因素对照表，见表5－7。

表 5-7　特大城市层面的影响特大城市与周边区域发展关系的因素对照情况

特大城市特征	发展关系	辐射能力	产业吸引指数
上海市	1	3	2
武汉市	2	2	7
成都市	3	9	9
天津市	4	7	3
沈阳市	5	5	6
深圳市	6	1	1
南京市	7	6	5
广州市	8	4	4
重庆市	9	10	8
北京市	10	8	10

同计量检验结果对比可以发现，北京市虽然综合实力在 10 个特大城市中位居第二，但是其他城市特征如辐射能力、产业吸引度都位于末列，这说明综合实力可能并不能完全保证特大城市对周边区域产生带动作用，而其他特大城市的城市特征与发展关系系数排序并不完全一致，这说明还存在其他因素能够影响特大城市与周边区域发展关系的因素，为了更为全面地分析影响特大城市与周边区域的发展关系，本书接下来两章还要分别从特大城市与周边区域的联系以及周边区域自身特征展开研究。

第六章 特大城市影响周边区域的因素研究之二

——主体之间的联系因素

除了特大城市主体的某些因素如综合实力和辐射强度能够对特大城市与周边区域发展关系产生重要影响外，区域间的联系同样是影响区域发展关系的重要因素。通过梳理相关文献，本章将从交通联系度和边界效应等两个联系因素对10个特大城市与其周边区域的发展关系进行研究。

第一节 交通联系度的考察

——基于交通可达性指数

区域间的交通联系情况会对这种联系产生重要影响从而影响特大城市与周边区域的发展关系，因此对10个特大城市与周边区域的交通联系度进行考察同样具有较强必要性。

一、交通可达性指数

交通条件作为要素和经济活动跨界流动的载体，不仅对区域自身发展具有重要意义，对于区域间的联系同样具有不可替代的影响，现有文献已经从多个方面论证了这一点①。因此，除了考察特大城市与其周边区域经济联系度外，采取合

---

① 此类文献极多。参见张学良．中国交通基础设施促进了区域经济增长吗——兼论交通基础设施的空间溢出效应［J］．中国社会科学，2012，03：60－77；刘生龙，胡鞍钢．交通基础设施与中国区域经济一体化［J］．经济研究，2011，03：72－82；荣朝和．交通－物流时间价值及其在经济时空分析中的作用［J］．经济研究，2011，08：133－146；王晓东，邓丹萱，赵忠秀．交通基础设施对经济增长的影响——基于省际面板数据与Feder模型的实证检验［J］．管理世界，2014，04：173－174；Jara－Díaz S. Transport economic theory［M］．2007；Banister D，Berechman Y. Transport investment and the promotion of economic growth［J］．Journal of transport geography，2001，9（3）：209－218；Banister D，Berechman Y. Transport investment and the promotion of economic growth［J］．Journal of transport geography，2001，9（3）：209－218.

适的方法评价两者间的交通联系度同样重要。现有文献中研究区域间交通联系多从测算区域间的可达性指数着手，本书同样选择这一方法对10个大城市与其周边区域的交通可达性指数进行测算和比较。

交通可达性是指不同区域或城市间的交通便捷程度，一般采取从一地到另外一地的最短交通时间来表示，交通可达性指数是评价区域间联系程度的一个重要标准。在本书的研究中，交通可达性指数指的是特大城市周边区域到特大城市的最短时间，考虑到周边区域自身存在经济规模和人口规模的差距，在测算交通可达性指数过程中采取加权方法测算由周边区域到特大城市的最短时间，并由此测算交通可达性指数。

交通可达性指数的具体测算如下：

$$A = \frac{\sum_{i=1}^{n} T_i * M_i}{\sum_{i=1}^{n} M_i} \tag{6-1}$$

其中，T_i 为节点城市（本书中的周边区域城市）到中心城市（本书中的特大城市）的最短时间，表6-1至表6-10显示了10个特大城市到各自周边城市的距离，因此最短时间取决于交通方式，在现实世界中存在多种不同的交通方式，如高速铁路、特快铁路、快速铁路、高速公路、国道、省道等。根据中国现有技术和规定，不同交通方式的速度如下：高速铁路300km/h和200km/h、特快铁路160km/h、快速铁路120km/h、高速公路120km/h[①]、国道80km/h、省道60km/h。其中公路速度设置来自《中华人民共和国行业标准——公路路线设计规范》，而铁路速度设置来自交通部网站，同时考虑到以上速度为标准速度，部分交通方式尤其是公路交通方式在现实中不可能一直满足这种速度，因此本书设定交通方式速度的衰减系数为0.9，最终这些交通方式的速度为高速铁路270km/h和180km/h、特快铁路144km/h、快速铁路108km/h、高速公路108km/h、国道72km/h、省道54km/h。

n为区域中参与评价的节点个数，M_i 为周边城市的权重，一般用人口规模和经济规模表示，本书以地级市的地区生产总值表示，A为该地区的可达性指数，A值越小，说明区域间交通联系度越高。此外，由于高速铁路是2008年后才开始正式运行[②]，因此本书将测算2003年和2013年两个年份的交通可达性指数进行比较。

---

① 高速铁路实际上就是G、C、D开头的动车组，G、C开头的火车时速分别为300km/h、200km/h，特快铁路实际上就是指以Z和T开头的火车，时速为160km/h，快速铁路以K开头，时速为120km/h。

② 中国高速铁路的建设始于2004年的中国铁路长远规划，开通的第一条真正意义的高速铁路是2008年8月1日开通运营的350公里/小时的京津城际高速铁路。

二、测算结果与比较

测算 10 个特大城市的区域交通可达性指数所需要的地区生产总值数据在现状部分已经展示，地理距离数据来自第 5 章。最终测算的 10 个特大城市的区域交通可达性指数见表 6－1 至表 6－10。

表 6－1　北京市的周边区域交通可达性指数测算结果

	2003 年	2013 年
承德市	9.050	12.164
张家口市	8.272	8.456
廊坊市	3.866	3.529
保定市	18.313	13.035
唐山市	29.407	22.084
可达性系数之和	68.908	59.268
可达性系数均值	13.782	11.854

从 2003 年和 2013 年的交通可达性指数分析，北京与周边城市的交通可达性指数都有所提高，说明十年间北京与周边区域的交通联系程度在提高。但是分城市看，承德市、张家口市与北京的交通可达性指数并没有降低，反而有所提高，说明北京与这两个城市的交通联系度并没有明显提高。在所有城市中，保定与北京的交通联系度提高得最多，说明保定市与北京市的交通联系程度在过去十年时间逐渐增强。

表 6－2　上海市的周边区域交通可达性指数测算结果

	2003 年	2013 年
苏州市	26.670	14.460
南通市	11.265	12.675
嘉兴市	4.469	1.914
可达性系数之和	42.404	29.049
可达性系数均值	14.135	9.683

从交通可达性系数分析，十年间上海与周边区域的交通联系程度都在加强，除了与南通市的的交通联系指数略有提升外，与苏州市和嘉兴市的交通联系度都有大幅度提高。

表 6-3 天津市的周边区域交通可达性指数测算结果

	2003 年	2013 年
承德市	14.475	17.053
唐山市	24.498	13.438
廊坊市	7.456	3.182
沧州市	11.017	11.488
可达性系数之和	57.446	45.161
可达性系数均值	14.362	11.290

从交通可达性指数分析，十年间天津与周边区域的交通联系度在提升，其中唐山市和廊坊市与天津市的交通联系提高极为明显，而承德市和沧州市与天津市的交通联系度有所下降。

表 6-4 重庆市的周边区域交通可达性指数测算结果

	2003 年	2013 年
十堰市	31.556	27.988
安康市	13.306	11.430
达州市	11.091	10.761
广安市	4.988	4.694
遂宁市	6.696	3.698
资阳市	13.817	15.424
内江市	9.247	9.812
泸州市	9.989	10.464
遵义市	18.849	19.316
铜仁市	11.731	14.513
湘西自治州	10.931	14.524
恩施自治州	12.895	4.577
可达性系数之和	155.096	147.201
可达性系数均值	12.925	12.267

从交通可达性指数分析，重庆十年间与周边区域的交通联系情况有所改善，但是改善程度明显不及其他城市，这可能与重庆市自身复杂的地质结构有关，十堰市、安康市、达州市、广安市、遂宁市、恩施州与重庆市的交通联系程度在提高，而其他城市与重庆市的交通联系程度则有不同程度的下降。

表 6-5　武汉市的周边区域交通可达性指数测算结果

	2003 年	2013 年
黄冈市	10.046	3.435
鄂州市	2.570	1.712
黄石市	6.922	5.760
咸宁市	4.128	2.750
荆州市	12.662	12.901
孝感市	6.673	3.193
可达性系数之和	43.000	29.750
可达性系数均值	7.167	4.958

从交通可达性指数分析，十年间武汉市与周边区域的交通联系程度在逐渐提升，其中黄冈市与武汉市的交通联系程度提升最多，咸宁市和孝感市其次，荆州市与武汉的交通联系程度有所下降。

表 6-6　南京市的周边区域交通可达性指数测算结果

	2003 年	2013 年
扬州市	8.712	9.346
常州市	17.141	13.826
镇江市	8.096	4.123
滁州市	3.838	1.543
马鞍山市	1.733	2.425
宣城市	6.213	5.373
可达性系数之和	45.733	36.636
可达性系数均值	7.622	6.106

从交通可达性指数分析，十年间南京与周边区域的交通联系程度有所提升，其中以常州市、滁州市、镇江市的提升程度最高，宣城市次之，而扬州市和马鞍山市与南京的交通联系程度则有所下降。

表 6-7　成都市的周边区域交通可达性指数测算结果

	2003 年	2013 年
德阳市	12.169	5.584
资阳市	11.964	14.712

续表

可达性指数	2003 年	2013 年
眉山市	8.722	9.436
雅安市	10.772	8.186
阿坝藏族自治州	8.776	8.697
可达性系数之和	52.403	46.615
可达性系数均值	10.481	9.323

从交通可达性指数分析，十年间成都市与周边城市的交通联系度有所提升，其中德阳市、雅安市、阿坝州与成都市交通联系程度提升较多，尤其是德阳市，而资阳市、眉山市与成都市的交通联系程度则有所下降。

表 6－8　广州市的周边区域交通可达性指数测算结果

	2003 年	2013 年
清远市	2.250	0.975
惠州市	8.996	4.242
东莞市	7.317	4.410
中山市	4.676	2.561
韶关市	6.409	2.513
佛山市	5.184	5.132
可达性系数之和	34.832	19.833
可达性系数均值	5.805	3.306

从交通可达性指数分析，十年间广州市与周边城市的交通联系程度提升较多，所有城市与广州市的交通联系都在过去十年有所提升，其中惠州市和韶关市提升最为明显。

表 6－9　深圳市的周边区域交通可达性指数测算结果

	2003 年	2013 年
惠州市	14.561	6.630
东莞市	19.250	21.004
可达性系数之和	33.810	27.634
可达性系数均值	16.905	13.817

从交通可达性指数分析，十年间深圳市与周边城市的交通联系程度有所提高，其中惠州市与深圳市的交通联系程度提高，东莞市与深圳市的交通联系程度则有所下降。

表 6-10 沈阳市的周边区域交通可达性指数测算结果

	2003 年	2013 年
抚顺市	4.147	2.266
铁岭市	2.311	2.879
本溪市	4.140	4.506
辽阳市	3.539	2.739
鞍山市	21.194	11.286
锦州市	10.612	11.523
阜新市	4.750	6.066
通辽市	11.133	18.123
可达性系数之和	61.826	59.388
可达性系数均值	7.728	7.424

从交通可达性指数分析，十年间沈阳市与周边区域的交通联系程度有所提升，其中抚顺市、辽阳市、鞍山市与沈阳市的交通联系程度有所提升，其中鞍山市的提升程度最大，其余城市与沈阳市的交通联系程度则有所下降。

以 2003 年、2013 年 10 个特大城市与周边区域交通可达性指数的均值为指标对 10 个特大城市与周边区域的交通联系度进行排名，见表 6-11。

表 6-11 10 个特大城市与周边区域交通联系度排名

城市	交通可达性指数	排名
广州市	3.93	1
武汉市	5.51	2
南京市	6.49	3
沈阳市	7.50	4
成都市	9.61	5
上海市	10.80	6
天津市	12.06	7
北京市	12.34	8
重庆市	12.43	9
深圳市	14.59	10

表6－11表明，广州市、武汉市、南京市与周边区域的交通联系度最高，而北京市、重庆市与深圳市与周边区域的交通联系度最低。

第二节　边界效应的考察
——基于修正的一价定律

本章前三节主要从相互联系视角对特大城市与周边区域两大主体间的因素进行研究。实际上在这两大主体间除了存在相互联系之外，还可能存在相互制约因素，即所谓的边界效应（Border Effect）①。根据现有文献，这种边界效应主要来源于行政区划因素和贸易壁垒因素，在国内区域经济中，行政区域等行政因素可能是导致边界效应出现的根本因素，现有研究表明由于地方政府过于追逐地方自身主体利益，地方政府尤其是地理临近的区域出现恶性竞争的可能性极大，关于这方面的详细论述可参见《区域大战与区域经济关系》一书②。因此，本节将对10个特大城市与其周边区域间是否存在明显的边界效应进行检验。

一、检验原理与方法

在研究区域协同发展过程中，不同区域间的市场联系或一体化程度是一个重要指标。通过梳理相关文献可以将目前测度区域市场整合程度的方法分为三种：贸易流量法（Naughton，1996）、生产法（许心鹏，2003；踪家峰，2008）、价格法（李富忠，2002；桂琦寒等，2006）。考虑到如下两点原因，本书选用相对价格法：首先，其他方法尽管可以反映市场一体化程度变化，但往往受到很多非市场的干扰因素，干扰因素比较难控制；其次，由于数据的限制，其他方法都难以形成城市层面的面板数据。

相对价格法的基本出发点是通过区域之间商品价格的差异来度量市场一体化程度。如果差异缩小则说明市场一体化程度提高。相对价格法被认为是一种较好的计算市场一体化程度指数的方法，是因为市场一体化意味着价格信号在空间上分散的市场间平滑地传递（Goletti et al.，1995）。Samuelson（1954）的冰川（Iceberg）成本模型为相对价格法奠定了坚实的理论基础，该模型基本原理如下：

某种产品的运输成本为其在运输过程中损失的一个固定比例的价值。如果某

① 据考察，对边界效应最早进行研究的文献为：McCallum. National borders matter：Canada－US regional trade patterns. American Economic Review，1995，85（3）：615－623.

② 张可云．区域大战与区域经济关系［M］．北京：民主与建设出版社，2001.

种产品在生产地的售价是 P_i，那么这种产品在消费地的交货价格或到岸价格是：

$$P_j = P_i e^{(f)} \tag{6-2}$$

其中，P_i 是每种城市产品的出厂价格——生产地的售价，j 是消费者的区位，i 是产品生产地所在区位，f 是一个正常数，表示单位商品单位距离的运输成本。描述性地解释这一概念，如果把 1 单位的城市产品从生产区位运到消费者所在区位，那么并不是产品的全部能够到达，只会剩余 1 - f（f<1）部分，其余部分在运输过程中“融化”了。1 - f 越接近 1，两地之间的交易成本越小，反之越大。该模型表明，只要 P_j/P_i（即某商品的相对价格）的取值不超过一定的范围，则两地在产品交易过程中的损耗较小，两地市场可视为整合，即区域一体化发展较好。进一步拓展模型的应用边界，“冰山成本”也可以涵盖由其他交易成本导致的商品损耗这一层含义，因此这种成本可视为区域间的一种边界效应。

本书在具体测度方面，采用桂琦寒等（2006）的研究方法①。以“冰山成本”模型为基本工具，区域市场整合问题研究的关键在于探讨商品相对价格 P_j/P_i 的变化规律，给定年份 t，特定的商品种类 k，在处理相对价格的形式方面，取相对价格的一阶差分形式，即：

$$\Delta Q_{ijt}^k = \ln(P_{it}^k / P_{jt}^k) - \ln(P_{i(t-1)}^k / P_{j(t-1)}^k) \tag{6-3}$$

在这种形式下，如果市场处于一体化状态，则“冰山成本 f”较小，相对价格收敛，随之收敛。因此，可以成为考察的替代变量（在统计年鉴中，一般以价格的环比指数表示商品零售价格，采用相对价格的一阶差分形式，还便于利用环比价格指数数据）。式（6-3）可以进一步转换为公式（6-4），即：

$$\Delta Q_{ijt}^k = \ln(P_{it}^k / P_{i(t-1)}^k) - \ln(P_{jt}^k / P_{j(t-1)}^k) \tag{6-4}$$

进一步地，应用公式（6-4）对数据进行分析处理。首先，由于取对数形式后，i 地与 j 地商品价格的分子、分母位置调换将引起 Δ 的符号反向变化。因此，选取相对价格的绝对值来度量方差。其次，采用去均值（de - mean）的方法来消除与某一特定商品类别相联系的固定效应（Fixed - effects）带来的系统偏误。具体做法为：对给定年份 t、给定商品种类 k 的 Δ 的在 3 组相邻区域之间求平均值，再分别用 3 个 Δ 减去该均值，从而得到：

$$|\Delta Q_{ijt}^k| - |\overline{\Delta Q_t^k}| = (a^k - \overline{a^k}) + (\varepsilon_{ijt}^k - \overline{\varepsilon_{ijt}^k}) \tag{6-5}$$

其中是关于 i 地与 j 地特殊市场环境相关的价格变动部分，令

$$q_{ijt}^k = (\varepsilon_{ijt}^k - \overline{\varepsilon_{ijt}^k}) = |\Delta Q_{ijt}^k| - |\overline{\Delta Q_t^k}| \tag{6-6}$$

最后以计算方差的相对价格变动部分从而得到边界效应。

---

① 桂琦寒，陈敏，陆铭等．中国国内商品市场趋于分割还是整合：基于相对价格法的分析［J］．世界经济，2006（2）：20-30.

二、测算结果与比较

根据统计年鉴和统计公报以及相关部门公布的价格信息，本书搜集了2003～2012年6类商品的10年数据①，这6类商品包括了粮食蔬菜、服装鞋帽、日用品、中西药品、房产、文化体育娱乐用品等。部分商品虽有细微不同，如烟酒茶与饮料烟酒、衣着类与服装鞋帽、药及医疗用品与中西药品类等，本书在测算过程中视为等同，最终的测算结果见表6－12至表6－21。

表6－12 北京市与周边区域的相对价格方差

	2004年	2008年	2012年
北京承德	0.000987	0.000908	0.000835
北京唐山	0.000990	0.000911	0.000808
北京张家口	0.000811	0.000746	0.000706
北京廊坊	0.000992	0.000913	0.000801
北京保定	0.000901	0.000829	0.000793
北京天津	0.000675	0.000621	0.000541
价格方差均值	0.000893	0.000821	0.000756

表6－13 上海市与周边区域的相对价格方差

	2004年	2008年	2012年
上海苏州	0.000209	0.000194	0.000151
上海南通	0.000401	0.000373	0.000362
上海嘉兴	0.000311	0.000289	0.000284
价格方差均值	0.000307	0.000286	0.000266

表6－14 天津与周边区域的相对价格方差

	2004年	2008年	2012年
天津承德	0.000578	0.000538	0.000502
天津唐山	0.000311	0.000289	0.000269
天津廊坊	0.000488	0.000454	0.000422

① 原则上应该找到1998～2012年的数据，但是绝大部分样本城市其2003年前的统计年鉴缺失，无法获得，故选取2003～2012年样本数据，其中部分地市2013年统计年鉴和部分年份缺失，本书利用统计方法补全。

续表

	2004 年	2008 年	2012 年
天津沧州	0.000689	0.000634	0.000583
天津北京	0.000675	0.000621	0.000571
价格方差均值	0.000548	0.000507	0.000469

表 6－15　重庆市与周边区域的相对价格方差①

	2004 年	2008 年	2012 年
重庆十堰	0.000423	0.000393	0.000366
重庆安康	0.000509	0.000473	0.000387
重庆达州	0.000378	0.000352	0.000327
重庆广安	0.000445	0.000414	0.00029
重庆遂宁	0.000371	0.000366	0.000337
重庆资阳	0.000423	0.000401	0.000369
重庆内江	0.000421	0.000392	0.00036
重庆泸州	0.000425	0.000395	0.000281
重庆遵义	0.000346	0.000322	0.000298
价格方差均值	0.000416	0.00039	0.000335

表 6－16　武汉市的周边区域的相对价格方差

	2004 年	2008 年	2012 年
武汉黄冈	0.000511	0.000429	0.000388
武汉鄂州	0.000577	0.000555	0.000387
武汉黄石	0.000478	0.000445	0.000413
武汉咸宁	0.000501	0.000411	0.00029
武汉荆州	0.000482	0.000366	0.000337
武汉孝感	0.000431	0.000377	0.000347
价格方差均值	0.000497	0.000430	0.000360

① 其中恩施州、湘西州、铜仁市的统计年鉴缺失严重，故剔除。

表 6－17　南京市与周边区域的相对价格方差

	2004 年	2008 年	2012 年
南京扬州	0.000712	0.000701	0.000388
南京常州	0.000471	0.000445	0.000399
南京镇江	0.000519	0.000483	0.000472
南京滁州	0.000819	0.000791	0.000736
南京马鞍山	0.000797	0.000741	0.000689
南京宣城	0.000892	0.000866	0.000867
价格方差均值	0.000702	0.000671	0.000592

表 6－18　成都市与周边区域的相对价格方差①

	2004 年	2008 年	2012 年
成都德阳	0.000418	0.000377	0.000324
成都资阳	0.000467	0.000443	0.000401
成都眉山	0.000511	0.000426	0.000387
成都雅安	0.000596	0.000568	0.000519
价格方差均值	0.000498	0.000454	0.000408

表 6－19　广州市与周边区域的相对价格方差

	2004 年	2008 年	2012 年
广州清远	0.000623	0.000567	0.000516
广州惠州	0.000571	0.00052	0.000473
广州东莞	0.000488	0.000461	0.000420
广州中山	0.000474	0.000429	0.000390
广州韶关	0.000521	0.000488	0.000444
广州佛山	0.000319	0.000298	0.000271
价格方差均值	0.000499	0.000460	0.000418

表 6－20　深圳市与周边区域的相对价格方差

	2004 年	2008 年	2012 年
深圳惠州	0.000763	0.000723	0.000658
深圳东莞	0.000681	0.000665	0.000605
价格方差均值	0.000722	0.000694	0.000632

① 阿坝州数据不足，剔除。

表 6－21　沈阳市与周边区域的相对价格方差

	2004 年	2008 年	2012 年
沈阳抚顺	0.000463	0.000401	0.000373
沈阳铁岭	0.000481	0.000388	0.000361
沈阳本溪	0.000488	0.000378	0.000311
沈阳辽阳	0.000314	0.000292	0.000272
沈阳鞍山	0.000411	0.000339	0.000271
沈阳锦州	0.000421	0.000341	0.000282
沈阳阜新	0.000504	0.000469	0.000436
沈阳通辽	0.000599	0.000522	0.000478
价格方差均值	0.000460	0.000391	0.000348

通过分析上述测算结果可以发现，2003～2012 年的十年间，10 个特大城市与周边区域的相对价格方差逐渐降低，说明特大城市与周边区域间的边界效应逐渐降低，按照 2004 年、2008 年、2012 年三个年份相对价格方差的均值，本书得到 10 个特大城市与其周边区域边界效应大小顺序，见表 6－22。

表 6－22　10 个特大城市与周边区域的边界效应

城市	边界效应值	顺序
上海市	0.000286	1
重庆市	0.000380	2
沈阳市	0.000400	3
武汉市	0.000429	4
成都市	0.000453	5
广州市	0.000460	6
天津市	0.000508	7
南京市	0.000655	8
深圳市	0.000683	9
北京市	0.000823	10

表 6－22 表明，北京市与周边区域的边界效应最为明显，是上海市与周边区域边界效应的 2.88 倍，重庆市、沈阳市、武汉市与周边区域的边界效应值分别为 0.000380、0.000400、0.000429 分别位列第二、第三、第四位，而南京和深圳市与周边区域的边界效应值同样较高，分别为 0.000655 和 0.000683。

第三节　小结

本书重点研究了对特大城市与周边区域发展关系存在影响的两大主体间的联系因素，从综合经济联系度、交通联系度、产业联系度和边界效应四个方面对特大城市与周边区域的关系进行比较分析，最终得到特大城市与周边区域发展关系影响因素的主体联系层面的因素对照表（见表6－23）。

表6－23　主体联系层面的影响特大城市与周边区域发展关系的因素对照情况

因素	发展关系	交通联系度	边界效应
上海市	1	6	1
武汉市	2	2	4
成都市	3	5	5
天津市	4	7	7
沈阳市	5	4	3
深圳市	6	10	9
南京市	7	3	8
广州市	8	1	6
重庆市	9	9	2
北京市	10	8	10

从表中可以发现，上海市在与周边区域的边界效应方面表现较好，在交通联系度方面表现一般；武汉市与周边区域在交通联系度、发展关系方面表现较好；成都市与周边区域在交通联系度、边界效应上都表现一般；天津市同样表现一般；沈阳市与周边区域在边界效应、交通联系度方面表现较好；深圳市与周边区域在边界效应和交通联系度方面表现较差；重庆市与周边区域在边界效应上表现较好，在其他方面表现较差；广州市与周边区域在边界效应上表现一般；南京市与周边区域在交通联系度上表现较好，在其他方面表现较差；北京市的表现都较差。

在考察了特大城市层面和特大城市与周边区域联系层面对特大城市与周边区域发展关系的影响因素后，还需要对周边区域这一主体可能影响发展关系的特征进行研究。

第七章　特大城市影响周边区域的因素研究之三
——周边区域主体层面的因素

根据本书所构建的理论研究框架，影响特大城市与其周边区域发展关系的因素除了特大城市主体自身因素和特大城市与周边区域的相互关系外，周边区域自身因素同样是影响特大城市与周边区域发展关系的重要因素，这一点在过去研究大城市对区域的带动作用时经常被忽略或只进行了单独研究，并没有置于一个完整的理论研究框架之下。因此，本章在前两章的基础上继续利用本书构建的理论研究框架对周边区域主体自身因素进行研究。

第一节　研究思路的讨论

在研究特大城市对周边区域发展影响的研究中，相比于特大城市主体，周边区域主体似乎处于一个相对被忽视的地位，但是这并不意味着周边区域自身就没有能够影响两大主体间相互发展关系的因素。实际上，周边区域特征如初始发展水平、基础设施情况、要素存量因素、政府能力等因素都会对这种发展关系产生重要影响。因此，研究周边区域的发展特征对特大城市与周边区域的影响同样重要。但是在众多的影响因素中，如何选取合适的因素来反映周边区域对两者之间发展关系的影响是一个难题。通过整理和分析相关文献以及框架的内在逻辑，本书认为应该从周边区域的初始发展水平和周边区域的发展能力两个层面对此进行研究。其原因如下：

周边区域影响周边区域与特大城市发展关系的因素众多，但是一方面由于很多因素在主体联系层次上的研究已经被包含，无须再进行研究；另一方面由于本书是通过计量模型得到的结论，先天性地存在时间限制。换言之，计量模型在检验过程中会忽略掉周边区域的初始发展水平，如北京周边区域和上海周边区域自古以来的发展水平就相差很大，这种情形肯定会对两者之间的关系产生重要影响。本书虽然没有办法考量10个特大城市周边区域古代发展情况，但是在数据允许的前提下对周边区域在样本区间即1997年以前的发展水平进行比较是极有必要的。此外，很多周边区域自身的因素如经济发展、基础设施、要素存量、政府能力等因素都可以反映在发展能力指标上，因此除了比较周边区域初始发展水平外，还必须对周边区域的发展能力进行比较。

实际上，周边区域的初始发展能力和发展水平会对特大城市与周边区域两者之间的发展关系即ρ产生重要影响，而且这种影响与特大城市层面和主体联系层面的因素影响并不相同。这种不同主要体现在两方面：第一，初始发展水平和发展能力越强的区域，自身发展速度和水平也会在不受特大城市辐射因素的影响下加快，从而会使ρ值没有我们预计得那么大，因为周边区域自身就足以发展而不需要特大城市的辐射带动，同时初始发展水平和发展能力越强的区域也可能因为与特大城市产业结构能够相匹配而迅速发展而使ρ值变大；第二，初始发展水平和发展能力弱的区域既可能导致周边区域无法从特大城市的辐射效应中获益从而导致ρ值较小，也可能因为初始发展水平和发展能力较弱而存在后发优势导致在与特大城市的区域合作间发展速度加快最终使ρ值较大。这两种在数学技术上几乎是无法识别的，因此从周边区域初始发展水平和发展能力两个维度对10个特大城市的周边区域展开比较研究不仅是本书提出研究框架的重要组成部分，也是通过比较分析出影响特大城市与周边区域发展关系的重要步骤。

第二节　初始发展水平比较

——基于主因子分析方法①

受限于数据，本书不可能展开无限期以前的初始水平比较研究，只能在数据约束条件下选择适当的时间来比较周边区域的初始发展水平。通过整理相关统计年鉴，本书将初始发展水平的衡量年份定位于1993~1996年，指标值为四年均值。

一、发展水平评价指标体系的构建

发展水平是一个综合性的概念，包括经济、社会、人口等多方面的内容，因

① 评价方法很多，有主成分分析、熵值法、TOPSIS分析法、AHP分析法，权重相同情况下，不同分析方法的评价结果不会有太多差异，其中主因子分析方法的原理在前文已经详细介绍过，此处不再介绍。

此发展水平评价指标体系首先应该满足全面性要求，其次由于研究对象为地级市，时间比较早，考虑到中国现有统计数据的质量，在构建指标体系中还必须依据数据可得性要求。在参考部分评价城市和区域发展水平、质量文献的基础上①，本书最终所构建的指标体系见表7-1。

表7-1 发展水平评价指标体系

最终指标	次级指标	对象指标
发展水平	经济发展水平	X_1：地区生产总值
		X_2：人均地区生产总值
		X_3：财政收入
	产业发展水平	X_4：第二产业占地区生产总值比重
		X_5：第三产业占地区生产总值比重
		X_6：规模以上工业企业单位数
		X_7：规模以上工业外商投资企业单位数
	城市发展水平	X_8：城市建成区面积
		X_9：市辖区人均拥有道路面积
		X_{10}：市辖区绿地面积
		X_{11}：单位市辖区人口拥有公共汽车数
	社会发展水平	X_{12}：公共图书馆总藏量
		X_{13}：执业（助理）医师数
		X_{14}：普通小学专任教师数
		X_{15}：人口数

二、测算结果与比较

根据中经网统计数据库中城市年度数据库的数据，本书对10个特大城市周边48个城市的初始发展水平进行了主成分分析②，结果见图7-1以及表7-2至表7-5。

① 唐晓东．中国城市发展水平评价指标体系及实证研究［J］．生产力研究，2005，07：70-73；马仁锋，张海燕，沈玉芳，王筱春．省域尺度的区域发展潜力评价方法研究［J］．开发研究，2009，03：18-23.

② 该数据库只有地级市数据，没有少数民族自治州数据，考虑到自治州样本较少，不会对评价结果产生重大影响，故剔除。

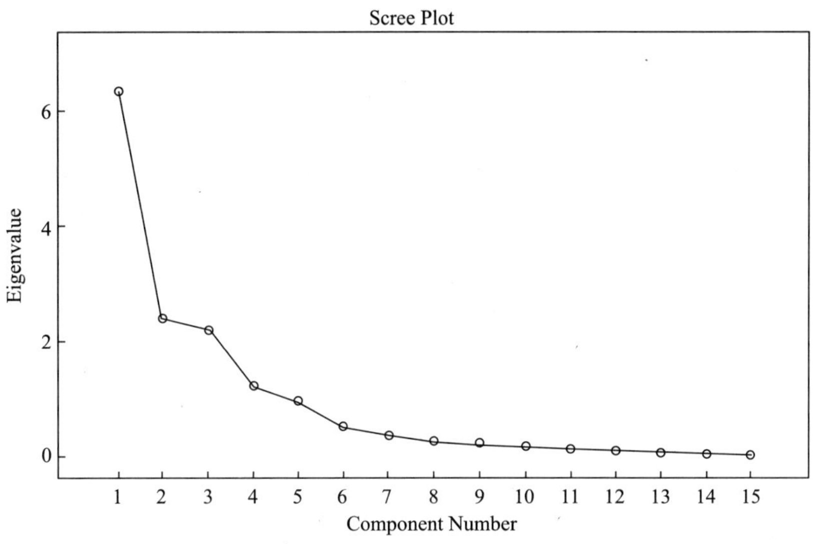

图 7-1　主因子提取的碎石图结果

表 7-2　主因子方差特征值与方差解释

主因子	特征值	方差解释	累计方差解释比例
主因子 1	3.752	25.014	25.014
主因子 2	3.614	24.091	49.106
主因子 3	3.562	23.744	72.85
主因子 4	1.271	8.475	81.325

表 7-3　因子载荷矩阵

指标	主因子 1	主因子 2	主因子 3	主因子 4
地区生产总值	0.600	0.442	0.608	-0.048
人均地区生产总值	-0.040	0.750	0.471	0.051
规模以上工业企业单位数	0.270	0.136	0.932	-0.029
规模以上工业企业单位数—外商投资企业	0.082	0.190	0.886	0.111
人口数	0.879	-0.243	0.231	-0.152
市辖区建成区面积	0.689	0.609	-0.165	0.173
市辖区人均拥有道路面积	0.067	-0.152	0.858	-0.254
市辖区绿地面积	0.134	0.542	0.210	-0.581
普通小学专任教师数	0.892	-0.185	0.175	-0.118

续表

指标	主因子1	主因子2	主因子3	主因子4
执业医师数	0.762	0.521	0.059	0.209
第二产业增加值占国内生产总值比重	0.049	0.879	0.184	-0.105
第三产业增加值占国内生产总值比重	-0.007	-0.029	0.020	0.827
地方公共财政收入	0.649	0.430	0.205	-0.046
单位市辖区人口拥有公共汽车数	0.029	0.727	-0.100	-0.112
公共图书馆总藏量	0.489	0.511	0.578	0.176

表7-4　48个城市各主因子得分及最终得分

城市	主因子1	主因子2	主因子3	主因子4	最终得分
唐山市	5.8262	3.0156	1.6267	-0.4809	3.1102
保定市	0.4773	0.8161	-0.0852	1.3723	0.5067
张家口	1.1936	0.9028	-0.0444	1.2389	0.7507
承德市	-1.4482	-0.3310	-1.1009	-0.2706	-0.8931
沧州市	-1.7110	-0.6714	-1.2366	0.8859	-0.9939
廊坊市	-1.4968	-2.1316	-1.1788	1.3834	-1.2919
德阳市	-0.9096	-1.6271	-1.2002	-0.4629	-1.1605
资阳市	-0.8661	-2.6876	-1.4559	-1.4788	-1.6418
眉山市	-1.8803	-2.4800	-1.6412	-0.7402	-1.8694
雅安市	-2.5631	-1.4972	-1.5251	-0.1334	-1.6911
十堰市	0.1010	4.4099	0.3434	-3.7242	1.0498
安康市	-0.8550	-2.7039	-1.5977	0.9666	-1.4298
达州市	-2.8245	-1.8176	-1.7456	0.0556	-1.9111
广安市	-1.3739	-3.1083	-1.5339	-0.5523	-1.8488
遂宁市	-0.0137	-3.2362	-1.2016	0.6058	-1.2507
内江市	0.4856	-2.2375	-0.9487	0.4815	-0.7403
泸州市	-1.4075	0.6662	-0.8418	0.4984	-0.4294
铜仁市	-2.8389	-2.6490	-2.0836	0.4732	-2.2170
遵义市	-1.1385	0.8311	-1.3109	1.1152	-0.3706
黄石市	0.1865	0.6497	-0.3210	0.9774	0.2579
鄂州市	0.2936	-0.8641	-0.0491	-0.3423	-0.2157
孝感市	-0.7647	-2.4407	-1.3468	0.1414	-1.3368
荆州市	2.7045	-0.2339	-0.0032	-0.8805	0.6699

续表

城市	主因子1	主因子2	主因子3	主因子4	最终得分
黄冈市	-1.6135	-1.5050	-1.2505	0.0362	-1.3035
咸宁市	-2.4961	-2.4128	-1.7835	-0.9199	-2.0991
苏州市	3.7784	3.7549	4.4715	1.2741	3.7129
南通市	0.7796	2.0416	1.8655	0.8313	1.4759
嘉兴市	-0.6439	-0.2894	-0.1766	-0.1562	-0.3516
常州市	2.0271	2.5750	2.6430	0.2204	2.1810
扬州市	-0.3106	2.0771	0.6280	0.6810	0.7741
镇江市	-0.0942	1.8710	0.5352	1.0257	0.7885
马鞍山	-0.7409	1.7414	-0.1971	-2.3926	-0.0188
滁州市	-2.0633	-1.1015	-1.2503	-1.3502	-1.4667
宣城市	-0.4691	-1.7678	-1.0358	0.3474	-0.9343
通辽市	-0.3950	-1.9891	-1.2624	-0.1259	-1.0925
鞍山市	6.4064	4.5748	2.5456	-0.0714	4.0615
抚顺市	4.7234	3.6333	1.0049	-0.8338	2.7357
本溪市	1.8526	1.9503	0.4673	-0.9148	1.1887
锦州市	0.8424	0.4253	0.0153	1.7901	0.5760
阜新市	-0.3552	-0.5828	-0.9302	1.2147	-0.4270
铁岭市	-1.9431	-1.2324	-1.4498	1.9018	-1.1879
辽阳市	0.3658	0.7249	-0.1619	1.0246	0.3867
韶关市	-1.2479	0.1449	-0.5696	-0.5059	-0.5599
佛山市	-0.1029	2.6675	2.3351	0.1525	1.4563
惠州市	-1.7080	0.8221	0.5112	0.1638	-0.1155
清远市	-1.9045	-1.4662	-1.3947	-0.1087	-1.4387
东莞市	5.3212	2.2393	9.6937	-1.8114	4.9418
中山市	0.8150	0.5293	5.2287	-2.6022	1.6631

表7-5　10个特大城市周边区域平均初始发展水平

特大城市	周边城市	得分	平均得分
北京市	唐山市	3.1102	0.4365
	保定市	0.5067	
	张家口	0.7507	
	承德市	-0.8931	
	廊坊市	-1.2919	

续表

特大城市	周边城市	得分	平均得分
天津市	唐山市	3.1102	-0.0172
	廊坊市	-1.2919	
	承德市	-0.8931	
	沧州市	-0.9939	
上海市	苏州市	3.7129	1.6124
	南通市	1.4759	
	嘉兴市	-0.3516	
重庆市	十堰市	1.0498	-1.0790
	安康市	-1.4298	
	达州市	-1.9111	
	广安市	-1.8488	
	遂宁市	-1.2507	
	资阳市	-1.6418	
	内江市	-0.7403	
	泸州市	-0.4294	
	遵义市	-0.3706	
	铜仁市	-2.2170	
武汉市	黄冈市	-1.3035	-0.6712
	鄂州市	-0.2157	
	黄石市	0.2579	
	咸宁市	-2.0991	
	荆州市	0.6699	
	孝感市	-1.3368	
南京市	扬州市	0.7741	0.2207
	常州市	2.1810	
	镇江市	0.7885	
	滁州市	-1.4667	
	马鞍山	-0.0188	
	宣城市	-0.9343	
成都市	德阳市	-1.1605	-1.5907
	资阳市	-1.6418	
	眉山市	-1.8694	
	雅安市	-1.6911	

续表

特大城市	周边城市	得分	平均得分
广州市	清远市	-1.4387	0.9912
	惠州市	-0.1155	
	东莞市	4.9418	
	中山市	1.6631	
	韶关市	-0.5599	
	佛山市	1.4563	
深圳市	惠州市	-0.1155	2.4131
	东莞市	4.9418	
沈阳市	抚顺市	2.7357	0.7802
	铁岭市	-1.1879	
	本溪市	1.1887	
	辽阳市	0.3867	
	鞍山市	4.0615	
	锦州市	0.5760	
	阜新市	-0.4270	
	通辽市	-1.0925	

最终得到10个特大周边区域初始发展水平排名结果，见表7-6。

表7-6　10个特大城市周边区域初始发展水平排名

城市	周边区域初始发展水平	排名
深圳市	2.4131	1
上海市	1.6124	2
广州市	0.9912	3
沈阳市	0.7802	4
北京市	0.4365	5
南京市	0.2207	6
天津市	-0.0172	7
武汉市	-0.6712	8
重庆市	-1.0790	9
成都市	-1.5907	10

表7-6表明深圳市、上海市、广州市周边区域的初始发展水平即1995年前后的发展水平是10个特大城市中最高的，北京周边区域的初始发展水平居中，高于南京市、天津市等城市，武汉市、重庆市、成都市周边区域的初始发展水平最低。

第三节　周边区域的发展能力比较

林毅夫（2002）提出自生能力是企业发展的前提因素，由此我们可以认为，区域发展能力则是一个区域发展的根本前提，区域发展能力应该包含多种不同领域，如政府能力、要素支撑能力、基础设施建设水平、公共产品充裕程度等内容，本书将对10个特大城市周边区域的发展能力进行比较研究。

一、指标体系的构建原则

能力（Ability）是指客观事物完成某个任务或达到某个目标的主客观条件，在客观上表征了客观事物完成某个任务或达到某个目标的可能性（范士陈，2006）。在区域发展理论中，区域发展能力则可以指区域在完成区域发展目标过程中的主客观条件集合。考虑到能力概念的特性，本书认为发展能力评价指标体系应该满足如下三个原则：

第一，全面性原则。与发展水平概念相比，发展能力同样是一个综合概念，应该体现在政府治理、经济发展、城市发展与建设、社会发展与建设等多领域的工作上，因此衡量发展能力的指标应该包含多方面内容，当前已有研究直接将某项单一指标作为衡量区域发展能力的做法存在一定缺陷[①]。因此，必须构建一套包含政府能力、经济发展能力、城市发展建设能力、社会发展建设能力等全面的发展能力评价指标体系。

第二，动态性原则。能力首先是一个动态概念，因此评价区域的发展能力应该基于一段时间区间而不是一个时间点，在现有很多发展能力指标体系中尤其是政府能力指标评价体系（张钢等，2004；邹再进等，2005；黄燕等，2007）中，大量地采用一年指标对地区的政府能力进行比较研究，这种做法明显欠妥，考量发展能力更多地应该关注增长率指标而不是关注一个时间点上的某些指标值，至少应该包含大部分的增长率指标。

① 张富田．金融发展、政府能力与区域经济增长的实证研究［J］．科技管理研究，2012，24：69－72。

第三，可量化原则。一方面，现有文献研究政府能力多从定性视角展开，缺乏对政府能力指标的量化研究①；另一方面，即使有部分文献对发展能力进行了指标评价，但是很多指标体系没有满足全面性要求。

根据以上三点原则，本书制定了区域发展能力的指标体系，见表 7－7。

表 7－7　区域发展能力指标评价体系

最终指标	次级指标	对象指标
发展能力	政府自身建设	政府领导稳定程度
		政府形象建设
	经济发展能力	地区生产总值年均增长率②
		财政收入年均增长率
		职工工资年均增长率
	城市发展能力	城市建成区面积增长率
		城镇化率年均增长率
		城市公用汽车规模年均增长率
	产业发展能力	非农产业年均增长率
		规上企业年均增加率
		规上企业产值年均增长率
	社会发展能力	人口年均增长率
		抚恤和社会福利救济年均增长率
		社会保障补助支出年均增长率
	生态保护能力	工业废水排放处理率近十年均值
		生活废水排放处理率近十年均值
		生活垃圾无害化处理率近十年均值

表 7－7 所构建的发展能力指标体系中部分指标的含义、选择机理以及衡量方法如下：

（1）政府领导稳定程度。政府领导稳定程度指的是在研究区间内区域“一把手”（市委书记）和“二把手”（市长）的更替频率，频率越大说明政府领导越不稳定，考虑到过去中国区域经济发展存在强烈的 GDP 导向，不同的领导提

① 常轶军．政府能力与贫富差距控制［J］．理论探索，2012，04：120－124；孙柏瑛．社会管理与政府能力建构［J］．南京社会科学，2012，08：87－94；李国青．政府能力的多维审视与重新解读［J］．求索，2011，09：89－91；孔令锋，向志强．论政府能力与可持续发展［J］．中国人口·资源与环境，2007，02：36－39。

② 采取年均增长率衡量发展能力的原因在于现有统计数据体系无法为每一项指标提供同等区间跨度的时间序列数据，故只能采取年均增长率的做法消除样本区间不一致的影响。

升 GDP 的区域发展战略也不相同，因此领导人替换频率过快使区域发展能力难以形成和提高。实际上已有文献对市委书记替换频率对经济发展的影响进行过卓有成效的研究①，因此本书将对周边区域政府领导的稳定程度进行测量，具体思路是通过搜集周边城市 1990～2013 年市委书记和市长的变化情况，加总其非重复的更替次数作为地方政府领导稳定程度指标的衡量②，最终搜集结果见表 7－8。

表 7－8　周边城市政府领导稳定程度

更替次数	市委书记更替次数	市长更替次数	市委书记和市长重复更替次数	总更替次数
唐山市	8	9	4	13
保定市	8	9	3	14
张家口	9	9	3	15
承德市	6	13	9	10
沧州市③	5	10	4	11
廊坊市	7	11	6	12
德阳市	5	8	3	10
资阳市④	6	7	4	9
眉山市	5	6	5	6
雅安市	8	12	6	14
十堰市⑤	6	8	3	11
安康市	11	15	11	15
达州市⑥	7	13	5	15
广安市⑦	8	10	6	12
遂宁市	8	13	7	14
内江市	11	13	4	20
泸州市	8	9	5	12
铜仁市	9	13	8	14

① 徐业坤，钱先航，李维安. 政治不确定性、政治关联与民营企业投资——来自市委书记更替的证据［J］. 管理世界，2013（5）：116－130.

② 非重复更替指的是排除市长接任市委书记、代书记市长成为正式书记市长等情况。

③ 1993 年 7 月，地、市合并，成立沧州市。

④ 2000 年 6 月 14 日，撤销资阳地区和县级资阳市，设立地级资阳市。

⑤ 1994 年 10 月，中共十堰市委与郧阳地委合并，组成新的十堰市委，1990～1994 年十堰市委与郧阳地委领导数只统计十堰市委的领导更替。

⑥ 1999 年 6 月 20 日，撤销达川地区和县级达川市，设立地级达州市。

⑦ 1998 年 7 月 31 日，撤销广安地区和广安县，设立地级广安市。

续表

更替次数	市委书记更替次数	市长更替次数	市委书记和市长重复更替次数	总更替次数
遵义市	8	11	7	13
黄石市	6	14	7	13
鄂州市	11	14	6	19
孝感市①	5	13	7	11
荆州市②	6	10	3	13
黄冈市③	7	9	8	8
咸宁市④	6	12	7	11
苏州市	7	7	3	11
南通市	5	8	4	9
嘉兴市	9	15	10	14
常州市	5	14	8	11
扬州市	7	12	6	13
镇江市	8	14	11	11
马鞍山	6	11	5	12
滁州市⑤	7	12	8	11
宣城市⑥	8	9	5	12
通辽市⑦	8	9	7	10
鞍山市	9	11	7	13
抚顺市	8	14	8	14
本溪市	7	14	7	14
锦州市	7	11	7	11
阜新市	8	12	6	14
铁岭市	8	12	6	14
辽阳市	6	11	6	11
韶关市	6	11	8	9
佛山市	8	8	5	11

① 1993 年 6 月，孝感市成立。

② 1994 年 9 月 29 日，荆沙市成立，后归为荆州市。

③ 1995 年 12 月 23 日，设立地级黄冈市。

④ 1998 年 12 月，设立地级咸宁市。

⑤ 1992 年 12 月 20 日，撤销滁县地区、滁州市，设立滁州市。

⑥ 2000 年 6 月 25 日，撤销宣城地区和县级宣州市，设立地级宣城市。

⑦ 1999 年 10 月，撤销地级哲里木盟建制，成立地级通辽市。

续表

更替次数	市委书记更替次数	市长更替次数	市委书记和市长重复更替次数	总更替次数
惠州市	7	15	12	9
清远市	6	12	7	11
东莞市	5	10	6	9
中山市	5	8	5	8

资料来源：根据网络资料整理而得。

（2）政府形象建设。政府形象建设指的是政府部门相关网站是否存在，在搜集数据和整理资料过程中，本书发现不同地级市在政府以及部分重要职能部门如统计部门的门户网站设置上存在巨大差别，同时学界已经有大量研究证明政府部门的门户网站的建设情况与区域经济发展存在密切联系①。因此本书将对城市的政府网站、发展改革部门网站和统计局网站进行检索，设有网站的打 1 分，没有的则为 0 分，加总则为政府形象外在建设得分。

表 7－9　政府外在形象建设指标

三大网站建设情况	地方政府网站建设情况②	发展改革委网站建设情况	统计部门网站和数据体系建设情况	总得分
唐山市	1	1	1	3
保定市	1	1	0	2
张家口	1	1	0	2
承德市	1	1	0	2
沧州市	1	1	1	3
廊坊市	1	1	0	2
德阳市	1	1	1	3
资阳市	1	1	0	2
眉山市	1	1	1	3
雅安市	1	1	1	3

① 郑烨，胡春萍，吴建南．政府网站建设对政府透明度影响的实证研究——来自西部某省县级政府网站评价的证据［J］．图书情报知识，2013（4）：95－105；顾海兵，张敏．市级政府网站与市域经济的关联度之分层分析——基于292 个地级市的资料分层分析［J］．学术界，2014（6）：10－21；刘雁书，谢文照，刘双阳，黄碧云．中国政府网站统计数据公众可获取性及质量研究［J］．统计与决策，2007（7）：53－55.

② 政府网站以 gov. cn 域名为准。

续表

三大网站建设情况	地方政府网站建设情况	发展改革委网站建设情况	统计部门网站和数据体系建设情况	总得分
十堰市	1	1	1	3
安康市	1	1	1	3
达州市	1	1	1	3
广安市	1	1	0	2
遂宁市	1	1	1	3
内江市	1	0	1	2
泸州市	1	1	1	3
铜仁市	1	1	1	3
遵义市	1	1	1	3
黄石市	1	1	0	2
鄂州市①	1	1	0	2
孝感市	1	1	1	3
荆州市	1	1	1	3
黄冈市	1	1	0	2
咸宁市	1	1	1	3
苏州市	1	1	1	3
南通市	1	1	1	3
嘉兴市	1	1	1	3
常州市	1	1	1	3
扬州市	1	1	1	3
镇江市	1	1	1	3
马鞍山②	1	0	0	1
滁州市	1	0	1	2
宣城市	1	0	1	2
通辽市	1	1	1	3
鞍山市	1	1	1	3
抚顺市	1	1	0	2
本溪市	1	1	1	3
锦州市	1	1	1	3
阜新市	1	0	1	2
铁岭市	1	1	1	3
辽阳市	1	1	1	3

① 鄂州市的统计局网站点击不开。

② 马鞍山市的统计局和发改委网站都点击不开。

续表

三大网站建设情况	地方政府网站建设情况	发展改革委网站建设情况	统计部门网站和数据体系建设情况	总得分
韶关市	1	1	1	3
佛山市	1	1	1	3
惠州市	1	1	1	3
清远市	1	1	1	3
东莞市	1	1	1	3
中山市	1	1	1	3

资料来源：利用网络搜集整理而得。

除此之外，其他增长率指标为末期数据减去初期数据开年数方而得，均值指标则求均值，此处不再赘述。

二、测算结果与比较

本书首先用主因子分析方法进行分析，发现 KMO 球检验并不显著，且提取主因子数达到 6 个，故不能采用主因子评价方法，考虑任何主观方法都无法避免权重的设定，本书决定采取最为简单和直接的指标打分法对周边区域的发展能力进行比较研究。该方法的思路是在为各项指标确定权重后，按照指标值相对于最优值的比值测算出得分，最后加总各项指标得分即为发展能力得分，其中最优值依据指标的正负型而定，其中正向型指标最大值为最优值，负向型指标最小值为最优值。权重设置在导师指导下确定，见表 7 - 10。

表 7 - 10　区域发展能力评价指标体系及权重

二级指标	三级指标	权重
政府能力（0.2）	政府领导稳定程度	0.05
	政府形象建设	0.05
经济发展能力（0.16）	地区生产总值年均增长率①	0.06
	财政收入年均增长率	0.06
	职工工资年均增长率	0.06
城市发展能力（0.16）	城市建成区面积增长率	0.06
	城镇化率年均增长率	0.06
	城市公用汽车规模年均增长率	0.06

① 采取年均增长率衡量发展能力的原因在于现有统计数据体系无法为每一项指标提供同等区间跨度的时间序列数据，故只能采取年均增长率的做法消除样本区间不一致的影响。

续表

二级指标	三级指标	权重
产业发展能力（0.16）	第二产业和第三产业增加率和的年均增长率	0.06
	规上企业年均增加率	0.06
	规上企业均产值年均增长率	0.06
社会发展能力（0.16）	人口年均增长率	0.06
	抚恤和社会福利救济年均增长率	0.06
	社会保障补助支出年均增长率	0.06
生态保护能力（0.16）	工业废水排放处理率近十年均值	0.06
	生活废水排放处理率近十年均值	0.06
	生活垃圾无害化处理率近十年均值	0.06

最终测算各城市的发展能力排名见表7-11。

表7-11 特大城市周边城市政府的发展能力比较

城市	发展能力值	排名
苏州市	0.74794	1
东莞市	0.67097	2
南通市	0.65481	3
扬州市	0.63104	4
嘉兴市	0.61551	5
通辽市	0.59883	6
中山市	0.58966	7
清远市	0.58688	8
遵义市	0.58455	9
镇江市	0.57181	10
惠州市	0.56795	11
佛山市	0.56610	12
达州市	0.56482	13
孝感市	0.56342	14
常州市	0.56266	15
眉山市	0.56086	17
沧州市	0.55741	18

续表

城市	发展能力值	排名
承德市	0.56255	16
滁州市	0.55692	19
鞍山市	0.53786	20
唐山市	0.52290	21
韶关市	0.52005	22
资阳市	0.51022	23
本溪市	0.50768	24
德阳市	0.50611	25
荆州市	0.50467	26
泸州市	0.50178	27
内江市	0.49867	28
保定市	0.49709	29
辽阳市	0.49478	30
抚顺市	0.49037	31
雅安市	0.48964	32
廊坊市	0.48494	33
黄冈市	0.47962	34
锦州市	0.47851	35
马鞍山	0.47511	36
黄石市	0.47407	37
十堰市	0.46685	38
咸宁市	0.46651	39
张家口	0.46617	40
铁岭市	0.45803	41
广安市	0.45007	42
宣城市	0.44537	43
鄂州市	0.44526	44
阜新市	0.44049	45
遂宁市	0.42695	46
安康市	0.42631	47
铜仁市	0.40084	48

根据表 7－11 的测算结果，本书进一步得到 10 个特大城市周边区域发展能力的平均值排名，见表 7－12。

表 7－12　10 个特大城市周边区域平均发展能力

特大城市	周边城市	得分	平均得分
北京市	唐山市	0. 5229	0. 5067
	保定市	0. 4971	
	张家口	0. 4662	
	承德市	0. 5625	
	廊坊市	0. 4849	
天津市	唐山市	0. 5229	0. 5319
	廊坊市	0. 4849	
	承德市	0. 5625	
	沧州市	0. 5574	
上海市	苏州市	0. 7479	0. 6728
	南通市	0. 6548	
	嘉兴市	0. 6155	
重庆市	十堰市	0. 4669	0. 4849
	安康市	0. 4263	
	达州市	0. 5648	
	广安市	0. 4501	
	遂宁市	0. 4269	
	资阳市	0. 5102	
	内江市	0. 4987	
	泸州市	0. 5018	
	遵义市	0. 5846	
	铜仁市	0. 4008	
武汉市	黄冈市	0. 4796	0. 4889
	鄂州市	0. 4453	
	黄石市	0. 4741	
	咸宁市	0. 4665	
	荆州市	0. 5047	
	孝感市	0. 5634	

续表

特大城市	周边城市	得分	平均得分
南京市	扬州市	0.6310	0.5405
	常州市	0.5627	
	镇江市	0.5718	
	滁州市	0.5569	
	马鞍山	0.4751	
	宣城市	0.4454	
成都市	德阳市	0.5061	0.5167
	资阳市	0.5102	
	眉山市	0.5609	
	雅安市	0.4896	
广州市	清远市	0.5869	0.5836
	惠州市	0.5679	
	东莞市	0.6710	
	中山市	0.5897	
	韶关市	0.5200	
	佛山市	0.5661	
深圳市	惠州市	0.5679	0.6195
	东莞市	0.6710	
沈阳市	抚顺市	0.4904	0.5008
	铁岭市	0.4580	
	本溪市	0.5077	
	辽阳市	0.4948	
	鞍山市	0.5379	
	锦州市	0.4785	
	阜新市	0.4405	
	通辽市	0.5988	

表 7－13　10 个特大城市周边区域发展能力排名

城市	周边区域发展水平能力均值	排名
上海市	0.6728	1
深圳市	0.6195	2
广州市	0.5836	3

续表

城市	周边区域发展水平能力均值	排名
南京市	0.5405	4
天津市	0.5319	5
成都市	0.5167	6
北京市	0.5067	7
沈阳市	0.5008	8
武汉市	0.4889	9
重庆市	0.4849	10

如表7－13所示，从发展能力排名结果看，上海市、深圳市、广州市周边区域的发展能力位居前三，且与其他城市存在明显差距，实际上东部城市周边区域发展能力包揽了前五名，而沈阳市、武汉市、重庆市周边区域的发展能力则位居后三席。

第四节　小结

本章主要对周边区域的初始发展水平和区域发展能力进行了比较研究，得到了10个特大城市周边区域初始发展水平和区域发展能力的排名情况，最终得到周边区域层面影响特大城市与周边区域发展关系的因素对照表，见表7－14。

表7－14　周边区域层面的影响特大城市与周边区域发展关系的因素对照情况

因素	发展关系	周边区域初始发展水平	周边区域发展能力
上海市	1	2	1
武汉市	2	8	9
成都市	3	10	6
天津市	4	7	5
沈阳市	5	4	8
深圳市	6	1	2
南京市	7	6	4
广州市	8	3	3
重庆市	9	9	10
北京市	10	5	7

表7-14表明10个特大城市能够分为四类：第一类为周边区域初始发展水平和发展能力较高区域，其特大城市极大地带动了周边区域发展，上海市最为明显，其周边区域初始发展水平位居第二，周边区域发展能力位居第一，其带动能力同样位于第一。第二类城市为周边区域初始发展水平和发展能力较低区域，其特大城市同样很好地带动了周边区域发展，其中武汉市、成都市、天津市、沈阳市都是如此。以武汉市为例，其周边区域初始发展水平只排在第八位，周边区域发展能力只排在第九位，但是其带动能力则位居第二。第三类城市为周边区域初始发展水平和发展能力较高区域，其特大城市虽然带动了周边区域发展，但是效果反而没有第二类城市显著，这类城市包括深圳市、南京市、广州市以及北京市。以南京市为例，其周边区域初始发展水平排在第六位，周边区域发展能力排在第四位，但是其带动能力只能排在第七位；而深圳市更为明显，其周边区域初始发展水平排在第一位，周边区域发展能力排在第二位，但是其带动能力只能排在第六位。第四类城市是周边区域初始发展水平和发展能力与带动能力相符的城市，主要指重庆市，其周边区域初始发展水平和发展能力分别排在第九和第十位，其带动能力同样排在第九位。

第八章　研究结论的进一步分析

首先，本书研究结论证明除了北京市外，其他9个特大城市都能够对周边区域产生正向的带动作用，证明了增长极理论的有效性并对该理论在中国区域发展过程中的实践进行了验证。其次，本书对影响特大城市与周边区域发展关系的影响因素从特大城市、周边区域、两者联系三个层面进行了全面分析，得到了不同因素与发展关系排名的对照表，该表具有如下三重意义：第一，能够为10个特大城市及其周边57个城市未来发展提供建议；第二，能够为其他城市发展提供建议；第三，能够为城市群发展战略与区域发展战略提供一定参考。下面将对结论进行全面分析，并在此基础上提出相关政策含义以及未来研究方向。

第一节　主要结论

根据三个层面影响因素分析结果和发展关系的实证结果，得到最终的因素对照表，见表8－1。

表8－1　特大城市与周边区域发展关系影响因素对照表

		增长极城市层面		增长极城市与周边区域关系层面		周边区域层面	
细分影响因素	发展关系	辐射能力	产业吸引指数	交通联系度	边界效应	周边区域初始发展水平	周边区域发展能力
上海市	1	3	2	6	1	2	1
武汉市	2	2	7	2	4	8	9
成都市	3	9	9	5	5	10	6
天津市	4	7	3	7	7	7	5

续表

		增长极城市层面		增长极城市与周边区域关系层面		周边区域层面	
细分影响因素	发展关系	辐射能力	产业吸引指数	交通联系度	边界效应	周边区域初始发展水平	周边区域发展能力
沈阳市	5	5	6	4	3	4	8
深圳市	6	1	1	10	9	1	2
南京市	7	6	5	3	8	6	4
广州市	8	4	4	1	6	3	3
重庆市	9	10	8	9	2	9	10
北京市	10	8	10	8	10	5	7

下面将从三个层面对研究结论进行分析，首先是单个特大城市与周边区域发展关系个体分析，其次是不同特大城市与周边区域发展关系的比较分析，最后是从整体上归纳10个特大城市与周边区域发展关系的研究启示。

一、单个特大城市与周边区域发展关系的个体分析

首先，分别从10个特大城市与周边区域的分析结果进行分析，将影响因素与发展关系的排序情况整理为图8－1至图8－10。

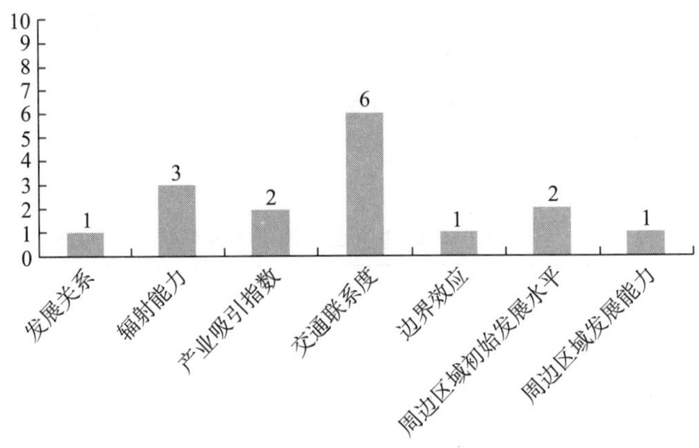

图8－1　上海市与周边区域发展关系的影响因素对照情况

在10个特大城市中，上海带动周边区域发展最为明显，在三个层面多个影响因素中，除了交通联系度排在第六位外，上海几乎所有的影响因素排名都在前

三位，其中边界效应以及周边区域发展能力都位居第一，产业吸引指数以及周边区域初始发展水平位居第二，辐射能力位居第三。无论是从特大城市层次、主体联系层次还是周边区域层次的分析，上海与周边区域的发展指标都比较好，上海能够带动周边区域发展是理所当然的结果。

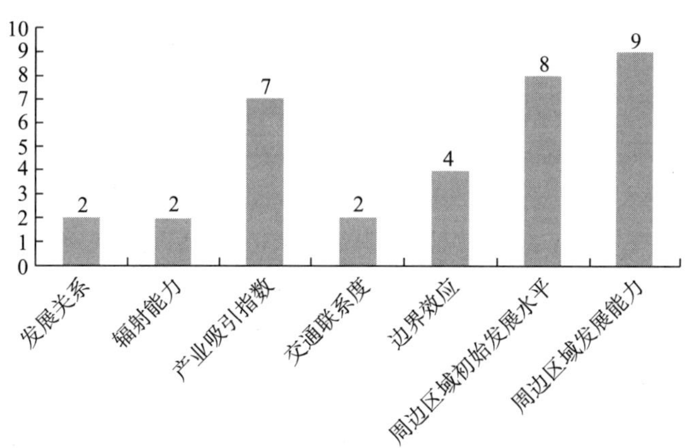

图 8－2　武汉市与周边区域发展关系的影响因素对照情况

武汉市带动周边区域发展能力位居第二，仅次于上海。其中武汉对周边区域的辐射能力、交通联系度都位居第二位，边界效应位居第四位，产业吸引指数位居第七位，周边区域初始发展水平和发展能力位居第八位和第九位。

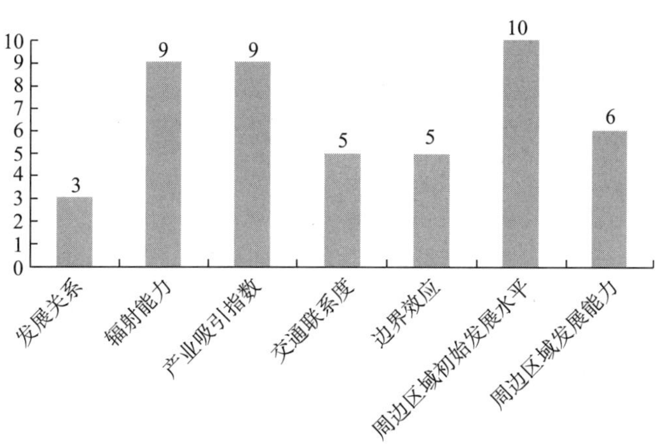

图 8－3　成都市与周边区域发展关系的影响因素对照情况

成都市的研究结果相对而言比较奇怪，成都市对周边区域的带动程度高居第三位，但是成都市所有的指标都没有位居前三位的，绝大部分指标排名都比较靠后，其中只有交通联系度、边界效应位居第五位，周边区域发展能力位居第六位。这种结果的出现可能与成都周边区域初始发展水平较低有关，正是因为区域初始发展水平较低，同时成都市与周边区域的交通联系度较高、边界效应较低导致周边区域能够比较顺利地接受成都市的辐射。

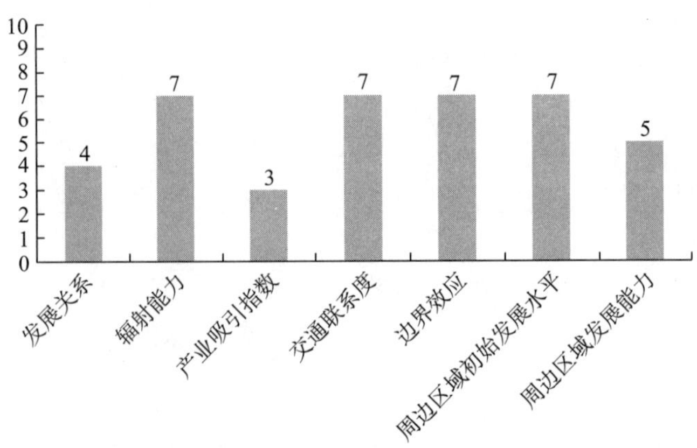

图8－4　天津市与周边区域发展关系的影响因素对照情况

天津对周边区域的带动程度位居第四位，其产业吸引指数位居第三，周边区域发展能力则位居第五，辐射能力、交通联系度、边界效应和周边区域初始发展水平位居第七。从整体分析，天津与周边区域发展处于良性阶段，绝大部分指标表现得都比较好，但是边界效应和交通联系度方面以及辐射能力方面仍然需要加强。

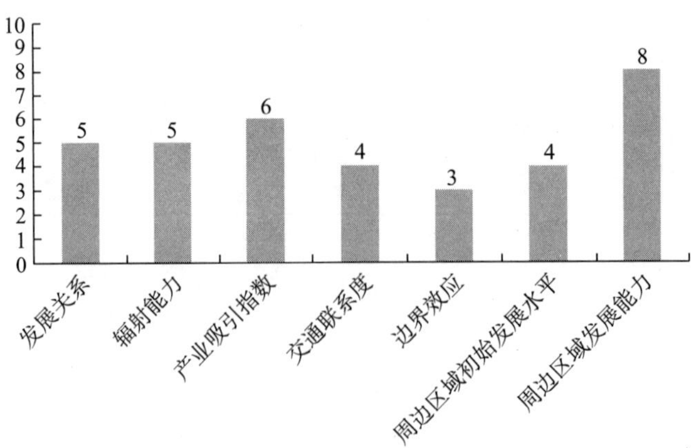

图8－5　沈阳市与周边区域发展关系的影响因素对照情况

沈阳对周边区域的带动能力位居第五位。沈阳与周边区域的边界效应位居第三，交通联系度和周边区域初始发展水平位居第四，辐射能力与带动能力持平，产业吸引指数则位居第六位。

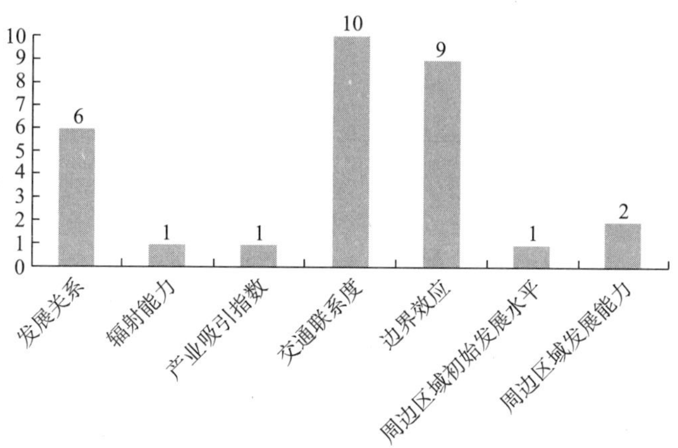

图 8-6　深圳市与周边区域发展关系的影响因素对照情况

深圳市对周边区域的带动能力位居第六位，其辐射能力、产业吸引指数、周边区域初始发展水平都高居榜首，周边区域发展能力位居第二位，与周边区域的交通经济联系度则位居第十位，周边区域的边界效应位于倒数第二位。

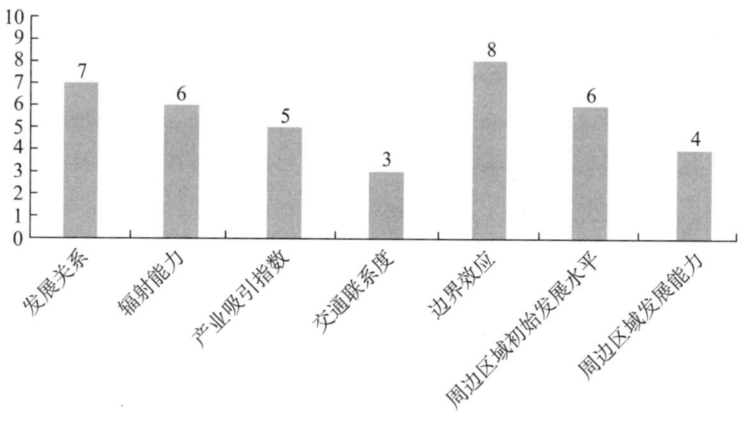

图 8-7　南京市与周边区域发展关系的影响因素对照情况

南京对周边区域的带动能力位居第七位。其中南京与周边区域的交通联系程度位居第三位，南京市的产业吸引指数位居第五位，辐射能力与周边区域初始发展水平都位居第六位，而南京市边界效应则位居第八位。

广州对周边区域的带动能力位居第八位。广州市与周边区域的大部分指标都比较靠前，与成都市形成鲜明对比。其中广州市与周边区域的交通联系度位居第一位，周边区域初始发展水平和发展能力都位居第三位，广州市的辐射能力、产业吸引指数位居第四位，广州市的边界效应处于第六位。

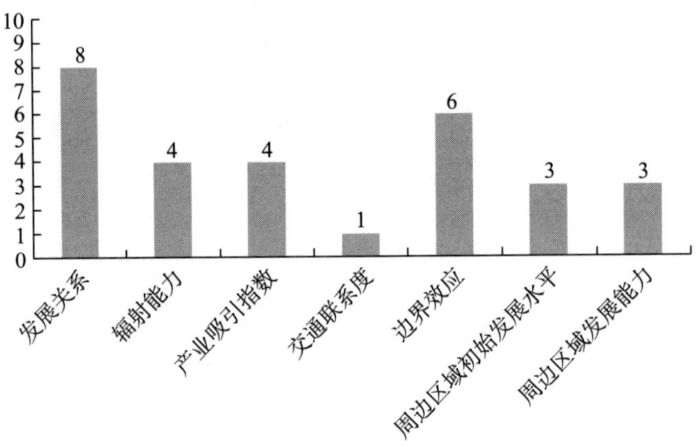

图 8-8　广州市与周边区域发展关系的影响因素对照情况

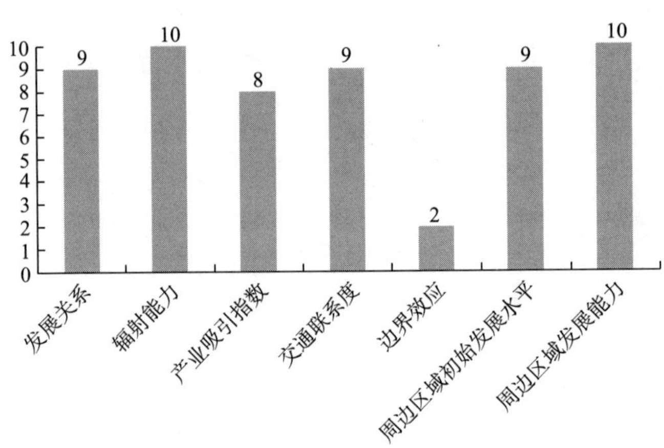

图 8-9　重庆市与周边区域发展关系的影响因素对照情况

重庆市对周边区域的带动能力位居第九位，也是对周边区域带动程度最小的城市。重庆市与周边区域的边界效应位居第二位，产业吸引指数位居第八位，而与周边区域的交通联系度、周边区域的初始发展水平都位居第九位，其辐射能力与周边区域发展能力则与居于末位。

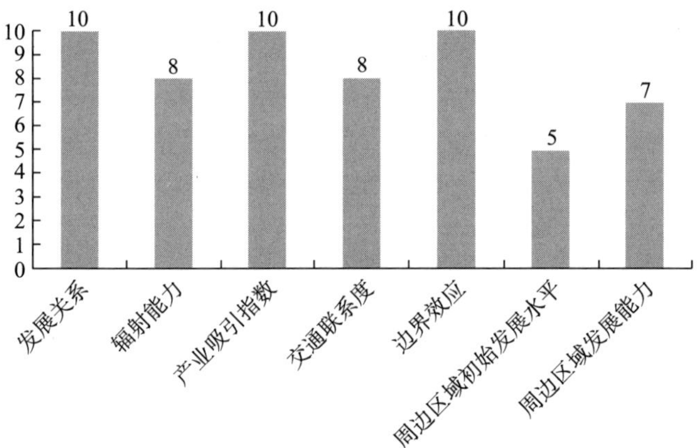

图 8-10　北京市与周边区域发展关系的影响因素对照情况

与其他 9 个特大城市形成鲜明对比，北京没有带动周边区域发展，相反对周边区域形成空吸效应。虽然北京市的部分指标表现较好，如周边区域初始发展水平位居第五，但是北京市产业吸引指数、边界效应都居于末位，交通联系度也位于倒数第三位。

二、不同特大城市与周边区域发展关系的比较分析

在对 10 个特大城市进行单独分析后，本节将要对 10 个特大城市与周边区域发展关系特征进行比较分析。

第一，北京与其他特大城市的比较分析。在 10 个特大城市中，只有北京市没有带动周边区域发展，其他 9 个城市都带动了周边区域发展。通过比较分析北京与其他 9 个特大城市可以发现，在本书选取的 11 个影响因素中，北京在 5 个方面表现最差，如果考虑到周边区域的初始发展水平和发展能力对特大城市与周边区域的影响并不一致，在 9 个指标中，北京有超过一半的指标表现最差，有两个指标表现第三差，因此我们可以判断特大城市带动周边区域的必要条件应该包括在本书提出的 9 个指标中至少绝大部分指标上都表现良好。

第二，北京与上海的比较分析。上海与北京作为中国经济发展水平最高的两个城市，综合实力分别位居第一位和第二位，但是对周边区域的发展作用截然不同，这说明特大城市的综合实力并不能完全决定其对周边区域的作用类型，特大城市对周边区域的带动作用需要结合其他各方面因素。

第三，北京与天津的比较分析。京津两市同为华北两座特大城市，对周边区域的作用类型却不一样，北京对周边区域的发展产生负面空吸作用，而天津市则带动了周边区域发展。实际上，在辐射能力、周边区域初始发展水平、发展能

力、交通联系度指标上，北京市与天津市并无太大区别，在综合实力上北京还要强于天津市，但是天津在经济均衡程度、空间割裂程度、产业吸引指数、产业联系度等方面具有显著优势。实际上，通过仔细分析北京市与天津市的内部区域经济格局，可以很容易地发现导致这种情形出现的根本原因在于如下两方面：一方面，北京市内部空间割裂程度过大，内部发达的“城六区”[①] 完全被北京欠发达区县隔离，使之无法与河北地区直接发生接触，辐射效应也就大打折扣；另一方面，北京是中国服务业比重最高的城市，相对天津的产业结构而言，更难同周边区域发生联系，实际上京津周边绝大部分地区仍然处于工业化中后期阶段，而北京的很多产业，如租赁服务业、金融业、居民服务业、文体服务业、批发零售、住宿餐饮等服务业很难与这些地区发生产业联系，而制造业仍然占据重要比重的天津市与周边区域建立密切的产业结构联系更为容易，这充分说明特大城市自身区域经济格局的均衡程度和产业联系特征会对其与周边区域的发展关系产生重要影响。

第四，广州市、南京市与成都市的比较。与成都市相比，广州市与南京市几乎各项指标尤其是广州市前九个方面表现都比成都市好，但是成都市对周边区域的带动程度反而高于广州市和南京市，其原因在于广州市和南京市周边区域初始发展水平和发展能力强。换言之，广州和南京周边区域能够自力更生，对广州和南京的依赖并没有像成都市周边区域对成都市的依赖性大，所以最终测算的带动程度也就不如成都市大。实际上，广州周边很多区域如东莞市、中山市、佛山市、惠州市并不完全依靠广州市的发展而发展，这些城市在改革开放后几乎同时发展起来，都是受益于对外开放政策的红利。南京周边的常州市处于江苏的苏、锡、常发达地区，包括镇江、扬州在内的地区可能更多地与经济更为发达的苏、锡、常地区发生经济联系。成都市周边区域的发展水平明显低于成都市且成都市周边并没有更为发达的城市，周边城市只能与成都市发生经济联系，这也是为何广州市和南京市对周边区域的带动能力比不上成都市，这说明特大城市周边区域自身特征也会影响两者之间的发展关系，初始发展水平越高和能力越强可能会使周边区域与特大城市间的发展关系难以达到密切程度。

第五，广州市与上海市的比较。广州市和上海市的综合实力相差不大，上海市略高一些，但是在带动周边区域发展能力上，上海明显超过广州。在广州市和成都市的比较中，广州市周边区域初始发展水平高和发展能力较高是广州市带动周边区域程度不如成都市显著的原因。在广州市与上海市的比较研究中，上海市与广州市周边区域初始发展水平都很高，但是上海市对周边区域的带动作为更为明显，其原因在于上海与周边区域的联系更为密切。广州市与周边区域的边界效

---

① 城六区指的是东城、西城、朝阳、海淀、丰台、石景山，实际上 2013 年仅前面四个区的地区生产总值就达到了 12000 亿元，占北京地区生产总值 19000 亿元的 60% 以上。

应位居第六位，说明广州市与周边区域间存在一定的市场障碍，而上海市与周边区域的边界效应位居第一，说明上海市与周边区域市场间障碍极小。实际上，以上海市和广州市周边经济规模最大的城市苏州市和东莞市为例，在苏州市“十一五”和“十二五”规划当中[①]，总共出现34次“上海”，并且明确无误地表明要通过承接上海辐射来发展经济；而在东莞市的“十一五”和“十二五”规划当中，总共只出现两次广州，由此可见，上海与周边区域的经济联系程度是高于广州市与周边区域的发展联系程度的[②]。这也是为何虽然上海市与广州市都带动了周边区域发展，但是上海市的带动程度更高的原因，这说明边界效应即市场一体化对特大城市与周边区域的发展同样具有重要影响。

三、特大城市与周边区域发展关系研究的整体分析

前面对单个特大城市与不同特大城市间的特征进行了比较分析，下面还需要从整体视角对10个特大城市与周边区域发展所暗含的启示进行分析，首先根据带动能力排名与6个指标排名情况得到影响因素偏离带动能力排名的测算表，见表8－2。

表8－2　6个影响因素排名偏离带动能力排名的情况

指数	辐射能力	产业吸引指数	交通联系度	边界效应	周边区域初始发展水平	周边区域发展能力
上海市	2	1	5	0	1	0
武汉市	0	5	0	2	6	7
成都市	6	6	2	2	7	3
天津市	3	1	3	3	3	1
沈阳市	0	1	1	2	1	3
深圳市	5	5	4	3	5	4
南京市	1	2	4	1	1	3
广州市	4	4	7	2	5	5
重庆市	1	1	0	7	0	1
北京市	2	0	2	0	5	3
偏离度均值	2.4	2.6	2.8	2.2	3.4	3.0

注：偏离度是指标排名与带动能力排名之差的绝对值，所有10个特大城市该指标偏离度的均值即为该指标的偏离度。

① 苏州市和东莞市的五年规划可在两市政府网站 http：//www. suzhou. gov. cn 和 http：//www. dg. gov. cn/上获得。

② 虽然广州市与周边区域的交通联系度要高于上海市与周边区域的交通联系度，但实际上，上海与周边区域的交通联系程度尤其是与苏州市的联系程度处于一个极高的水平，与广州差距并不大，同时广州市与周边区域间的边界效应过于明显，在一定程度上阻碍了经济活动联系发生。

从表 8－2 我们可以知道：

第一，根据本书的测算结果，除北京市以外，其他 9 个特大城市都能够对周边区域产生带动作用，这说明增长极理论能够指导区域发展实践过程，尤其是作为鼓励特大城市和培育特大城市战略的理论依据，这也从侧面佐证了发展大城市的重要性。

第二，特大城市综合实力和辐射能力的高低并不能决定其对周边区域的作用类型，综合实力虽然能够反映一个城市的整体竞争力，但是这并不意味着特大城市综合实力越强，其对周边区域的带动作用就越强，北京市、广州市就是最好的证明。综合实力指标、辐射能力指标与带动能力排名偏离度最大也很好地说明了这一点，特大城市对周边区域的作用是一个复杂的、涉及多方面不同因素作用的系统过程，必须单独城市单独分析。

第三，特大城市内部的区域经济格局对特大城市发挥其辐射作用具有重要影响。在所有指标中，特大城市的区域经济均衡程度、空间割裂程度以及特大城市与周边区域的边界效应与带动能力排名偏离度较小，分别位居前三位。实际上除了成都市内部区域经济均衡程度、空间割裂程度表现较差以及边界效应表现一般外，其他特大城市内部区域经济均衡程度和空间割裂程度与带动周边区域的程度是具有一定正相关性的，对周边区域带动能力排在后三位城市——北京市、重庆市和广州市，其经济均衡程度与空间割裂程度之和分别高达 20、17 和 13，同样位居后三位。边界效应方面除了重庆表现较好外，北京和广州分别位居第十位和第六位，因此特大城市内部经济空间格局以及与周边区域的边界效应对特大城市带动周边区域发展具有重要影响。

第四，特大城市产业吸引指数和特大城市与周边区域的产业联系度与带动能力排名偏离度也比较小，分别位于第一位和第四位。产业吸引指数指的是特大城市产业结构特征，该指数越大则说明该城市的产业结构理论上越容易与外界建立联系，但是这并不意味着现实区域发展中产业吸引指数越高的城市与周边区域的产业联系度就越高。实际上，产业联系度与产业吸引指数虽然具有一定的关系，产业吸引指数越大的城市，周边区域与之建立密切的产业结构联系也会更加密切，如天津市城市产业吸引指数排名第三，其与周边区域的产业联系度同样高居第三位，但是更多的城市其产业吸引指数并不完全决定其与周边区域的产业联系度，很多产业吸引指数低的城市，其与周边区域的产业联系度同样很高，如武汉市，其城市产业吸引指数仅排名第七，但是它与周边区域的产业联系度则位居第一，这说明特大城市的产业结构虽然对特大城市与周边区域的发展关系具有重要意义，但是这并不一定要求特大城市的产业结构具有极高的产业吸引指数，实际上产业吸引指数较低的城市同样可以与周边区域构建密切的产业联系。

第五，交通联系度对特大城市与周边区域的发展关系具有一定作用，但是具有较大的弹性空间，除了武汉市和重庆市的交通联系度与其带动能力排位一样外，其他城市交通联系度与带动能力既包括交通联系度高于带动能力排名的情况，如上海市、成都市、天津市等，也包括交通联系度低于带动能力排名的情况，如北京市、广州市、南京市、沈阳市等。实际上，交通联系程度的改善固然可以提高特大城市与周边区域的作用程度，但是当交通基础设施完善到一定程度，交通成本降到一定水平后，交通条件继续改善的边际成本效应可能会逐渐下降。因此，在促进特大城市与周边区域相互发展的过程中，交通条件改善具有重要意义，也是先行条件，但是更重要的是要构建产业间的联系。

第六，从周边区域发展能力和初始发展水平而言，这两个指标与带动能力排名的偏离度是最大的两位指标，这种结果说明在影响特大城市与周边区域发展关系过程中，周边区域特征的影响并不大，在比较不同城市发展结果中已经指出周边区域初始发展水平和发展能力对特大城市与周边区域发展关系具有双向四种类型的影响：第一种，周边区域初始发展水平和发展能力越强的区域，其发展过程对特大城市发展的依赖性并没有那么强，尤其是同时受到某项政策红利影响的区域更是如此，在这种情况下测算的带动系数就会相对较低，如广州市、深圳市、南京市；第二种，周边区域初始发展水平和发展能力越强的区域，与特大城市构建产业联系更为容易，联系程度也更为密切，特大城市的带动作用更容易发挥，在这种情况下测算的带动系数就会较高，如上海市；第三种，周边区域初始发展水平和发展能力越弱的区域，产业基础和交通基础较弱等因素的影响会导致特大城市的带动作用难以发挥，在这种情况下测算的带动系数就会较低，如重庆市；第四种，周边区域初始发展水平和发展能力越弱的区域，在与特大城市在产业联系等方面表现比较好，这种情况下特大城市的带动作用反而由于周边区域存在后发优势会更为显著，在这种情况下测算的带动系数就会偏大，如武汉市。

第二节 研究结论的政策含义

根据对结论的三个层次的分析，可以得到如下政策含义：

一、10个特大城市应该根据测算比较结果，有针对性地进行改善

通过研究10个特大城市与周边区域的发展情况，10个特大城市除了上海市表现比较好，其他都有可以提升的地方。北京市应该注重城市内部经济均衡程

度、空间格局均衡化、边界效应的降低三方面的工作；重庆市则应该注重提升自身综合实力和产业吸引指数以及提高与周边区域联系程度方面的工作；广州市、南京市与深圳市应该推进与周边区域市场一体化工作，降低边界效应，同时南京需要进一步提升其综合实力和与周边区域的产业联系，而深圳市则需要进一步改善与周边区域的交通联系程度；沈阳市则需在综合实力提升、提高与周边区域的经济联系程度等方面下功夫；天津市、成都市、武汉市则需要提高自身综合实力和降低边界效应，其中成都市需要在提高产业联系度、降低空间割裂程度等方面展开工作。

二、区域发展政策与地方发展政策应该协调发挥作用

区域发展和地方发展是两个重要的研究课题，区域发展注重跨行政区域的发展，而地方发展更注重单一行政区域的发展。从本书的研究中可以发现区域发展问题十分复杂，特大城市能否发挥增长极作用从而顺利带动周边区域发展的影响因素众多，在推动区域发展时应该充分考虑不同因素的不同影响，同时由于特大城市与周边区域的联系特征对两者间的关系具有重要影响，中央政府在制定区域发展战略时应该将作用对象是跨行政区域的区域政策与作用对象是单一行政区的地方发展政策予以有机结合，提高特大城市与其周边区域的联系程度，从而发挥特大城市对周边区域的带动作用①。

三、特大城市应该重视自身内部经济的均衡发展

特大城市对周边区域的带动作用受其综合实力影响，但是本书的研究发现，特大城市内部区域经济格局对特大城市的带动作用影响更大，北京市之所以对周边区域发展呈现负向的空吸效应，很重要的一个原因在于北京市内部经济均衡程度过低，边缘区域发展水平过于落后，无法发挥其自身的辐射带动作用②。因此特大城市在提高自身经济发展实力的同时，应该更加关注城市内部空间格局的均衡，提高内部经济的均衡程度，降低边界地区的障碍效应，从而带动周边区域发展，缩小整个区域内的发展失衡程度。

四、周边区域应该辩证地看待与特大城市的发展关系

周边区域应该通过与特大城市构建密切的产业联系来提高自身发展速度，这种思路已经在无数区域发展实践中被证明是见效最快的发展模式之一。特大城市

---

① 现在比较流行的“多规合一”提法其实也暗含了区域和城市发展有机结合的含义。

② 实际上，北京没有对周边区域产生带动作用，与其产业特征也具有重要关系，但是其内部经济失衡程度和空间割裂程度同样是造成这一局面的重要原因。

的周边区域应该重视自身与特大城市发展密切联系的建立，但是周边区域的发展不能完全依赖特大城市。随着中国区域经济均衡发展战略推进和区域经济格局的变化，未来会出现越来越多的具有重大红利的区域战略，这些区域应该立足于自身，坚持提高自身发展能力，重视但不将与特大城市构建密切联系作为发展的唯一动力，实际上广州市周边部分城市的发展已经证明了如果能够很好地利用某些上级区域发展战略所带来的红利，这些周边城市同样能实现自身发展。

五、交通政策与产业政策在临近区域发展过程中应该共同发挥作用

“要想富，先修路”，无论是在发展实践还是学术研究中，交通条件的改善对于欠发达区域具有重要的积极意义几乎已经得到共识，然而在本书的研究中，交通联系度的提高并不意味着特大城市对周边区域带动能力的提高，实际上交通联系度与带动能力排名的偏离度要高于产业联系度与带动能力排名的偏离度，这说明产业联系度在发挥特大城市带动周边区域发展的作用过程中占据更为重要的地位。因此，在改善特大城市与周边区域交通条件的同时应该注意产业政策的推进。

第九章 基于城市增长极效应推动区域协调发展的建议

区域协调发展是我国区域发展的重要目标，本书的研究已经证明城市的增长极效应是存在的，因此依靠城市增长极效应来推动区域经济协调发展可以从增长极城市、增长极城市群、联结增长极城市群三个层面展开。

第一节 增长极城市层面

本书的研究已经证明绝大部分增长极城市能够带动周边城市发展，与此同时，不同城市间的增长极效应也存在差异且个别城市增长极效应没有发挥。基于这种情况以及我国区域发展格局的现实，我们认为在增长极城市层面需要做好增加城市个数以及提高城市发展质量两方面工作，换言之，就是需要做好“增点”与“实点”工作。

一、“增点”

在我国当前城市格局体系中，大城市的数量仍然偏少。2017 年，我国 GDP 过万亿的城市有 14 个，其基本情况如下：①上海 30133 亿元，人口 2418 万；②北京 28000 亿元，人口 2171 万；③深圳 22286 亿元，人口 1090 万；④广州 21500 亿元，人口 1404 万；⑤重庆 19530 亿元，人口 3372 万；⑥天津 18595 亿元，人口 1547 万；⑦苏州 17000 亿元，人口 1065 万；⑧成都 13890 亿元，人口 1592 万；⑨武汉 13400 亿元，人口 1077 万；⑩杭州 12556 亿元，人口 919 万；⑪南京 11715 亿元，人口 827 万；⑫青岛 11258 亿元，人口 871 万；⑬无锡 10511 亿元，人口 653 万；⑭长沙 10200 亿元，人口 765 万。这 14 个大城市分布于 11 个省份，其中东部地区 10 个，中西部地区 4 个，东北地区 0 个，大城市的分布既不均衡，

数量也不多。

在这其中，北方城市的数量也少于南方城市的数量，在东西差距逐渐缩小而南北区域差距逐渐扩大的情况下，必须尽快培育更多的北方大城市。南北差距逐渐拉大可以从西部与东部两个维度分析。

从西部看，西南与西北地区的差距拉大，这种差距主要体现在西北五省（区、市）即陕西省、甘肃省、青海省、宁夏回族自治区、新疆维吾尔自治区与西南五省（区、市）即四川省、贵州省、云南省、西藏自治区、重庆市的发展差距正在逐渐拉大。1978 年西北五省（区、市）GDP 分别为 81.07 亿元、64.73 亿元、15.54 亿元、13 亿元、39.07 亿元，而同年西南五省（区、市）GDP 分别为 184.81 亿元、46.62 亿元、69.05 亿元、6.65 亿元①，西南五省（区、市）GDP 之和为西北五省（区、市）GDP 之和的 1.47 倍，而 2017 年西南五省（区、市）GDP 之和已经是西北五省（区、市）GDP 之和的 1.88 倍。与此同时，西南五省（区、市）GDP 增速几乎都高于西北五省（区、市），重庆、贵州、西藏、云南与四川等五省（区、市）长期是中国经济增速较快的几个省份，重庆、贵州与西藏更是多次位居全国经济增速最快省份的位置。以 2017 年为例，西南五省（区、市）经济增速分别为 8.1%、10.2%、9.5%、10.0%、9.3%，而西北五省（区、市）同年经济增速分别为 8.0%、3.6%、7.3%、7.8%、7.6%，西北与西南平均经济增速相差 3 个点以上。因此，从西部看，南北差距逐渐拉大。

从东部看，东南与东北、华北的差距更是在加速拉大。一方面，东北三省与山西省面临较大的经济增长压力问题。1978 年东北三省与山西省 GDP 分别位居全国第 3、第 8、第 18 以及第 15 位，而 2017 年东北三省与山西省的 GDP 分别位居第 14、第 21、第 23 以及第 24 位，四省分别下降了 6 位、3 位、5 位和 9 位，更为严重的是这四个省份的经济增速都低于全国水平尤其是低于南方部分省份的发展速度。东北三省与山西省 2016 ~ 2017 年 GDP 增速分别为 -2.5% 与 4.2%、6.1% 与 6.4%、6.9% 与 5.3%、4.5% 与 7%，而广东省、福建省、浙江省、海南省 2016 ~ 2017 年 GDP 增速分别为 7.5% 与 7.5%、8.4% 与 8.1%、7.6% 与 7.8%、7.5% 与 7.0%，两大区域间经济平均增速差距同样在 3 个点左右。另一方面，天津市、内蒙古自治区、河北省以及山东省都面临较为严重的发展转型问题。2018 年天津与内蒙古等地已经承认经济数据造假；山东省与南部发达省份的差距也在拉大，与广东的差距由 2008 年的 5860 亿元扩大到 2017 年的 1.72 万亿元，与江苏的差距由 50 亿元扩大到 1.32 万亿元，一般公共预算收入与广东的差距由 2008 年的约 1350 亿元扩大到 2017 年的约 5200 亿元，与江苏的差距由约

① 此时重庆市还未被设立为直辖市，故只有 4 个数据。

770亿元扩大到约2100亿元；河北省作为生产水泥、钢铁等产能严重过剩产业的省份，也面临巨大的保持经济可持续增长的压力。

因此，东西部的区域差距正在逐渐缩小，且西部部分省份的发展势头良好，东西问题在中国区域发展格局中正处于稳步缩小的状态，而南北区域差距正在逐渐拉大且北部省份面临越来越大的增长压力和越来越多的发展问题，南北问题正在取代东西问题逐渐成为制约我国区域协调发展的重要问题，而遏制这一问题恶化的重要措施就是增加北方的大城市数量。

因此，一方面，我们需要在全国增加大城市数量，根据实际情况，每个省培育至少1个GDP超过1万亿元的城市是最低标准，鼓励优势地区省份培育2个甚至3个GDP超过万亿元的城市；另一方面，应该加大对北方省份城市发展的支持力度，鼓励北方城市做大做强，提高城市吸引力。

二、“实点”

除了增加大城市数量外，本书的研究也已经证明大城市自身的发展质量对城市的增长极效应也具有重要影响，因此还必须着力提高城市发展质量。

第一，需要提高城市空间发展质量。实现区域间协调发展，首先需要实现区域内部的协调发展。我国很多大城市内部区域经济发展并不均衡，发展差距较大，这极大地制约了大城市增长极效应的发挥。以省内GDP最高城市与最低城市的GDP比值进行分析，2017年四川省内GDP最高城市的经济规模是最低城市经济规模的47倍，湖北省内GDP最高城市的经济规模是最低城市经济规模的17倍，河南省内GDP最高城市的经济规模是最低城市经济规模的11倍，山东省内GDP最高城市的经济规模是最低城市经济规模的12倍，广东省内GDP最高城市的经济规模是最低城市经济规模的26倍，安徽省内GDP最高城市的经济规模是最低城市经济规模的11倍。城市内部差距同样如此，2017年北京市内部GDP最高的海淀区其GDP为5915亿元，GDP最低的延庆区其GDP为138亿元，前者是后者的43倍；2017年上海市内部GDP最高的浦东新区其GDP为9651亿元，GDP最低的崇明区其GDP为333亿元，前者是后者的29倍；2017年重庆市内部GDP最高的渝北区其GDP为1380亿元，GDP最低的城口县其GDP为51亿元，前者是后者的27倍。因此，在发挥城市增长极效应之前，大城市需要更加重视自己内部区域经济的协调发展。

第二，需要提高城市的产业发展质量。产业不仅是决定城市自身发展质量的关键，也是决定大城市能否与周边城市顺利形成合理分工体系的关键所在。在我国城市当前发展格局中，制约大城市与周边城市形成合理分工体系的产业问题主要包括两方面：一是产业结构虚拟化，这归因于过去几十年我国城镇化的快速推进，很多城市的生产成本逐渐提高，制造业已经逐渐处于被淘汰的边缘，大城市产业虚拟化严重。以北京市第三产业比重变化为例，北京第三产业比重由2000年的64.8%提高至2013年的76.9%，13年间第三产业比重增加18.6个百分点，年均增长1.43个百分点，而同期全国平均水平仅为0.9个百分点，这对大城市与周边区域形成合理分工体系是极为不利的。二是产业结构弱质化，产业在生产价值链中的位置越高，所能覆盖的下层产业链和环节就会越多，周边城市能够参与的分工机会也就越多，合理的分工体系形成也就更加容易。产业弱质主要包括效率弱质与结构弱质，前者是指受到生产技术水平、管理制度体系的约束，工业企业未能充分发挥劳动力、资本以及能源等各种生产要素的生产能力，或因受到规模因素的限制，无法通过调整生产规模来降低平均生产成本，进而导致生产效率损失的现象；后者指的是产业发展总体上遵循着由低级产业类型向高级产业类型的方向演化，而我国工业生产长期被锁定在全球价值链的低端位置，大量从事加工、组装和制造等低增加值环节的生产，表现为工业化结构弱质。这种弱质导致了周边城市通过配套大城市产业结构来形成自身的产业体系难度较大从而也最终制约了大城市与周边城市的区域合作。

第二节 增长极城市群层面

在增长极城市两方面工作做好的基础上，增长极城市需要发挥区域增长极效应，这就是“扩点”即不断扩大增长极城市的辐射范围，提高增长极城市的周边区域辐射能力。这一阶段需要遵循如下三个步骤：

一、“实点”阶段

“实点”阶段实际上指的就是增长极城市层面的措施，要求增长极城市内部区域经济格局比较均衡，其核心区域与外围区域的经济发展水平不能存在较大差距，否则核心城市就无法顺利发挥其辐射带动能力，导致核心城市在整个区域中的增长极作用受到制约。实际上，北京目前存在的一个很大的困难就在于北京市城市内部区域经济差距较大，城六区与外围区域的各种差距都处于较高水平，导致核心区域的辐射能力无法发挥。这一阶段中，增长极城市应该高度重视自身内部区域的经济均衡发展，要从发挥增长极辐射能力的角度对自身城市的外围区域进行开发，提高外围区域的基础设施和经济发展水平，缩小外围区域与核心区域在经济发展、技术水平、基础设施建设、政府能力等方面的差距，使整个城市的区域经济由高到低处于比较平滑的状态从而有利于发挥核心区域的辐射作用。因此这一阶段主要发挥作用的是增长极城市，其主要任务是缩小城市内部的区域差距，提高外围区域的发展水平，这就需要增长极城市大力推动整个城市的城市化进程。

二、“连点”阶段

当都增长极城市“实点”工作进展到一定地步后，发挥增长极城市增长极效应就进入第二个阶段即“连点”阶段。这一阶段的主要含义是在增长极城市与周边区域间开始建立密切的交通联系，提高增长极城市与周边区域的经济联系度。

首先，需要增长极城市与周边区域在认识上达成一致，形成推动区域合作发展的一致意见并在具体的政策规划中予以体现，这需要政府发挥重要的引导作用。以长三角地区为例，1982 年，时任国家领导人提出“以上海为中心建立长三角经济圈”，最初设想的范围包括上海、南京、宁波、苏州与杭州。当年 12 月 22 日，国务院发出《关于成立上海经济区和山西能源基地规划办公室的通知》，正式确立上海经济区的范围是以上海为中心，包括苏州、无锡、常州、南通、杭州、嘉兴、湖州、宁波、绍兴 9 个城市。1983 年 1 月，姚依林副总理在《关于建立长江三角洲经济区的初步设想》中指出：长江三角洲经济区规划范围可先以上海为中心，包括长江三角洲的苏州、无锡、常州、南通和杭州、嘉兴、湖州、宁波等城市，以后再根据需要逐步扩大。两个月后，直属国务院、由国家计划委员会代管的上海经济区规划办公室成立，区域范围为上海市和 10 个郊县，江苏省 4 个市（常州、无锡、苏州和南通）和 18 个县，浙江省 5 个市（杭州、嘉兴、湖州、宁波和绍兴）和 27 个县。这是长三角经济区（城市群）概念的雏形。1990 年 4 月 18 日，中共中央、国务院做出开发开放上海浦东重大决策，长三角区域一体化发展重新提上议事日程。长三角相关城市以城市群名义的破冰之旅，始于 1992 年 6 月在京召开的“长江三角洲及长江沿江地区经济规划座谈会”，会议建立了长江三角洲协作办（委）主任联席会议，这对长三角城市群的发展具有决定性的意义。1996 年，该联席会议由长江三角洲城市经济协调会取代。长江三角洲城市经济协调会最初包括上海、杭州、宁波、湖州、嘉兴、绍兴、舟山、南京、镇江、扬州、常州、无锡、苏州、南通 14 个地级市。1996 年地级市泰州设置，长三角城市群的城市数量扩展到 15 个。2003 年 8 月台州市进入，以江、浙、沪 16 城市为主体形态的长三角城市群最终得以形成。此后这个主体框架一直保持稳定并受到普遍认可。2016 年 6 月 3 日，《长江三角洲城市群发展规划》发布，在 2 省、1 市、25 城市的基础上去掉了江浙的一些城市，同时将安徽省的8个城市纳入长江三角洲城市群。该规划的范围包括了上海市，江苏省的南京、苏州、无锡、南通、泰州、扬州、盐城、镇江、常州，浙江省的杭州、湖州、嘉兴、宁波、舟山、绍兴、金华、台州，安徽省的合肥、芜湖、马鞍山、铜陵、安庆、池州、滁州、宣城，总数为26个地级及以上市①。2018年度长三角地区主要领导座谈会在上海举行，三省一市主要领导悉数参加座谈会并出席成果发布会，同时，由三省一市共同研究制定的《长江三角洲一体化发展三年行动计划（2018－2020）》内容正式发布，其中涉及打造世界级产业集群和全国首位的新技术应用示范引领区，加快布局城际轨道交通，优化长三角机场群，5G协同布局先行试用等多项具体内容；围绕着交通互联互通、能源互保互济、产业创新协同、信息网络高速泛在、环境整治联防联控、公共服务普惠便利、市场开放有序七个主要领域，均有具体行动计划。可以发现，在长三角区域合作过程中，政府的主导作用非常重要。

其次，应该在增长极城市与周边区域间构建密切的交通联系，这是发挥增长极城市增长极效应的绝对前提条件，如果交通联系不紧密，增长极效应是不可能发挥的。实际上目前在我国区域合作中，周边区域与大城市间存在大量的断头路是导致区域合作难以取得效果的重要因素。东京城市群是依靠发达和科学的交通联系从而发挥东京的增长极效应的典型代表。过去的50年间，东京都市圈的市郊铁路运行里程仅增加了一成，但客运能力增长到原来的约三倍。原因是日本通过枢纽站点来高度集聚城市人口，并将枢纽融入城市常规建筑中。此外，东京先后进行了四次综合交通规划，通过大都市圈综合交通系统的规划和建设，都市圈由原来的单中心发展模式向多核心、职能分工模式转变，将东京中心区过度集中的人口、行政、经济、文化等职能适当分散到包括埼玉县、千叶县、神奈川县、茨城县在内的整个大都市圈甚至更大的范围内。由此形成“多心多核”的新型城市圈结构，达到缓解因城市中心功能过度集中引发的城市问题。

三、“通点”阶段

当“连点”阶段完成后，发挥城市增长极效应即可进入下一阶段，即“通点”阶段。“连点”阶段将增长极城市与周边城市联系在一起，而“通点”阶段将着重实现增长极城市与周边城市的产业要素与公共产品的自由流动与平等待遇。

（一）产业要素自由流动方面

产业合作是发挥增长极城市增长极效应的主要渠道，如果缺乏产业合作，增

① http：//mini. eastday. com/bdmip/180526065045179. html。

长极效应的发挥也就无从谈起。在现实经济活动中，产业合作主要有四种模式：

（1）基于产业链的产业合作模式。基于产业链的产业合作模式是最基本的一种产业合作模式，也是相对低级的一种模式，主要表现为垂直型产业合作。它的主要目标是通过在供应链不同环节的分工合作，以获得稳定的上游产品供给，并降低生产成本。要素流动和产业转移是这一合作模式的主要实现方式，产业转移的主要目的是利用转移区域相对廉价的土地、劳动力、原材料等要素资源来实现生产成本的降低。在这种模式中，产业一体化在一定程度上存在，但目的也主要是获得稳定的上游产品的供给。

（2）基于市场的产业合作模式。随着信息技术的广泛应用和市场分工的细化，越来越多的企业专门从事原来固化在制造业内部的服务职能，使制造企业将原先内部的部分服务职能外包出去成为可能，这就为区域产业合作从基于供应链上下游环节的合作提升至基于共同市场开拓的产业合作奠定了基础。Echeverri Carroll（1996）认为柔性生产将最终促进全球区域之间的合作和共同决策。他以汽车产业为例的研究表明，柔性化生产时期不支持企业之间空间分散的非对称关系，并不促进产业向发达国家和地区的极化性空间集聚，相反地，它促进了区域对称网络的生成，通过水平的联系将空间分散的区域紧紧捆绑在一起。

（3）基于产业转移式的产业合作模式。在发挥增长极城市的增长极效应过程中，通过转移增长极城市的产业到周边区域是一种见效比较快的产业合作模式，也是在现实经济活动中比较常见的一种模式，如华为从深圳向东莞的转移。这种模式的实现需要避免两点缺陷：一是容易出现地方冲突尤其是这种转移不是自愿转移时，极易导致不同城市间发生冲突；二是转移的产业容易是过剩或落后的产业，尤其是很多污染型产业会被转移，这将极大地影响周边城市的健康发展。

（4）基于创新的产业合作模式。基于创新的产业合作模式是指区域间的产业合作不再局限于获取要素资源、扩展市场等竞争性的领域，而是以提升区域整体产业能级为目标，开展技术、制度等领域的合作。这是比较高级的一种产业合作模式。水平型合作是这一模式的主要类型，产业一体化则是主要的合作方式。基于创新的产业合作实质上是产业技术在不同经济主体之间的转移和扩散过程，是三种合作模式中的最高级阶段①。

在区域产业合作模式中，基于产业链的合作模式是较为初级的合作阶段，目的是充分利用各区域的资源优势，降低成本，信息流依附于物质流而流动；基于创新的模式是较为高级的合作阶段，而产业转移式的合作则是比较常用也是见效

① 向晓梅．区域产业合作的机理和模式研究——以粤台产业合作为例［J］．广东社会科学，2010（5）：31－36.

比较快的合作模式。处于不同发展水平的城市可以选择不同的产业合作模式。

（二）公共服务均等化方面

包括教育医疗在内的公共产品水平是决定城市发展的重要因素，想要真正发挥增长极城市的增长极效应，首先需要消除因为不平等的公共产品待遇给区域发展能力带来的扭曲。公共服务均等化是指政府在为不同经济成分、不同社会阶层或不同利益集团提供公共产品或服务时，能够一视同仁，包括在财政投入、收益分享以及成本分担等方面都做到大致均等。我国长期以来都存在区域发展不均衡的问题，缩小这种区域差距的措施之一便是实现区域公共服务均等化。所谓区域公共服务的均等化，是指各级政府在公共财政的投入上能够不断增加并进行区域协调，进而保证在一国范围内各个地区的居民在生存权与发展权上所享受的公共服务差距能够逐步缩小，全体公民都能够公平地获得大致均等的公共产品和服务。目前我国城市间的公共产品差距较大，尤其是大城市与小城市之间的差距更大。

以国内重点大学分布为例，全国有 13 个省份没有“985”大学，只有一所“211”大学（非 985），换言之，我国很多地级市都没有 211 大学甚至是二本高校，而北京 1 个城市就有 26 所“211”大学。在高考录取方面，北京同样占据优势，2016 年清华大学、北京大学在北京的招生人数为 553 人，而在山东的招生人数仅为 307 人。与之相比，2016 年北京高考报名人数为 6.12 万，而山东高考报名人数为 71 万。也就是说，在山东考清华大学、北京大学的难度，是北京的 20 倍。在本科录取率方面，北京一本录取率为 30.53%，而河南的“一本”录取率仅为 9.63%，难度是北京的 3 倍。

这种巨大的公共产品待遇差距是导致不同城市间发展能力出现差异的重要原因，一个地区公共产品水平高固然与自身发展水平存在密切关系，但是更重要的是公共产品政策的制定需要考虑这种差距，应该主动消除这种差异尤其是在教育这种直接关系到居民利益的公共产品上，有意识地加大对中小城市的支持力度。

第三节　联结增长极城市群层面

联结增长极城市群层面实际上与增长极城市群层面类似，只不过单个城市变成了城市群。

首先，需要进一步提高城市群之间的交通联系。《“十三五”现代综合交通运输体系发展规划》这一文件指出，重要城市群核心城市间、核心城市与周边节点城市间实现 1～2 小时通达。实际上，即使在中国城市群发育最成熟的长三角和珠三角地带，2 小时快速交通网仍存在盲点城市。如没有高铁通过，又在地理位置上远离区域中心城市的盐城、连云港、河源和阳江等。因此，进一步提高城市群的交通联系度，缩短城市群间的通勤时间具有重要意义。

其次，需要尽快实现城市群间的公共产品均等化。公共产品均等化的重要性无须多言，如何实现城市群的公共产品均等化则是需要考虑的重要问题。在这方面，我国部分城市群已经做出了有益探索。长江中游城市群在探索实现城市群公共产品均等化方面首先从核心城市之间的公共产品均等化着手，南昌、武汉、长沙、合肥 4 市近年来逐步促成了交通、旅游、医疗、教育以及诸多公共服务项目的合作，其中主要内容包括：一是异地就医即时结算。2015 年 12 月 22 日，4 个城市正式实现基本医疗保险异地就医即时结算，为城市群内居民就医带来实实在在的便利和实惠。符合条件的任一城市本级医保参保人员到其余 3 市的异地就医点医疗机构就医时，只需出示本人社会保障卡和居民身份证，就可直接刷社会保障卡实现医保即时结算。二是共享电子病历。为打破各地医疗机构“各自为政”的信息“孤岛”，避免患者重复开药、检查，合肥、武汉、长沙、南昌 4 市将建成区域内患者“电子病历”的共享中心。病人的就诊记录将可在 4 个城市各医院共享。患者只要在这 4 个城市的医院就医，病人的基本情况、诊断、检查化验等信息，其他医疗机构也能共享。三是统一互惠的就业创业扶持政策。上述 4 个城市通过协调，实行了统一互惠的就业创业扶持政策，对持有 4 市发放的《就业失业登记证》的劳动者，不管在城市群内哪个城市就业创业，都享受同样的优惠政策。四是实施住房公积金互认互贷。2014 年底，4 市启动实施住房公积金互认互贷，在全国率先开展省际公积金异地贷款。职工在就业地缴存公积金，在户籍地购买自住住房的，可向户籍地公积金中心申请公积金个人住房贷款。珠三角城市群则已经开始尝试在整个城市群内部实现公共产品均等化，早在 2009 年，珠三角城市群就先后出台了《广东省基本公共服务均等化规划纲要（2009 - 2020 年）》和《珠江三角洲基本公共服务一体化规划（2009 ~ 2020 年）》两大规划，提出从教育、医疗卫生、文化、交通、生活保障、住房保障、就业保障、生态环境和现代服务业等方面，针对资源共享、制度对接、待遇互认、要素趋同、流转顺畅、差距缩小、城乡统一、指挥协调 8 个目标路径逐步推进一体化。在公共交通服务一体化方面，2010 年 11 月 8 日，广州、佛山、肇庆、江门、汕尾 5 座城市的公交卡实现联网，正式发行第一张全省通卡——“岭南通”；2013 年 1 月 1 日，珠三角 9 市实施车辆通行费年票互通。此外，珠三角实行通信一体化。2012 年 12 月 25 日，继“珠中江”“广佛肇”实现通信一体化后，“深莞惠”也正式启动通信一体化，标志着珠三角 9 市 3 个经济圈通信一体化圆满完成。珠三角还推进了基本公共服务均等化综合改革试点。2012 年 4 月 17 日，广东省政府出台

《深入推进基本公共服务均等化综合改革工作方案（2012－2014 年）》，并确立惠州市为全省首个试点市①。

最后，城市群间也要分工合作。实现区域协调发展不仅需要城市群内部分工合理，城市群之间的分工也要合理。按照国家“十三五”规划，一共要在全国范围内建设 19 个城市群：打造京津冀、长三角、珠三角世界级城市群；提升山东半岛、海峡西岸城市群开放竞争水平；培育中西部地区城市群；发展壮大东北地区、中原地区、长江中游、成渝地区、关中平原城市群；规划引导北部湾、晋中、呼包鄂榆、黔中、滇中、兰州—西宁、宁夏沿黄、天山北坡城市群发展，形成更多支撑区域发展的增长极。上述 18 个城市群中，东北地区城市群又分为哈长城市群和辽中南城市群，所以共计 19 个城市群。如此数量的城市群如果没有分工，最后可能还会出现产业雷同和产业重复竞争等局面，因此强化城市群之间的分工也极有必要。

① 郑睿．城市群合作模式中的资源差异与变革创新——以长三角实现基本公共服务均等化的策略为例［J］．上海城市管理，2017（2）：31－37.

第十章 结语及未来进一步研究方向

区域协调发展是我国未来几十年区域发展的重要目标，也是指导未来我国区域经济发展的根本指导思想。区域协调是一个综合性概念，涉及政府能力、产业培育、金融政策等多个不同领域。本书的研究聚焦于大城市的增长极效应，研究证明大城市在促进区域协调发展中将发挥重要作用，大城市的增长极效应是存在的，此外对影响大城市增长极效应的因素进行了分析，最终提出推动区域经济协调发展可以从增长极城市、增长极城市群、联结增长极城市群三个层面展开。基于本书的研究，我们认为未来还可以从如下四个方面继续展开深入研究：

第一，进一步提高研究框架的适用性。虽然本书初步构建了一个特大城市与周边区域发展关系的研究框架，并从三个层次对影响特大城市与周边区域发展关系的影响进行了研究，但是一方面发展关系的实证和影响因素的分析具备不同的理论基础，如何将不同的理论基础更合理地融入同一个研究框架中未来仍然需要进一步去探讨和研究；另一方面本书研究的最终目的不仅是提供一个理论研究框架，更重要的是这种研究框架能为制定区域和城市发展战略提供一定具有实践价值的参考意义，从这个角度讲，仍然需要对本书提出的研究框架的分析范式进行提炼，以提高其在分析城市—区域问题中的实用性。

第二，本书初步研究了特大城市与周边区域的交通联系程度等地理因素，也对周边区域的初始发展水平进行了历史比较，但是受限于本人的历史和地理知识功底，本书所研究的区域发展关系问题未来仍然需要进一步地从地缘经济和经济史角度进行加强，实际上由于现实情况的复杂性和经济要素的空间联系性，区域之间的发展关系很难利用数据技术厘清，而地缘作为一种相对稳定的因素，对区域发展关系将会起到重要作用。因此，清楚掌握研究城市和区域的经济发展历史理应是研究区域发展关系问题的重要前提。

第三，可加入更多的现实的区域经济发展案例。区域间发展关系是现实活动，本书研究的 10 个特大城市与周边区域的发展关系问题更是如此，京津周边的环首都贫困带和上海周边的一大批包括昆山等强县在内的富裕区域正是促使本人进行该选题研究的最大动力。在完成本书的过程中，由于得到中国人民大学拔尖创新人才项目资助，本人实地考察了北京市、天津市、武汉市、重庆市以及上海周边区域的发展情况，但是由于经费和时间因素，本人仍然有五个特大城市的周边区域没有进行过实地考察。对考察过的五个特大城市周边区域的考察也只是浅尝辄止，没有深入去了解这些区域的发展特征。这不能不说是一种遗憾，在未来的研究中应当继续加强实地考察和案例研究在整个研究过程中的分量。

第四，在本书的研究过程中，大量采用了统计、计量、经济模型和包括ARCGIS、stata、EVIEVS、SPSS、MATLAB在内的数学软件。但是，一方面受限于中国现有统计数据体系的不完善，尤其是区县级数据的缺失，导致在构建计量模型时存在较大障碍；另一方面因果关系的识别在任何领域都是一个难题，在空间经济关系研究中更是如此。同时由于本书有三组特大城市对周边区域的影响具有空间交叉性，如何消除这种影响则是未来需要进一步解决的问题。因此继续学习先进的计量方法对未来的进一步研究具有重要意义。

参考文献

[1] Acemoglu D. Theory, general equilibrium and political economy in development economics [R]. *National Bureau of Economic Research*, 2010.

[2] Anselin L., Hudak S. Spatial econometrics in practice: A review of software options. *Regional science and urban economics*, 1992, 22 (3): 509 – 536.

[3] Anselin L. *Spatial econometrics: methods and models* [M]. Springer Science & Business Media, 1988.

[4] Anselin L., Arribas – Bel D. Spatial fixed effects and spatial dependence in a single cross section. *Papers in Regional Science*, 2013, 1: 3 – 17.

[5] Barro R. J., Sala – i – Martin X., Blanchard O. J., et al. Convergence across states and regions. *Brookings papers on economic activity*, 1991: 107 – 182.

[6] Basile R., Durbán M., Mínguez R., et al. Modeling regional economic dynamics: Spatial dependence, spatial heterogeneity and nonlinearities. *Journal of Economic Dynamics and Control*, 2014, 48: 229 – 245.

[7] Baumol W. J. Productivity growth, convergence, and welfare: what the long – run data show. *The American Economic Review*, 1986: 1072 – 1085.

[8] Behrens K., Ertur C., Koch W. "Dual" gravity: using spatial econometrics to control for multilateral resistance. *Journal of Applied Econometrics*, 2012, 5: 773 – 794.

[9] Bertinelli L., Black D. Urbanization and growth [J]. *Journal of Urban Economics*, 2004, 56 (1): 80 – 96.

[10] Boarnet M. G. Highways and intrametropolitan employment growth. *University of California Transportation Center*, 1995.

[11] Bottasso A., Conti M., Ferrari C., et al. Ports and regional development: A spatial analysis on a panel of European regions. *Transportation Research Part A: Policy and Practice*, 2014, 65: 44 – 55.

[12] Brasili C., Bruno F., Saguatti A. A spatial econometric approach to EU regional disparities between economic and geographical periphery. *Statistica*, 2012, 72 (3): 299-316.

[13] Carone G., Costello D., Diez Guardia N., et al.. The economic impact of aging populations in the EU 25 Member States. *Directorate General for Economic and Financial Affairs European Economy Economic Working Paper*, 2005 (236).

[14] Coe N. M., Dicken P., Hess M. Global production networks: realizing the potentia. *Journal of economic geography*, 2008, 8 (3): 271-295.

[15] Combes P. P., Duranton G., Gobillon L., et al., The productivity advantages of large cities: Distinguishing agglomeration from firm selection. *Econometrica*, 2012, 80 (6): 2543-2594.

[16] Crespo Cuaresma J., Feldkircher M. Spatial filtering, model uncertainty and the speed of income convergence in Europe. *Journal of Applied Econometrics*, 2013, 28 (4): 720-741.

[17] Dall'erba, S. and J. Le Gallo. Regional convergence and the impact of European structural funds over 1989-1999: A spatial econometric analysis. *Papers in Regional Science*, 2008, 87 (2): 219-244.

[18] Debarsy, N. and C. Ertur. The European Enlargement Process and Regional Convergence Revisited: Spatial Effects Still Matter, 46th Congress of the European, 2006.

[19] Dettori B., Marrocu E., Paci R. Total factor productivity, intangible assets and spatial dependence in the European regions. *Regional Studies*, 2012, 10: 1401-1416.

[20] Eaton J., Eckstein Z. Cities and growth: Theory and evidence from France and Japan. *Regional Science and Urban Economics*, 1997, 27 (4): 443-474.

[21] Elhorst J. P., Lacombe D. J., Piras G. On model specification and parameter space definitions in higher order spatial econometric models. *Regional Science and Urban Economics*, 2012, 42 (1): 211-220.

[22] Elhorst J. P. Spatial panel data models [M] //Spatial Econometrics. *Springer Berlin Heidelberg*, 2014: 37-93.

[23] Elhorst J. P. Matlab software for spatial panels. *International Regional Science Review*, 2012.

[24] Ezcurra, R. and M. Rapun. Regional Disparities and National Development Revisited: The Case of Western Europe. *European Urban and Regional Studies*, 2006, 13 (4): 355-369.

[25] Ezcurra, R. Is Income Inequality Harmful for Regional Growth? Evidence from the European Union. *Urban Studies*, 2007, 44 (10): 1953 – 1971.

[26] Ezcurra, R., et al. Spatial inequality in productivity in the European Union: Sectoral and regional factors. *International Regional Science Review*, 2007, 30 (4): 384 – 407.

[27] Ezcurra, R. and M. Rapun. Regional dynamics and convergence profiles in the enlarged European Union: A non – parametric approach. *Tijdschrift Voor Economis cheen Sociale Geografie*, 2007, 98 (5): 564 – 584.

[28] Ezcurra, R. Does Income Polarization Affect Economic Growth? The Case of the European Regions. *Regional Studies*, 2009, 43 (2): 267 – 285.

[29] Fleisher B., Li H. and Zhao M. Q. Human Capital, Economic Growth and Regional Inequality in China. *Journal of Development Economics*, 2010, 92: 215 – 231.

[30] Fotopoulos, G. European Union regional productivity dynamics: A Distributional approach. *Journal of Regional Science*, 2008, 48 (2): 419 – 454.

[31] Friedman J. R. Regional Development Policy: a Case Study of Venezuela. *Cambridge*: *MIT Press*, 1966.

[32] Gabriel D., Vaclav S. Cities and highway networks in Europe. *Journal of Transport Geography*, 1996, 4 (2): 107 – 121.

[33] Greece. Dobson, S., et al. Why do rates of beta – convergence differ? A meta – regression analysis. *Scottish Journal of Political Economy*, 2006, 53 (2): 153 – 173.

[34] Haughwout A. F. Central city infrastructure investment and suburban house values. *Regional Science and Urban Economics*, 1997, 27 (2): 199 – 215.

[35] Henderson J. V. Efficiency of resource usage and city size. *Journal of Urban economics*, 1986, 19 (1): 47 – 70.

[36] Herrerias M. J., Ordóñez J. Stochastic Regional Convergence in China: The Role of Regional Clusters in a Nonlinear Perspective (1952 – 2007). *Pacific Economic Review*, 2014, 19 (2): 153 – 169.

[37] Hoang H. H., Goujon Determinants of Foreign Direct Investment in Vietnamese Provinces: A Spatial Econometric Analysis. *Post – Communist Economies*, 2014, 26 (3): 103 – 121.

[38] Horvat R., Rajsman M. Public urban passenger transport as important factor in the development of cities. *Journal of Traffic and Logistics Engineering*, 2014, 2

(3): 172 - 175.

[39] Isserman, A. M., Feser, E., Warren D. E. Why some rural places prosper and others do not. *International regional science review*, 2009, 32 (3): 300 - 342.

[40] Ke S. Determinants of Economic Growth and Spread - backwash Effects in Western and Eastern China. *Asian Economic Journal*, 2010, 24 (1): 179 - 202.

[41] Ledyaeva S. Spatial Econometric Analysis of Foreign Direct Investment Determinants in Russian Regions. *The World Economy*, 2009, 32 (5): 643 - 666.

[42] Le Gallo J., Ertur C., Baumont C. A spatial econometric analysis of convergence across European regions, 1980 - 1995 [M] //European regional growth. *Springer Berlin Heidelberg*, 2003.

[43] Lesage J. P. and Pace R. K. Spatial Econometric Models. Handbook of Applied Spatial Analysis. *Springer Berlin Heidelberg*, 2010.

[44] Lesage J. P., Sheng Y. A spatial econometric panel data examination of endogenous versus exogenous interaction in Chinese province - level patenting. *Journal of Geographical Systems*, 2014, 16 (3): 233 - 262.

[45] Levine, R. Does foreign direct investment accelerate economic growth? *Minnesota Department of Finance Working Paper*, 2002.

[46] Madariaga N., Poncet S. FDI in Chinese Cities: Spillovers and Impact on-Growth. *The World Economy*, 2007, 33 (5): 837 - 862.

[47] Mankiw N. G., Romer D., Weil D. A Contribution to the Empirics of Growth [J]. *The Quarterly Journal of Economics*, 1992.

[48] Moomaw, R. L. Firm location and city size: reduced productivity advantages as a factor in the decline of manufacturing in urban areas. *Journal of Urban Economics*, 1985, 17 (1): 73 - 89.

[49] Osborne, D. and Gaebler, T. Reinventing Government: How the Entrepreneurial Spirit is Transforming the Public Sector, Plume Books, New York, 1993.

[50] Pijnenburg, K., Kholodilin K. A. Do regions with entrepreneurial neighbours perform better? A spatial econometric approach for German regions. *Regional Studies*, 2014, 22 (5): 866 - 882.

[51] Pietrzak, M. B., Żurek M., Matusik S., et al. Application of Structural Equation Modeling for analysing internal migration phenomena in Poland. *Przeglçd Statystyczny*, 2012, 59 (4): 487 - 503.

[52] Rauch, J. E. Productivity Gains from Geographic Concentration of Human Capital: Evidence from the Cities. *Journal of Urban Economics*, 1993, 34 (3):

380 –400.

[53] Saks, E. Raven. Job Creation and Housing Construction: Constraints on Metropolitan Area Employment Growth. *Journal of Urban Economics*, 2008, 64 (1): 178 –195.

[54] Rey S. J., Montouri B. D. US regional income convergence: a spatial econometric perspective. *Regional studies*, 1999, 33 (2): 143 –156.

[55] Saks, E. Raven. Job Creation and Housing Construction: Constraints on Metropolitan Area Employment Growth. *Journal of Urban Economics*, 2008, 64 (1): 178 –195.

[56] Schaeffer G. W., Smith H. H., Perkus M. P. Growth factor interactions in the tissue culture of tumorous and nontumorous Nicotiana glauca – langsdorffii. *American Journal of Botany*, 1963: 766 –771.

[57] Steven Bond – Smith, Philip McCann. Incorporating Space in the Theory of Endogenous Growth: Contributions from the New Economic Geography. *Handbook of Regional Science*, 2014.

[58] Solow Robert M. A Contribution to the Theory of Economic Growth. *Quarterly Journal of Economics*, 1956, 70 (3): 65 –94.

[59] Tabuchi T. Urban agglomeration economies in a linear city. *Regional Science and Urban Economics*, 1986, 16 (3): 421 –436.

[60] Ureña J. M., Menerault P., Garmendia M. The high – speed rail challenge for big intermediate cities: A national, regional and local perspective. *Cities*, 2009, 26 (5): 266 –279.

[61] Witte P., Van Oort F., Wiegmans B., et al. European Corridors as Carriers of Dynamic Agglomeration Externalities? . *European Planning Studies*, 2013, 22 (2): 1 –25.

[62] Yu N., De Jong M., Storm S., et al. Spatial spillover effects of transport infrastructure: evidence from Chinese regions. *Journal of Transport Geography*, 2013, 28: 56 –66.

[63] 敖丽红，尤芳，田翠玲．城市发展扩散理论研究——以大连市为例［J］. 城市发展研究，2012 (6): 18 –23.

[64] 安虎森．增长极理论评述［J］. 南开经济研究，1997 (1): 31 –37.

[65] 阿玛蒂亚·森．以自由看待发展［M］. 于真译．北京：中国人民大学出版社，2002: 13 –28.

[66] 鲍成志．区域经济变迁与中国古代城市体系的演化［J］. 四川大学学

报（哲学社会科学版），2014（1）：36－42.

［67］蔡之兵，张可云．区域的概念、区域经济学研究范式与学科体系［J］．区域经济评论，2014（6）：5－12.

［68］蔡之兵，张可云．区域政策叠罗汉现象的成因、后果及建议［J］．甘肃行政学院学报，2014（1）：93－103.

［79］蔡之兵，张可云．中国城市规模体系与城市发展战略［J］．经济理论与经济管理，2015（8）：104－112.

［70］蔡之兵，张可云．区域发展的逻辑及启示［J］．教学与研究，2015，11：40－47.

［71］曹骥赟，吴老二．城市圈可接近性与城市经济增长——以珠三角、武汉城市圈为例［J］．开放导报，2006（3）：75－79＋86.

［72］陈晨，赵民．中心城市与外围区域空间发展中的“理性”与“异化”——上海周边地区“接轨上海”的实证研究［J］．城市规划，2010，12：42－50.

［73］陈得文，陶良虎．中国区域经济增长趋同及其空间效应分解——基于SUR－空间计量经济学分析［J］．经济评论，2012，03：49－56.

［74］陈建军，姚先国．论上海和浙江的区域经济关系——一个关于“中心—边缘”理论和“极化—扩散”效应的实证研究［J］．中国工业经济，2003，05：28－33.

［75］陈健，杨永春，田欣欣．制度变迁影响下的中国不同等级城市经济增长［J］．地域研究与开发，2010（1）：6－10.

［76］陈浩，姚星垣．长三角城市金融辐射力的实证研究［J］．上海金融，2005（5）：8－11.

［77］陈联，蔡小峰．城市腹地理论及腹地划分方法研究［J］．经济地理，2005，05：629－631＋654.

［78］陈美玲．城市群相关概念的研究探讨［J］．城市发展研究，2011（3）：5－8.

［79］陈晓倩，张全景，谷婷，张文平．山东半岛城市群主要城市辐射能力研究［J］．地域研究与开发，2012（6）：65－69.

［80］陈晓玲，李国平．地区经济收敛实证研究方法评述［J］．数量经济技术经济研究，2007（8）：151－160.

［81］陈先强．武汉城市圈经济辐射效应研究［J］．湖北社会科学，2011（12）：71－73.

［82］陈艺．成都城市经济圈的区域特征及其带动效应［J］．城市发展研究，

2009（5）：13－17.

［83］陈燕，李程骅．我国门户型中心城市发展状况综合评价［J］．城市问题，2012（4）：14－21.

［84］陈勇兵，康吉红，王艳．“新”新经济地理学研究脉络梳理与展望［J］．中南财经政法大学学报，2013（2）：3－10＋158.

［85］陈莹，李心丹．区域金融中心辐射力研究——以南京为例的实证分析［J］．南京社会科学，2013（3）：141－147.

［86］程宇．英文文献中的城市研究评述［J］．北京城市学院学报，2013（6）：23－28.

［87］陈彦，黄肖广．基于中心—边缘理论对长三角及其周边区域经济集聚和扩散的实证研究［J］．扬州大学学报（人文社会科学版），2009（3）：42－48.

［88］崔玮，潘月杰．区域经济辐射理论与研究述评［J］．特区经济，2009（3）：277－279.

［89］党彦龙，白永亮．长江中游城市群经济空间辐射范围和空间结构研究［J］．开发研究，2014（5）：53－57.

［90］丁志伟，王发曾．城市—区域系统内涵与机理研究——从城市、城市体系、城市群到城市—区域系统［J］．人文地理，2012（2）：92－96.

［91］董国利，侯彦温．京津冀都市圈中心城市对县域经济的辐射研究［J］．中国经贸导刊，2010，18：41.

［92］董黎明，冯长春．城市土地综合经济评价的理论方法初探［J］．地理学报，1989，03：323－333.

［93］杜中明，唐继发．北京和上海地区的经济辐射强度比较［J］．生产力研究，2012，01：121－123.

［94］杜丽永，蔡志坚．中国区域经济收敛了吗？——基于时间序列的再检验［J］．当代财经，2012，02：99－108.

［95］段七零．江苏城市体系规模结构与空间结构的分形特征［J］．地域研究与开发，2011，01：69－73.

［96］范士陈．城市可持续发展能力成长过程理论解析与模型［J］．经济地理，2006，06：961－964.

［97］方晓萍，丁四保．中国城市住房价格的地理扩散及其区域外部性问题［J］．地理科学，2012，02：143－148.

［98］冯婷，张坚．城市与腹地经济互动发展的思考——以上海与其腹地的经济发展为例［J］．特区经济，2011，01：57－58.

［99］高玲玲，周华东．中心城市对区域经济增长贡献的评价体系研究——

以中部地区中心城市为例［J］. 经济问题探索，2009，12：31－36.

［100］高远东，花拥军. 异质型人力资本对经济增长作用的空间计量实证分析［J］. 经济科学，2012，01：39－50.

［101］郭建科，韩增林，耿雅冬. 我国不同区域城市空间联系的差异分析［J］. 地域研究与开发，2012，01：40－44.

［102］郭海湘，刘晓，黎金玲，刘龙辉. 中国城市集群中经济集聚和扩散能力的测算［J］. 统计与决策，2013，19：119－122.

［103］郭蕾. 以中心城市为核心推动区域经济发展——以郑州市为例［J］. 经济经纬，2007，02：72－74.

［104］郭震洪，李云娥. 从增长极理论探讨中心经济城市在区域经济中的作用［J］. 山东社会科学，2006，08：68－70＋155.

［105］何龙斌. 我国三大经济圈的核心城市经济辐射力比较研究［J］. 经济纵横，2014，08：50－54.

［106］何龙斌. 省际边缘区接受中心城市经济辐射研究［J］. 经济纵横，2013，06：12－16.

［107］何雄浪，郑长德，杨霞. 空间相关性与我国区域经济增长动态收敛的理论与实证分析——基于1953～2010年面板数据的经验证据［J］. 财经研究，2013，07：82－95.

［108］洪世键，黄晓芬. 大都市区概念及其界定问题探讨［J］. 国际城市规划，2007，05：50－57.

［109］洪涛，西宝，高波. 房地产价格区域间联动与泡沫的空间扩散——基于2000～2005年中国35个大中城市面板数据的实证检验［J］. 统计研究，2007，08：64－67.

［110］胡安俊，孙久文，陈林. 京津科技辐射效应分析：理论假说与经验研究［J］. 科学学与科学技术管理，2012，07：90－95.

［111］胡兆量. 城市与区域［J］. 城市问题，1985，02：1－9＋21.

［112］胡序威. 对城市化研究中某些城市与区域概念的探讨［J］. 城市规划，2003，04：28－32.

［113］胡序威. 论中国经济区的类型与组织［J］. 地理学报，1993，03：193－203.

［114］胡燕，孙羿，陈振光. 中国城市与区域管治研究十年回顾与前瞻［J］. 人文地理，2013，02：74－78.

［115］胡学勤. 经济辐射理论与我国经济发展战略构想［J］. 经济经纬，2003，06：60－62.

［116］胡序威．城市发展的区域研究［J］．经济地理，1984，01：28－33.

［117］黄火廷．武汉中心城市与周边卫星城市联结及共同发展研究［J］．科技进步与对策，2000，09：84－86.

［118］黄鹤祯．城市经济与区域经济的关系［J］．社会科学辑刊，1989，05：60－64.

［119］黄林．区域性城市经济增长极的选择研究——以川南城市群为例［J］．理论与改革，2012，05：152－154.

［120］黄砚玲，龙志和，林光平．中国区域金融发展收敛性的空间经济计量研究——来自浙江省67个县市区1997～2008年的实证分析［J］．上海经济研究，2010，04：65－71.

［121］黄燕，杨振斌，孟繁邨．对广东省21个地市政府能力的检验与分析［J］．科技管理研究，2007，05：91－93.

［122］江璐璐，师谦友．安徽省空间经济联系及省会经济辐射力分析［J］．地域研究与开发，2013，06：39－43.

［123］江曼琦．对城市群及其相关概念的重新认识［J］．城市发展研究，2013，05：30－35.

［124］金相郁．产业结构与区域经济增长：基于动态外部效应［J］．华中师范大学学报（人文社会科学版），2007，03：63－69.

［125］金相郁．空间收敛第一规律与空间收敛第二规律［J］．南开经济研究，2001，03：46－50.

［126］吉昱华，蔡跃洲，杨克泉．中国城市集聚效益实证分析［J］．管理世界，2004，03：67－74.

［127］姜丽丽，王士君，朱光明．城市与区域关系演化过程及新时代特征［J］．经济地理，2009，08：1307－1311＋1322.

［128］柯善咨，姚德龙．工业集聚与城市劳动生产率的因果关系和决定因素——中国城市的空间计量经济联立方程分析［J］．数量经济技术经济研究，2008，12：3－14.

［129］柯善咨，夏金坤．中原城市群的集聚效应和回流作用［J］．中国软科学，2010，10：93－103.

［130］柯善咨．扩散与回流：城市在中部崛起中的主导作用［J］．管理世界，2009，01：61－71.

［131］柯善咨．中国城市与区域经济增长的扩散回流与市场区效应［J］．经济研究，2009，08：85－98.

［132］雷朝阳，陈永秀．我国城市经济辐射力研究综述［J］．广西社会科

学，2010，01：52－55.

［133］蓝树江．重庆城市对农村经济的辐射带动作用［J］．探索，2003，05：131－132.

［134］厉敏萍，曾光．城市空间结构与区域经济协调发展理论综述［J］．经济体制改革，2012，06：53－56.

［135］李福柱．演化经济地理学的理论框架与研究范式：一个文献综述［J］．经济地理，2011，12：1975－1980.

［136］李国平，王立明，杨开忠．深圳与珠江三角洲区域经济联系的测度及分析［J］．经济地理，2001，01：33－37.

［137］李青淼．欧洲多中心巨型城市区域研究概述［J］．城市问题，2012，11：82－86.

［138］李婧，谭清美，白俊红．中国区域创新生产能空间计量分析——基于静态与动态空间面板模型的实证研究［J］．管理世界，2010，07：43－55.

［139］李泉．地区经济辐射力比较研究［J］．中国国情国力，2012，09：46－49.

［140］李仁贵．区域经济发展中的增长极理论与政策研究［J］．经济研究，1988，09：63－70.

［141］李廷智，杨晓梦，赵星烁，梁进社．高速铁路对城市和区域空间发展影响研究综述［J］．城市发展研究，2013，02：71－79.

［142］李煜伟，倪鹏飞．外部性、运输网络与城市群经济增长［J］．中国社会科学，2013，03：22－42＋203－204.

［143］李岳峰，张军慧．区域经济发展模式的形成机理及其类型比较［J］．开发研究，2008，01：29－33.

［144］吕新雷，从海燕，魏守华．长三角制造业空间集聚与扩散的实证研究——兼论城市产业转型及发展方向［J］．现代城市研究，2010，11：17－22.

［145］李文静．京冀区域经济联系的现状及发展途径［J］．北京社会科学，2004，01：19－27.

［146］李秀敏，刘冰，黄雄．中国城市集聚与扩散的转换规模及最优规模研究［J］．城市发展研究，2007，02：76－82.

［147］李煜伟，倪鹏飞．外部性、运输网络与城市群经济增长［J］．中国社会科学，2013，03：22－42.

［148］林毅夫．自身能力、经济发展与转型理论与实证［M］．北京：北京大学出版社，2004：68－78.

［149］林毅夫，刘明兴．中国的经济增长收敛与收入分配［J］．世界经济，

2003，08：3－14＋80.

［150］梁邦海，严汉平，李冀．西部三大经济区城市经济增长收敛性研究［J］. 城市问题，2013，01：32－39.

［151］刘崇献．北京与上海经济辐射能力差异探析［J］. 北京社会科学，2005，04：40－44.

［152］刘璇，刘军．区域技术创新扩散强度与效应研究——以京津冀和长三角地区为例［J］. 经济问题，2010，09：113－116.

［153］刘以安，宁宣熙．中心城市扩张的梯度效应对县域经济发展的影响研究［J］. 南京社会科学，2005，11：36－41.

［154］刘玉亭，王勇，吴丽娟．城市群概念、形成机制及其未来研究方向评述［J］. 人文地理，2013，01：62－68.

［155］刘承良，丁明军，张贞冰等．武汉都市圈城际联系通达性的测度与分析［J］. 地理科学进展，2008，06：96－108.

［156］刘艳军，李诚固，孙迪．城市区域空间结构：系统演化及驱动机制［J］. 城市规划学刊，2006，06：73－78.

［157］刘梦琴．武汉城市圈经济增长收敛性的实证研究［J］. 统计与决策，2012，04：126－129.

［158］刘妙龙，陈鹏．城市空间扩散增长模型与模拟［J］. 人文地理，2004，02：6－11.

［159］刘荣增，穆岚．基于 MWVD 的中心城市扩展与城市群整合研究［J］. 人文地理，2008，03：28－34.

［160］刘士林．从大都市到城市群：中国城市化的困惑与选择［J］. 江海学刊，2012，05：76－83.

［161］刘涛，曹广忠．城市规模的空间聚散与中心城市影响力——基于中国 637 个城市空间自相关的实证［J］. 地理研究，2012，07：1317－1327.

［162］刘西忠．跨区域城市发展的协调与治理机制［J］. 南京社会科学，2014，05：70－76.

［163］刘修岩．集聚经济与劳动生产率：基于中国城市面板数据的实证研究［J］. 数量经济技术经济研究，2009，07：109－119.

［164］刘迎霞．空间效应与中国城市群发展机制探究［J］. 河南大学学报（社会科学版），2010，02：40－44.

［165］［美］刘易斯・芒福德．城市发展史：起源、演变和前景［M］. 宋俊岭，倪文彦译．北京：中国建筑工业出版社，2005.

［166］刘育红，王曦．“新丝绸之路”经济带交通基础设施与区域经济一体

化——基于引力模型的实证研究［J］. 西安交通大学学报（社会科学版），2014，02：43－48.

［167］陆铭，高虹，佐藤宏．城市规模与包容性就业［J］. 中国社会科学，2012，10：47－66.

［168］陆铭．重构城市体系——论中国区域和城市可持续发展战略［J］. 南京大学学报（哲学·人文科学·社会科学版），2010，05：15－26＋158.

［169］罗蓉，罗雪中．论区域经济一体化演进机制及城市主导作用［J］. 社会科学战线，2009，09：91－96.

［170］罗思东．城市区域理论及其政策导向［J］. 厦门大学学报（哲学社会科学版），2011，03：1－8.

［171］马庆斌，韩恒．城市发展影响因素研究综述［J］. 城市问题，2004，02：15－22.

［172］马涛，李东，杨建华等．地区分工差距的度量：产业转移承接能力评价的视角［J］. 管理世界，2009，09：168－169.

［173］买静，于涛，江昼．我国“省管县”体制改革对长三角地区城市区域关系的影响及对策［J］. 城市发展研究，2010，05：80－85.

［174］孟可强，陆铭．中国的三大都市圈：辐射范围及差异［J］. 南方经济，2011，02：3－15.

［175］孟向京，贾绍凤．中国大城市发展与区域依赖关系的统计分析［J］. 中国人口科学，2000，05：40－44.

［176］南平，姚永鹏，张方明．甘肃省城市经济辐射区及其经济协作区研究［J］. 人文地理，2006，02：89－92＋98.

［177］倪鹏飞．中国城市竞争力报告 NO. 3［J］. 经济研究资料，2005，06：54－55.

［178］牛品一，陆玉麒．江苏省县域经济集聚和收敛的空间计量分析［J］. 人文地理，2013，01：94－99.

［179］宁越敏，严重敏．我国中心城市的不平衡发展及空间扩散的研究［J］. 地理学报，1993，02：97－104.

［180］潘文卿，刘起运．区域经济的空间联系：方法与指标［J］. 统计研究，2004，10：47－51.

［181］潘旭明，吴雪晖．比较优势、圈层结构与成渝经济区的协调发展［J］. 宏观经济研究，2011，08：72－79.

［182］潘竟虎，刘伟圣，尹君．地级及以上城市影响腹地及其演变［J］. 城市问题，2014，06：37－45.

［183］齐艳红，赵映慧，修春亮．哈尔滨大都市圈城市体系等级规模结构分析［J］．现代城市研究，2009，11：87－92.

［184］钱明辉，胡日东．中国区域性金融中心的空间辐射能力［J］. 地理研究，2014，06：1140－1150.

［185］秦志琴，张平宇，王国霞．辽宁沿海城市带空间结构演变及优化［J］. 经济地理，2012，10：36－41.

［186］邵波．城市和区域规划的协调机能分析［J］. 经济地理，1994，04：11－15.

［187］单卫东，包浩生．区域中心城市地价的空间扩散研究［J］. 经济地理，1997，01：42－45.

［188］沈能，何婷英．区域中心城市技术扩散能力比较研究——以上海、北京为例［J］. 科学学与科学技术管理，2006，03：133－137.

［189］沈滢，宋玉祥，郭晓立．区域经济发展扩散研究评述［J］. 当代经济研究，2013，02：72－76.

［190］石敏俊，金凤君，李娜，赵曌，金少胜．中国地区间经济联系与区域发展驱动力分析［J］. 地理学报，2006，06：593－603.

［191］石琳娜，王登洋．成渝城市圈的辐射效应研究［J］. 特区经济，2011，05：212－213.

［192］石忆邵，朱卫锋．中国城镇化的地域组织模式及其发展研究［J］. 中国工业经济，2004，10：13－20.

［193］史本林，孟德友，万年庆．高速公路网构建对河南城市辐射场空间格局的影响分析［J］. 经济地理，2014，01：75－81.

［194］师谦友，罗晶，赵檐瑾．基于 AHP 分析的西安城市辐射力研究［J］. 干旱区资源与环境，2012，02：79－83.

［195］施雪华．论政府能力及其特性［J］. 政治学研究，1996，01：63－68.

［196］时省，赵定涛，魏玖长．中国省会城市极化与扩散效应研究［J］. 中国科技论坛，2012，04：95－99.

［197］宋丽思，陈向东．我国四大城市区域创新空间极化趋势的比较研究［J］. 中国软科学，2009，10：100－108.

［198］宋学明．中国区域经济发展及其收敛性［J］. 经济研究，1996，09：38－44.

［199］苏华，胡田田，黄麟堡．中国各区域产业承接能力的评价［J］. 统计与决策，2011，05：41－43.

［200］孙晓华，郭玉娇．产业集聚提高了城市生产率吗？——城市规模视角

下的门限回归分析［J］. 财经研究，2013，02：103－112.

［201］唐吉平，陈浩，姚星垣. 长三角城市金融辐射力研究［J］. 浙江大学学报（人文社会科学版），2005，06：62－70.

［202］田艳平，穆婷婷. 新世纪初湖北与我国其他区域的经济联系——基于多区域投入产出模型的研究［J］. 学习与实践，2012，07：18－25.

［203］童中贤，王丹丹，周海燕. 城市群竞争力模型及评价体系——中部城市群竞争力实证分析［J］. 城市发展研究，2010，05：15－22.

［204］万兆泉. 技术扩散与区域经济增长——基于中国 1991～2007 年面板数据的实证分析［J］. 江西社会科学，2008，12：81－84.

［205］王丽，曹有挥，姚士谋. 高速铁路对城市空间影响研究述评［J］. 长江流域资源与环境，2012，09：1073－1079.

［206］汪道涵. 城市经济与区域经济［J］. 城市问题，1987，05：2－6＋12.

［207］王德忠，庄仁兴. 区域经济联系定量分析初探——以上海与苏锡常地区经济联系为例［J］. 地理科学，1996，01：51－57.

［208］王洪涛，顾江. 区域经济增长中的产业结构变动效应——以广西为例［J］. 地域研究与开发，2014，05：27－33.

［209］王鹤，潘爱民，赵伟. 区域房价空间与时间扩散效应的实证研究［J］. 经济评论，2014，04：85－95.

［210］王纪全，张晓燕，刘全胜. 中国金融资源的地区分布及其对区域经济增长的影响［J］. 金融研究，2007，06：100－108.

［211］王垚，年猛. 高速铁路与城市规模扩张——基于中国的实证研究［J］. 财经科学，2014，10：113－122.

［212］王红霞. 城市群的发展与区域合作：城市与区域合作发展研究热点综述［J］. 上海经济研究，2006，12：115－123.

［213］汪桥红. 区域金融中心的极化与扩散效应：京津冀和长三角的比较分析［J］. 统计与决策，2013，21：131－134.

［214］王士君，吴嫦娥. 城市组群及相关概念的界定与辨析［J］. 现代城市研究，2008，03：6－13.

［215］王颖. 城市发展研究的回顾与前瞻［J］. 社会学研究，2000，01：65－75.

［216］王永培，袁平红. 基础设施、拥挤性与城市生产率差异——来自中国 267 个城市市辖区数据的实证研究［J］. 财经科学，2011，07：43－51.

［217］汪永成. 政府能力的结构分析［J］. 政治学研究，2004，02：103－113.

［218］汪永成. 中国现代化进程中的政府能力——国内学术界关于政府能力

研究的现状与展望［J］. 政治学研究，2005，04：79 –88.

［219］王维，罗守贵. 上海都市圈城市间引力研究及基于人流量的实证分析［J］. 软科学，2006，03：19 –22.

［220］汪增洋. 增长、结构升级与城市经济对县域经济的辐射带动——基于长三角城市群外围区的实证研究［J］. 云南财经大学学报，2014，03：65 –70.

［221］汪增洋，豆建民. 空间依赖性、非线性与城市经济增长趋同［J］. 南开经济研究，2010，04：139 –153.

［222］王战和，许玲. 大城市周边地区小城镇发展研究［J］. 西北大学学报（自然科学版），2005，02：227 –230.

［223］王春超，余静文. 政府间组织结构创新与城市群整体经济绩效：以珠江三角洲城市群为例［J］. 世界经济，2011，01：143 –160.

［224］吴良镛. 城市地区理论与中国沿海城市密集地区发展［J］. 城市发展研究，2003，02：3 –9.

［225］魏后凯. 现代区域经济学［M］. 北京：经济管理出版社，2006：49.

［226］魏守华，李婷，汤丹宁. 双重集聚外部性与中国城市群经济发展［J］. 经济管理，2013，09：30 –40.

［227］项光勤. 世界城市圈理论及其实践对中国城市发展的启示［J］. 世界经济与政治论坛，2004，03：15 –18.

［228］夏忆冰，马红，门闯，张建同. 集聚与腹地——地理中心视角的空间关系刻画［J］. 经济地理，2014，10：78 –84.

［229］许德友. 市场获得与区域发展差距：来自中国城市经济的实证［J］. 世界经济文汇，2012，01：33 –52.

［230］薛凤旋，郑艳婷. 我国都会经济区的形成及其界定［J］. 经济地理，2005，06：827 –833.

［231］薛德升，陈文娟，侯启章. 有关“乡村城市化”和“城乡一体化”等几个概念的辨析［J］. 城市问题，1998，01：14 –16.

［232］徐溯，郁俊莉. 经济社会发展中的区域增长极效应研究——以深圳特区为例［J］. 中国地质大学学报（社会科学版），2013，03：109 –114.

［233］徐继成. 我国城市辐射能力分析［J］. 社会科学辑刊，1996，02：38 –40.

［234］徐现祥，李郇. 中国城市经济增长的趋同分析［J］. 经济研究，2004，05：40 –48.

［235］徐雨森，张延. 大都市圈生产性服务业中心效应实证研究——以长江三角洲为例［J］. 城市问题，2011，11：9 –15.

［236］许治，焦秀焕，朱桂龙．国家中心城市技术扩散与区域经济增长——以北京、上海为例［J］. 科研管理，2013，04：16－23.

［237］许政，陈钊，陆铭．中国城市体系的“中心—外围模式”［J］. 世界经济，2010，07：144－160.

［238］杨凡，陶涛，家顺良．中西部地区产业承接能力分析［J］. 合作经济与科技，2010，16：24－26.

［239］杨仁发．产业集聚与地区工资差距——基于我国269个城市的实证研究［J］. 管理世界，2013，08：41－52.

［240］杨家文，周一星．通达性：概念，度量及应用［J］. 地理学与国土研究，1999，02：61－66.

［241］杨菊萍，贾生华．知识扩散路径、吸收能力与区域中小企业创新——基于浙江省3个传统制造业集群的实证分析［J］. 科研管理，2009，05：17－24.

［242］杨开忠，陈良文．中国区域城市体系演化实证研究［J］. 城市问题，2008，03：6－12.

［243］杨青生，黎夏．珠三角中心镇城市化对区域城市空间结构的影响——基于CA的模拟和分析［J］. 人文地理，2007，02：87－91.

［244］姚士谋，王成新，于春，陈金永，刘塔．区域“板块”形成演变规律及其动力源探究［J］. 地域研究与开发，2004，02：1－5.

［245］姚士谋，王书国，陈爽，陈振光．区域发展中“城市群现象”的空间系统探索［J］. 经济地理，2006，05：726－730.

［246］闫卫，王发曾，秦耀辰．城市空间相互作用理论模型的演进与机理［J］. 地理科学进展，2009，04：511－518.

［247］叶玉瑶，张虹鸥，罗晓云，李斌．中外城镇群体空间研究进展与评述［J］. 城市规划，2005，04：83－88.

［248］尹来盛，冯邦彦．从城市竞争到区域合作——兼论我国城市化地区治理体系的重构［J］. 经济体制改革，2014，05：38－42.

［249］殷洁，罗小龙．尺度重组与地域重构：城市与区域重构的政治经济学分析［J］. 人文地理，2013，02：67－73.

［250］于涛方．京津冀全球城市区域边界研究［J］. 地理与地理信息科学，2005，04：45－50.

［251］袁彪，蒋毅一．经济辐射理论及分析方法研究［J］. 商场现代化，2007，03：396－397.

［252］袁家冬，周筠，黄伟．我国都市圈理论研究与规划实践中的若干误区［J］. 地理研究，2006，01：112－120.

［253］曾鹏，黄图毅，阙菲菲．中国十大城市群空间结构特征比较研究［J］. 经济地理，2011，04：603－608.

［254］曾鹏，陈芬．中国十大城市群经济增长差异的收敛性比较研究［J］. 统计与决策，2012，14：115－118.

［255］曾媛媛，施雪华．国外城市区域治理的理论、模式及其对中国的启示［J］. 学术界，2013，06：210－220＋288.

［256］曾鹏，罗艳．中国十大城市群旅游规模差异及其位序规模体系的比较［J］．统计与决策，2012，24：60－63.

［257］赵峰．产业空间扩散的动力机理与长三角区域经济一体化［J］. 学术月刊，2011，01：71－81.

［258］赵伟．中心城市功能与武汉城市圈发展［J］. 武汉大学学报（哲学社会科学版），2005，03：299－304.

［259］赵新平，周一星．改革以来中国城市化道路及城市化理论研究述评［J］. 中国社会科学，2002，02：132－138.

［260］赵雪雁，江进德，张丽，侯成成，李昆阳．皖江城市带城市经济联系与中心城市辐射范围分析［J］. 经济地理，2011，02：218－223.

［261］赵燕菁．城市增长模式与经济学理论［J］. 城市规划学刊，2011，06：12－19.

［262］赵永亮．市场获得、边界效应与经济集聚——基于“中心—外围”城市经济活动的考察［J］. 中国工业经济，2012，03：69－81.

［263］赵勇，白永秀．城市群国内研究文献综述［J］. 城市问题，2007，07：6－11.

［264］张敦福．扩散理论与中国区域发展研究［J］. 山东师范大学学报（人文社会科学版），2001，05：100－102.

［265］张锦鹏．增长极理论与不发达地区区域经济发展战略探索［J］. 当代经济科学，1999，06：32－37.

［266］张钢，徐贤春，刘蕾．长江三角洲 16 个城市政府能力的比较研究［J］. 管理世界，2004，08：18－27.

［267］张浩然，衣保中．地理距离与城市间溢出效应——基于空间面板模型的经验研究［J］. 当代经济科学，2011，03：117－123＋128.

［268］张辽，杨成林．城市群可持续发展水平演化及其影响因素研究——来自中国十大城市群的证据［J］. 统计与信息论坛，2014，29：87－93.

［269］张润君，潘文卿，陈杰．中国区域经济的空间联系：1997～2007［J］. 统计研究，2011，10：47－53.

［270］张少华．中心城市区域服务功能研究［J］．中国软科学，2013，06：92－100.

［271］张天飚．第三增长极：环渤海城市群经济能量的扩大和辐射［J］．太平洋学报，2005，12：85－90.

［272］张士杰，周加来．城市群辐射区域与资源有限性关系研究述评［J］．财贸研究，2010，04：29－34.

［273］张学良．中国交通基础设施促进了区域经济增长吗——兼论交通基础设施的空间溢出效应［J］．中国社会科学，2012，03：60－77.

［274］张先锋，吴伟东，满强．政治中心与经济中心的经济辐射能力比较［J］．中南财经政法大学学报，2014，03：28－35.

［275］张亚明，张心怡，唐朝生．中外都市圈发展模式比较研究［J］．城市问题，2012，02：9－14.

［276］张毓峰，胡雯，阎星．转轨时期中国城市区域的一体化发展——基于劳动空间分工及其协调机制的研究［J］．经济社会体制比较，2007，05：144－146.

［277］张毓峰，胡雯．中国经济增长的空间组织基础及其转换研究［J］．经济论坛，2007，11：43－46.

［278］郑忠．近代中国区域城市的经济关系——基于对上海与无锡互动的考察［J］．江海学刊，2011，03：173－180.

［279］周潮，刘科伟，陈宗兴．省际边缘区城市空间辐射范围研究——以陕甘宁蒙晋五省交界地区为例［J］．人文地理，2011，03：60－64.

［280］周浩，余金利．铁路提速、可达性与城市经济增长［J］．经济评论，2013，01：52－59＋70.

［281］周浩，郑筱婷．交通基础设施质量与经济增长：来自中国铁路提速的证据［J］．世界经济，2012，01：78－97.

［282］周惠来，郭蕊．中国城市群研究的回顾与展望［J］．地域研究与开发，2007，05：55－60.

［283］周兴茂，肖英．从“梯度推进”到“点区辐射”——论我国改革开放以来区域经济发展战略的变迁［J］．东南大学学报（哲学社会科学版），2013，04：5－10.

［284］周游，张敏．经济中心城市的集聚与扩散规律研究［J］．南京师大学报（社会科学版），2000，04：16－22.

［285］周天芸，岳科研，张幸．区域金融中心与区域经济增长的实证研究［J］．经济地理，2014，01：114－120.

［286］朱虹，徐琰超，尹恒．空吸抑或反哺：北京和上海的经济辐射模式比

较［J］. 世界经济，2012，01：111 －125.

［287］朱铁臻．城市圈崛起是城市化与地区发展的新趋势［J］. 南方经济，2004，06：5 －7.

［288］朱媛媛，曾菊新，王士君．中国区域中心城市沈阳、武汉中心性与扩散域对比研究［J］. 东北师大学报（自然科学版），2012，03：149 －156.

［289］朱英明．我国城市群区域联系发展趋势［J］. 城市问题，2001，06：22 －24.

［290］张鹏．都市圈概念的新界定及相关概念辨析［J］. 内蒙古农业大学学报（社会科学版），2009，03：106 －108.

［291］张学良．中国区域经济收敛的空间计量分析——基于长三角 1993 －2006 年 132 个县市区的实证研究［J］. 财经研究，2009，07：100 －109.

［292］张学良．长三角地区经济收敛及其作用机制：1993 ~2006［J］. 世界经济，2010，03：126 －140.

［293］张学良，聂清凯．高速铁路建设与中国区域经济一体化发展［J］. 现代城市研究，2010，06：7 －10.

［294］张学良．中国交通基础设施与经济增长的区域比较分析［J］. 财经研究，2007，08：51 －63.

［295］张晓军，潘芳，张若曦，齐元静．我国特大城市发展的状况、特征及问题刍议［J］. 城市发展研究，2009，12：12 －21.

［296］张艳，程遥，刘婧．中心城市发展与城市群产业整合——以郑州及中原城市群为例［J］. 经济地理，2010，04：579 －584.

［297］张震．大都市带理论梳理、概念评析与研究展望［J］. 现代经济探讨，2014，11：79 －82.

［298］张虹鸥，叶玉瑶，陈绍愿．珠江三角洲城市群城市规模分布变化及其空间特征［J］. 经济地理，2006，05：806 －809.

［299］邹再进，张继良．中国地方政府能力评价研究［J］. 云南财贸学院学报，2005，05：86 －91.

［300］张钢，徐贤春，刘蕾．长江三角洲 16 个城市政府能力的比较研究［J］. 管理世界，2004，08：18 －27.